刊行にあたって

　本書は，銀行業務検定試験「財務3級」（CBT方式を含む）の受験参考書として刊行されたものです。過去の試験問題については『財務3級問題解説集』（銀行業務検定協会編）に収載されておりますが，本書は試験問題を解くための必要知識について要点を解説し，試験合格に向けてのサポート役として活用していただくことを第一義に編集しています。

　金融機関の行職員にとって財務知識は企業取引を遂行するうえで必要不可欠なものです。企業の経営成績や，財政状態を報告するために作成・公開される財務諸表の内容を，理解して分析することが企業取引の基本となるからです。

　財務知識を日頃より身につけ研鑽し，銀行業務検定試験「財務3級」にチャレンジすることは，その習得度合を判定するうえでも有用であり，広く推奨する所以です。

　本書を『財務3級問題解説集』と併せて有効に活用し，銀行業務検定試験「財務3級」に合格され，日常の業務活動に，より一層邁進されることを祈念してやみません。

2024年2月

経済法令研究会

目　次

CONTENTS

第①編　財務諸表

第 2 編 財務分析

☆　**本書の内容等に関する追加情報および訂正等について**　☆

本書の内容等につき発行後に追加情報のお知らせおよび誤記の訂正等の必要
が生じた場合には，当社ホームページに掲載いたします。

(ホームページ 書籍・DVD・定期刊行誌 メニュー下部の 追補・正誤表)

本書の利用のしかた

　本書は，銀行業務検定試験「財務3級」受験（ＣＢＴ方式を含む）のための受験参考書です。

　本試験問題は五答択一式50問となっています。出題範囲および各問題数は「財務諸表」30問，「財務分析」20問です。

　本書各編でとりあげる項目（テーマ）は，すべて過去の試験問題に出題され，その頻度の高いものを精選していますので，必ず一度は目を通し理解するまで読まれることをおすすめします。

　なお，本書には次の特長を設けています。

〈巻頭　出題項目一覧〉直近5回試験の出題テーマを一覧にしています。

〈本文　直近5回試験の出題頻度〉直近の出題傾向を5つ星で表しています。頻度が高いものほど★マークが多くなっています。

〈本文　学習のポイント（吹き出し）〉要点整理や理解を深めるためのポイントを記載しています。

〈本文　理解度チェック〉本文の内容の理解度をはかるために設けています。問題を解きながら要点を押さえましょう。

〈側注　関連過去問題〉銀行業務検定試験で過去に実際に出題され，本文に関連する問題の出題年と問題番号を掲載しています。

〈側注　重要用語〉本文を理解するうえで押さえておきたい用語をピックアップして，一部には解説を加えているものもあります。

〈側注　補足〉本文の説明を補足する内容またはポイント等をまとめています。主に理解を深めるために役立つものを扱っています。

〈側注　参照〉その箇所が他の編にも関連している場合に，参照として付記しています。また，本文の参考となる文献や出典についても付記しています。

〈側注　注意〉とくに留意すべき点をまとめています。

〈巻末　重要用語索引〉重要用語（上記参照）を索引で引くことができます。

　本書を読まれ内容につき理解されましたら，過去の試験問題にチャレンジしてみましょう。そのためには，別に刊行されている『財務3級問題解説集』（銀行業務検定協会編）を利用されることをおすすめします。実際の問題を解いてみて，誤ったところは再度本書で確かめてください。その繰返しの学習により理解は一層深まるでしょう。

▶ **財務諸表**〈30問〉

1. 企業会計原則・同注解
2. 会社法，会社法施行規則および会社計算規則
3. 資産と負債の分類基準
4. 貸借対照表の意義・表示区分
5. 資産の会計
　　現金預金／売上債権（売掛金，受取手形，手形の裏書と割引，破産更生債権）／その他の債権（貸付金，未収入金，前払金，立替金，仮払金）／貸倒損失と貸倒引当金／有価証券／棚卸資産／有形固定資産／無形固定資産／投資その他の資産／繰延資産／減価償却・償却　など
6. 負債の会計
　　仕入債務（買掛金，支払手形）／その他の債務（借入金，未払金，前受金，預り金，仮受金）／負債性引当金／社債　など
7. 純資産の会計
　　株主資本（資本金，資本剰余金，利益剰余金，自己株式）／評価・換算差額等／新株予約権　など
8. 損益計算書の意義・表示区分
9. 収益
10. 費用
11. 株主資本等変動計算書
12. 注記表
13. 連結財務諸表（連結計算書類）
14. 各種の会計基準等
　　外貨建取引等会計処理基準・同注解／研究開発費等に係る会計基準／税効果会計に係る会計基準／金融商品に関する会計基準／1株当たり当期純利益に関する会計基準／固定資産の減損に係る会計基準／役員賞与に関する会計基準　など

▶ **財務分析**〈20問〉

1. 収益性分析
　　総資本経常利益率／ＲＯＥ／各種の売上高利益率／売上原価率／売上高対販売費・一般管理費比率／売上高純金利負担率　など
2. 回転率と回転期間
3. 損益分岐点分析
　　固定費と変動費／限界利益率／損益分岐点売上高／損益分岐点比率／経営安全率　など
4. 利益増減分析
5. 生産性分析
　　付加価値額／付加価値率／労働生産性／労働分配率／労働装備率　など
6. 安全性分析
　　流動比率／当座比率／固定比率／固定長期適合率／自己資本比率／インタレスト・カバレッジ・レシオ　など
7. 資金表
　　資金運用表／資金繰表／資金移動表
8. キャッシュ・フロー計算書
9. 資金需要

●過去5回の出題項目

分野	出題項目	2023年6月 (第155回)	2023年3月 (第154回)	2022年6月 (第152回)	2022年3月 (第151回)	2021年6月 (第149回)
財務諸表の仕組み	個別貸借対照表	○				○
	損益計算書に記載されないもの		○			
会計制度	企業会計原則の一般原則	○	○		○	○
	会社法上の計算書類に該当しないもの			○		
	収益認識基準	○				
資産・負債の区分表示	営業循環基準が適用されるもの				○	○
	営業循環基準が適用されないもの	○	○		○	
	勘定科目と貸借対照表上の記載区分	○	○	○	○	
	流動性配列法にもとづく資産項目の記載順序	○	○	○	○	
有価証券	有価証券の期末評価額の算出			○		
	有価証券の決算整理仕訳			○		
棚卸資産	売上総利益の額の算出(棚卸資産の評価)	○			○	
	売価還元法による期末商品棚卸高の算出	○			○	
	先入先出法と移動平均法による期末商品棚卸高の算出		○			
	移動平均法による期末商品棚卸高の算出					○
	総平均法による期末商品棚卸高の算出			○		
固定資産	有形固定資産の資本的支出・収益的支出	○			○	
	有形固定資産の除却の仕訳				○	
	資産除去債務の仕訳			○		
	無形固定資産の額の算出	○	○	○	○	
	投資その他の資産の額の算出	○	○	○	○	
減損会計	減損会計		○			
	減損会計の適用対象とならない資産		○			
	減損損失の額の算出	○				○
リース会計	リース債務残高の額の算出				○	
	リース債務の減少額の算出			○		
	リース取引の決算整理仕訳					○
減価償却	中古資産の耐用年数		○			
	無形固定資産の減価償却			○		
	定率法による減価償却費の仕訳				○	
	定額法による減価償却費の額の算出					○
繰延資産	開発費				○	
引当金	引当金の設定要件	○			○	
	貸倒引当金の設定の仕訳			○		
	貸倒発生時の処理の仕訳				○	
退職給付会計	退職給付費用の仕訳	○				
	退職給付引当金の額の算出		○	○		○
流動負債・固定負債	借入金	○		○		○
	流動負債の額の算出			○		
	固定負債の額の算出	○	○	○	○	○
	社債	○		○		
	社債の額の算出			○		○
純資産(資本)	無償減資による欠損金の填補			○		
	自己株式の処分の仕訳		○			
	資本金の額の計上、剰余金の配当		○			
	純資産の部の株主資本				○	
	株主資本等変動計算書		○	○		
製造原価	当期製品製造原価の額の算出	○				○
営業損益計算	販売費及び一般管理費の額の算出	○	○		○	○

※左端の縦項目：財務諸表

分野		出題項目	2023年6月 (第155回)	2023年3月 (第154回)	2022年6月 (第152回)	2022年3月 (第151回)	2021年6月 (第149回)
財務諸表	経常損益計算	営業外損益に該当しないもの			○	○	
		営業外損益の区分に記載される項目の組合せ	○				
		経常利益の額の算出			○		
	純損益計算	特別損益に該当しないもの					○
		保険差益または火災損失の仕訳	○			○	
		当期純利益の額の算出	○	○			○
	税効果会計	税効果会計		○			○
		法人税等調整額の算出	○	○		○	
		法人税等調整額の仕訳			○		
	外貨建取引	為替差損益の計上額の算出	○	○			○
	連結財務諸表	連結財務諸表				○	○
		連結貸借対照表上の資本金の額の算出		○			○
		連結貸借対照表上の純資産の額の算出			○	○	
		連結損益計算書における売上高の算出	○				
		未実現利益の額の算出	○	○		○	
		のれんの額の算出	○		○		
		負ののれん発生益の額の算出		○			○
		支配獲得時の連結修正仕訳				○	
	粉飾・利益操作	利益の過大計上となるもの			○		○
		利益の過小計上となるもの		○			
	その他	電子記録債権・債務の仕訳		○			
		法人用クレジットカード決済の仕訳					○
		破産更生債権等		○			○
		破産更生債権等の額の算出	○				
		消費税等の貸借対照表への表示方法		○			○
		売上割引・仕入割引等					○
		合併比率の算出	○		○		
		合併時の交付株式数の算出					
		1株当たり当期純利益の額の算出	○		○	○	
		時価純資産法とDCF法				○	
財務分析	資本利益率	総合的な収益性の推移	○	○	○	○	○
		ROEの算出	○				○
		ROAとROE			○		
		ROE・ROA・財務レバレッジ		○		○	
	売上高利益率	売上高総利益率に影響を与えないもの	○				○
		売上高営業利益率に影響を与えないもの				○	
		売上高経常利益率に影響を与えないもの			○		
		売上高利益率の推移			○	○	○
	回転率・回転期間	売上債権回転期間と売上債権回転率	○			○	
		棚卸資産回転期間と棚卸資産回転率					○
		総資本(総資産)回転率の上昇要因	○			○	
		資産・負債の回転状況			○		
		キャッシュ・コンバージョン・サイクル(CCC)	○	○			○
	配当性向・総還元性向	配当性向の算出	○	○		○	
		総還元性向の算出			○		○
	損益分岐点分析	損益分岐点売上高の算出					○
		損益分岐点分析	○	○	○		
		限界利益			○	○	
		目標安全余裕率を達成するための売上高の算出				○	
		目標利益を達成するための必要売上高の算出	○				○

分野		出題項目	2023年6月(第155回)	2023年3月(第154回)	2022年6月(第152回)	2022年3月(第151回)	2021年6月(第149回)
財務分析	利益増減分析	当期の予想売上総利益の額の算出		○			
		次期の予想売上総利益の額の算出				○	
	生産性分析	労働生産性の算出				○	
		労働生産性を向上させる方策	○				○
		労働分配率				○	
		労働分配率の算出	○			○	
		労働装備率		○			
	安全性分析	流動比率と当座比率					○
		流動比率と当座比率の算出		○			
		安全性諸指標の算出					○
		短期的安全性の分析	○		○		
		固定比率と固定長期適合率					○
		固定比率と固定長期適合率の算出	○		○		
		自己資本比率の算出		○			
	資金運用表	資金運用表における諸項目の額の算出		○	○		
	資金移動表	資金移動表「経常収支の部」	○		○		○
	資金繰表	資金繰表から考察した資金繰り状況				○	
		支払手形残高の算出					○
		売掛金残高の算出				○	
		買掛金残高の算出		○			
	運転資金・設備資金	手形割引限度枠の算出				○	
		運転資金の所要額の算出			○		
		所要運転資金を増加させる要因					○
		所要運転資金の増加額の算出		○		○	
		長期借入金の返済原資の額の算出	○	○	○	○	
	キャッシュ・フロー計算書	営業活動によるキャッシュ・フローの減少要因				○	
		営業活動によるキャッシュ・フローの額の算出（間接法）		○			○
		営業活動によるキャッシュ・フローの額の算出（直接法）	○		○		
		投資活動によるキャッシュ・フローを構成する項目の算出				○	
		財務活動によるキャッシュ・フローの増加要因	○		○		
		現金及び現金同等物の額の算出	○	○	○	○	○
	その他	月次試算表にもとづく月次推移表の分析		○			
		インタレスト・カバレッジ・レシオの算出	○	○	○	○	
		PBRとPERの算出					○
		決算書の比較分析		○			
		セグメント情報の分析結果		○		○	
		債務償還年数の算出	○				

第 **1** 編

財務諸表

1 | 計算書類

1 計算書類に該当するもの

関連過去問題
✎ 2022年6月
問1

📖 重要用語

計算書類

会社法では，株式会社は，各事業年度に係る計算書類を作成しなければならないと定めている。会社法上の**計算書類**とは，次の4つのものをいう。

---

① 貸借対照表
② 損益計算書
③ 株主資本等変動計算書
④ 個別注記表

▶ 1. 貸借対照表

貸借対照表は，一定時点の資産，負債，純資産を記載して，企業の財政状態を明らかにするものである。

▶ 2. 損益計算書

損益計算書は，一定期間の収益，費用を記載して，企業の経営成績を明らかにするものである。

▶ 3. 株主資本等変動計算書

株主資本等変動計算書は，貸借対照表の純資産の一定期間における変動額のうち，主として株主資本の変動事由を明らかにするものである。

▶ 4. 個別注記表

個別注記表は，貸借対照表，損益計算書，株主資本等変動計算書などの注記事項について，まとめて記載したものである。

2　計算書類に該当しないもの

　会社法では，**1** に示した4つの計算書類のほか，事業報告と附属明細書も作成しなければならないと定めている。

　事業報告とは，会社の事業状況につき，重要な事項を記載するものであり，附属明細書とは，事業報告と計算書類の内容を補足する重要な事項について記載するものである。ただし，事業報告と附属明細書は，どちらも会社法上の計算書類に該当しない。

　また，キャッシュ・フロー計算書は，金融商品取引法の規定により，有価証券報告書を提出している上場会社などに作成が義務づけられているが，会社法上は特に規定がない。よって，キャッシュ・フロー計算書は会社法上の計算書類には該当しない。

補　足

金融商品取引法に定める財務諸表は，①貸借対照表，②損益計算書，③株主資本等変動計算書，④キャッシュ・フロー計算書，⑤附属明細表の5つである。

第1編

> 会社法上の計算書類は以下の4つ
> ①貸借対照表，②損益計算書，③株主資本等変動計算書，④個別注記表
> 事業報告，附属明細書，キャッシュ・フロー計算書は，会社法上の計算書類に該当しない。

理解度チェック

　会社法上の計算書類に該当しないものは，次のうちどれか。

❶　貸借対照表

❷　損益計算書

❸　株主資本等変動計算書

❹　個別注記表

❺　キャッシュ・フロー計算書

解答　❺　キャッシュ・フロー計算書
　　　　会社法上は，キャッシュ・フロー計算書の作成が求められていない。

2 | 企業会計原則

1 企業会計原則とは

企業会計原則とは，企業会計の実務において，慣習として発達したものの中から，一般に公正妥当と認められたところを要約して，作成されたものである。企業会計原則は，法令ではないものの，すべての企業が会計処理をするにあたり，従わなければならない基準である。

この点について，会社法では，「株式会社の会計は，一般に公正妥当と認められる企業会計の慣行に従うものとする。」と定めている。

企業会計原則は，「一般原則」，「貸借対照表原則」，「損益計算書原則」の3つの原則と，これらに対する「注解」から構成されている。

2 一般原則

一般原則は，企業会計全般にわたる基本的な考え方を示したものであり，貸借対照表と損益計算書に共通する原則である。一般原則には，次の7つがある。

① 真実性の原則
② 正規の簿記の原則
③ 資本取引・損益取引区分の原則
④ 明瞭性の原則

関連過去問題
- 2023年6月問1
- 2023年3月問1
- 2022年3月問1
- 2021年6月問1

重要用語
企業会計原則

⑤　継続性の原則

⑥　保守主義の原則

⑦　単一性の原則

　各原則の内容は，次のとおりである。

▶ **1. 真実性の原則**

　企業会計は，企業の財政状態及び経営成績に関して，真実な報告を提供するものでなければならない。

▶ **2. 正規の簿記の原則**

　企業会計は，すべての取引につき，正規の簿記の原則に従って，正確な会計帳簿を作成しなければならない。

　この原則は，すべての取引を網羅的に正しく記録し，正確な会計帳簿を作成したうえで，財務諸表を作成することを要請している。

▶ **3. 資本取引・損益取引区分の原則**

　資本取引と損益取引とを明瞭に区別し，特に資本剰余金と利益剰余金とを混同してはならない。

　資本取引とは，増資や減資など，会社の資本が直接増減する取引のことであり，損益取引とは，会社の営業活動の結果，損益が発生する取引のことである。資本取引から生じた剰余金を資本剰余金といい，損益取引から生じた剰余金を利益剰余金という。

　資本剰余金と利益剰余金は，どちらも会社の純資産を増加させるものであるが，その発生源泉をみれば，取引形態はまったく異なるものである。したがって，この原則は，資本剰余金と利益剰余金は，混同してはならず，区分すべきことを要請している。

▶ **4. 明瞭性の原則**

　企業会計は，財務諸表によって，利害関係者に対し必要な会計事実を明瞭に表示し，企業の状況に関する判断を誤らせない

ようにしなければならない。

重要用語
継続性の原則

▶ 5. 継続性の原則

企業会計は，その処理の原則及び手続を毎期継続して適用し，みだりにこれを変更してはならない。

企業会計では，1つの会計事実に対して，複数の会計処理が認められている場合がある。このような場合に，正当な理由もなく，みだりに会計処理を変更することを認めてしまうと，選択した会計処理によって異なる利益の額が算出されるため，利益操作が可能となり，財務諸表の期間比較も困難なものとなる。そこで，利益操作を排除し，財務諸表の比較可能性を確保するため，継続性の原則が設けられている。

重要用語
保守主義の原則

▶ 6. 保守主義の原則

企業の財政に不利な影響を及ぼす可能性がある場合には，これに備えて適当に健全な会計処理をしなければならない。

ここでいう「適当に健全な会計処理」とは，予想される費用は早め・多めに計上し，収益は確実なものに限って遅め・少なめに計上することにより，利益を控えめに計上することを意味している。この「適当に健全な会計処理」のことを「保守的な会計処理」といい，この原則は，「保守主義の原則」と呼ばれている。

ただし，過度に保守的な会計処理をすることは，真実性の原則に反することになるため，認められない。

重要用語
単一性の原則

▶ 7. 単一性の原則

株主総会提出のため，信用目的のため，租税目的のため等種々の目的のために異なる形式の財務諸表を作成する必要がある場合，それらの内容は，信頼しうる会計記録に基づいて作成されたものであって，政策の考慮のために事実の真実な表示をゆがめてはならない。

注意
「単一性の原則」は，「真実性の原則」と混同しやすいので気を付けること。

財務諸表は，株主総会への提出，金融機関への提出，税務署へ

の提出など，提出の目的の違いにより，その表示形式が異なることもある。しかし，このように表示形式の異なる財務諸表であっても，本来，その作成の基礎となる正確な会計記録は，1つしか存在しないはずである。つまり，どのような表示形式の財務諸表であれ，それらは単一の会計記録から作成されることになる。

単一性の原則は，たとえ財務諸表の表示形式が多様であったとしても，それらの基礎となる会計記録は，単一のものでなければならないとする原則である。

なお，単一性の原則は，本文の最後に「政策の考慮のために事実の真実な表示をゆがめてはならない」とあり，「真実な表示」と記載されていることから，真実性の原則と混同しやすいため，留意する必要がある。

3 一般原則以外の原則

企業会計原則には，一般原則以外の原則として，損益計算書原則，貸借対照表原則がある。これらについては，必要に応じ，該当箇所で個別に説明することとし，ここでは，企業会計原則注解1の重要性の原則についてのみ触れておく。

> 企業会計は，定められた会計処理の方法に従って正確な計算を行うべきものであるが，企業会計が目的とするところは，企業の財務内容を明らかにし，企業の状況に関する利害関係者の判断を誤らせないようにすることにあるから，重要性の乏しいものについては，本来の厳密な会計処理によらないで他の簡便な方法によることも正規の簿記の原則に従った処理として認められる。
>
> 重要性の原則は，財務諸表の表示に関しても適用される。

重要性の原則は，重要性の乏しいものにかぎり，例外的な処理，簡便的な処理を許容するというものである。

📖 **重要用語**
重要性の原則

💡 **補足**
損益計算書原則には，損益計算書の本質，区分や表示する利益の内容などが記載されており，貸借対照表原則には，貸借対照表の本質，区分，配列や貸借対照表科目の分類などが記載されている。

3 | 貸借対照表

1 貸借対照表とは

貸借対照表とは，企業の財政状態を明らかにするため，決算日におけるすべての資産，負債，純資産を一覧表として記載したものである。

資産には，現金預金，売上債権，有価証券，棚卸資産，土地，建物など，決算日に会社が所有している財産等が記載され，負債には，仕入債務，未払金，借入金など，決算日における会社の債務等が記載される。この資産と負債の差額が純資産である。

簡単にいうと，貸借対照表とは，決算日において，企業の財産がどれだけあるかを示したものである。貸借対照表では，プラスの財産が資産，マイナスの財産が負債，資産から負債を差し引いた正味の財産が純資産として記載される。

2 貸借対照表の記載区分

貸借対照表は，大きく「資産の部」，「負債の部」，「純資産の部」に区分されるが，それぞれの部は，さらに次のように区分される。

▶ 1. 資産の部

資産の部は，「流動資産」，「固定資産」，「繰延資産」の3つに区分する。

固定資産の部は，さらに，「有形固定資産」，「無形固定資産」，「投資その他の資産」の3つに区分する。

関連過去問題
- 2023年6月 問2，問4
- 2023年3月 問2，問43
- 2022年6月 問2
- 2022年3月 問4
- 2021年6月 問2，問4

 重要用語

貸借対照表

補足
貸借対照表は，バランスシート（Balance Sheet），または，それを略してB／S（ビーエス）と呼ばれる。

▶ **2. 負債の部**

負債の部は，「流動負債」，「固定負債」の２つに区分する。

▶ **3. 純資産の部**

純資産の部は，「株主資本」，「評価・換算差額等」，「株式引受権」，「新株予約権」の４つに区分する。この区分にもとづいて，貸借対照表を示すと，次のとおりである。

貸借対照表

資産の部		負債の部	
Ⅰ　流動資産	×××	Ⅰ　流動負債	×××
		Ⅱ　固定負債	×××
Ⅱ　固定資産	×××		
1　有形固定資産	×××	**純資産の部**	
2　無形固定資産	×××	Ⅰ　株主資本	×××
3　投資その他の資産	×××	Ⅱ　評価・換算差額等	×××
Ⅲ　繰延資産	×××	Ⅲ　株式引受権	×××
		Ⅳ　新株予約権	×××
資産合計	×××	負債・純資産合計	×××

　貸借対照表の図から，再度，記載区分を確認しておこう。

理解度チェック

　個別貸借対照表の記載区分に関する記述について，誤っているものはどれか。

❶　貸借対照表は，資産，負債，純資産の部に区分して表示する。

❷　資産の部は，流動資産，固定資産，繰延資産に区分する。

❸　固定資産の部は，さらに有形固定資産，無形固定資産に区分する。

❹　負債の部は，流動負債，固定負債に区分する。

❺　純資産の部は，株主資本，評価・換算差額等，株式引受権，新株予約権に区分する。

解答　❸　固定資産の部は，有形固定資産，無形固定資産，投資その他の資産の３つに区分する。

● 図表1-3-1　貸借対照表の様式例

貸借対照表
（○年○月○日現在）　　　　　（単位：百万円）

科　　目	金　　額	科　　目	金　　額
（資産の部）		（負債の部）	
流動資産	×××	**流動負債**	×××
現金及び預金	×××	支払手形	×××
受取手形	×××	買掛金	×××
売掛金	×××	短期借入金	×××
有価証券	×××	リース債務	×××
商品及び製品	×××	未払金	×××
仕掛品	×××	未払費用	×××
原材料及び貯蔵品	×××	未払法人税等	×××
前払費用	×××	前受金	×××
短期貸付金	×××	預り金	×××
その他	×××	前受収益	×××
貸倒引当金	△×××	○○引当金	×××
固定資産	×××	その他	×××
**　有形固定資産**	×××	**固定負債**	×××
建物	×××	社債	×××
構築物	×××	長期借入金	×××
機械装置	×××	リース債務	×××
車両運搬具	×××	○○引当金	×××
工具器具備品	×××	その他	×××
土地	×××	**　　負債合計**	×××
リース資産	×××	（純資産の部）	×××
建設仮勘定	×××	**株主資本**	×××
その他	×××	資本金	×××
**　無形固定資産**	×××	資本剰余金	×××
ソフトウェア	×××	資本準備金	×××
リース資産	×××	その他資本剰余金	×××
のれん	×××	利益剰余金	×××
その他	×××	利益準備金	×××
**　投資その他の資産**	×××	その他利益剰余金	×××
投資有価証券	×××	○○積立金	×××
関係会社株式	×××	繰越利益剰余金	×××
長期貸付金	×××	自己株式	△×××
繰延税金資産	×××	**評価・換算差額等**	×××
その他	×××	その他有価証券評価差額金	×××
貸倒引当金	△×××	繰延ヘッジ損益	×××
繰延資産	×××	土地再評価差額金	×××
社債発行費	×××	**株式引受権**	×××
		新株予約権	×××
		**　　純資産合計**	×××
**　　資産合計**	×××	**　負債・純資産合計**	×××

●図表1-3-2　資産・負債科目

<資　産>

流動資産	現金預金，受取手形，売掛金，売買目的有価証券，１年以内に満期の到来する有価証券，商品，製品，原材料，仕掛品，貯蔵品，前渡金，前払費用，短期貸付金，完成工事未収入金，未成工事支出金など
固定資産	(有形固定資産) 建物，建物付属設備，構築物，機械装置，車輌運搬具，工具器具備品，土地，建設仮勘定など
	(無形固定資産) のれん，特許権，借地権，商標権，実用新案権，意匠権，鉱業権，漁業権，電話加入権，ソフトウェアなど
	(投資その他の資産) 投資有価証券，関係会社株式，出資金，長期貸付金，長期前払費用，敷金，差入保証金，投資不動産，ゴルフ会員権，繰延税金資産など
繰延資産	株式交付費，社債発行費等，創立費，開業費，開発費

<負　債>

流動負債	支払手形，買掛金，短期借入金，未払金，未払費用，未払法人税等，前受金，預り金，前受収益，賞与引当金，工事未払金，未成工事受入金，１年以内償還予定社債，１年以内返済予定長期借入金など
固定負債	社債，長期借入金，退職給付引当金，繰延税金負債など

4 | 流動・固定の分類基準

　貸借対照表では，資産は，流動資産，固定資産に区分し，負債は，流動負債，固定負債に区分して記載する必要がある。資産と負債を流動と固定に分類する基準には，正常営業循環基準 (Normal Operating Cycle Rule) とワン・イヤー・ルール (One Year Rule) がある。基本的には，この２つの基準に従って分類することになる。

関連過去問題
📝2023年６月
　問３，問17
📝2023年３月
　問４，問15
📝2022年６月
　問３，問８，
　問15
📝2022年３月
　問２，問15
📝2021年６月
　問３，問14

1 　正常営業循環基準

　企業の主目的である営業活動，すなわち，企業の本業にあたる取引については，たとえば，製造業であれば，原材料を購入して製品を製造し，それを販売して代金を回収するという，一連の流れがある。この営業活動の一連の流れは，「現金→仕入→製造→販売→現金」というように，現金から始まり現金に戻る形で循環していることから，「営業循環」と呼ばれる。

📖重要用語

正常営業循環基準

　正常営業循環基準とは，「現金預金→仕入（買掛金・支払手形）→棚卸資産（原材料・仕掛品・製品）→売上（売掛金・受取手形）→現金預金」という正常な営業循環の流れの中にある資産・負債については，流動資産・流動負債とする基準である。

　正常営業循環基準のイメージを図示すると，図表1-4-1のとおりである。

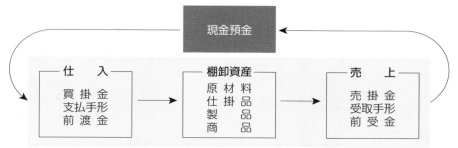

● 図表1-4-1　正常営業循環基準

正常な営業循環過程内にある資産・負債を流動資産・流動負債とする。

2　ワン・イヤー・ルール

　ワン・イヤー・ルールとは，決算日の翌日から起算して，1年以内に回収期限が到来し，現金化される資産を流動資産とし，1年以内に支払期限が到来し，現金が支払われる負債を流動負債とする方法である。1年を超えて回収・支払が行われるものは，固定資産・固定負債となる。

3　流動・固定の分類方法

　このように資産・負債を流動・固定に分類する基準には，正常営業循環基準とワン・イヤー・ルール2つがある。この2つの基準をどう適用するかについて，企業会計原則では，正常営業循環基準を主たる基準とし，ワン・イヤー・ルールはそれを補足する基準として位置づけている。

　すなわち，まずは，正常な営業循環の流れの中にある資産・負債を流動資産・流動負債とする。そして，それ以外の資産・負債については，ワン・イヤー・ルールを適用して，流動・固定の区分を行うことになる。

📖 重要用語

ワン・イヤー・ルール

🔍 参照

有価証券の流動・固定分類については，金融商品に関する会計基準に定められているため，その定めに従って区分することになる（第1編7を参照）。

4　正常営業循環基準の適用例

▶ 1. 正常営業循環基準が適用されるもの

　ここでもう一度，図表1-4-1の正常営業循環基準の図を見ていただきたい。

　正常営業循環基準が適用されるかどうかは，このサイクルの中にある科目なのかを判断すればよい。

　このサイクルの中にあれば，それは正常営業循環基準の適用により流動資産・流動負債とされ，流れの中になければ，ワン・イヤー・ルールが適用されることになる。

　正常営業循環基準が適用される主な科目としては，仕入取引に関連する買掛金・支払手形・前渡金，棚卸資産である原材料・仕掛品・製品・商品，売上取引に関連する売掛金・受取手形・前受金などがある。

　たとえば，建設業において，受注工事に対する前受金は，受注した工事の完成前に工事代金の一部を受け取るものであり，売上取引に関連する前受金である。これは，正常な営業サイクルの流れの中にある科目のため，正常営業循環基準が適用される。

　また，正常営業循環基準の適用では，同じ種類の資産であっても，企業によって流動資産となったり，固定資産となったりすることがある。

　たとえば，一般の製造業の会社であれば，所有する土地は固定資産に分類されるが，不動産の販売を本業とする会社であれば，販売目的のために所有する土地は，正常な営業循環の流れの中にある資産である。したがって，販売用不動産は，流動資産（棚卸資産）に分類されることになる。

▶ 2. 正常営業循環基準が適用されないもの

　正常営業循環基準が適用されないものとは，基本的には，「現

金預金→仕入→棚卸資産→売上→現金預金」という，正常な営業サイクルの流れの中にないものである。これについては，ワン・イヤー・ルールが適用されることになる。

　たとえば，営業保証金は，営業取引に関連し，契約上の条件から差し入れる必要のある金額であるが，「現金預金→仕入→棚卸資産→売上→現金預金」の流れの中にあるものではない。したがって，営業保証金については，正常営業循環基準は適用されず，ワン・イヤー・ルールが適用される。

　ただし，この営業サイクルの中から発生した受取手形・売掛金であっても，会社の倒産等により，それが不渡手形，破産更生債権等となった場合には，正常営業循環基準が適用されないので留意が必要である。これは，受取手形や売掛金が不渡手形や破産更生債権等となった時点で，すでに「正常な」営業サイクルの流れの中からは外れていると判断されることによるものである。よって，これらの債権は，正常営業循環基準ではなくワン・イヤー・ルールが適用される。

●流動・固定の分類方法
　①　正常な営業循環内にある資産・負債
　　⇒流動資産・流動負債
　②　それ以外の資産・負債
　　⇒ワン・イヤー・ルール
●正常営業循環基準の適用
　「現金預金→仕入→棚卸資産→売上→現金預金」という，正常な営業サイクルの流れの中にあるかどうかで判断しよう。

5 | 流動性配列法

1 流動項目と固定項目の配列順序

貸借対照表の資産・負債の配列順序には，流動性配列法と固定性配列法の2つの方法がある。

流動性配列法とは，流動性の高いものから順に資産・負債を配列する方法であり，この方法では，資産は「流動資産→固定資産」の順に，負債は「流動負債→固定負債」の順に記載される。

一方，固定性配列法とは，流動性の低いものから順に資産・負債を配列する方法であり，この方法では，資産は「固定資産→流動資産」の順に，負債は「固定負債→流動負債」の順に記載される。

企業会計原則では，資産・負債の配列は，原則として，流動性配列法によるものとしている。固定性配列法は，電力会社やガス会社など，設備投資が多額であり，固定資産の占める割合が極めて高い会社に限り，例外的に認められている方法である。

流動性配列法，固定性配列法のいずれの方法でも，換金できない資産である繰延資産は，資産の部の最後に記載される。

よって，原則的な方法である流動性配列法のもとでは，資産は，「流動資産→固定資産→繰延資産」の順に記載されることになる。

> 流動性配列法：流動資産→固定資産→繰延資産の順

関連過去問題
- 2023年6月 問5
- 2023年3月 問5
- 2022年6月 問5
- 2022年3月 問3
- 2021年6月 問5

 重要用語
流動性配列法

📖 重要用語
固定性配列法

2　流動資産の配列順序

　貸借対照表では，流動資産・流動負債を構成する各科目についても，流動性が高い順に記載するのが原則である。流動性が高いというのは，換金性が高く，現金に近いということであり，資産については，入金が近い順に，負債については，出金が近い順に記載することになる。

▶ 1. 営業循環内にある資産の記載順

　流動資産について営業循環の流れを見ていくと，まずは，棚卸資産が販売されて売掛金になり，その売掛金は受取手形として回収され，その受取手形は期日が来たら現金預金になる。つまり，営業循環の流れは，棚卸資産→売掛金→受取手形→現金預金の順である。

　この順番を逆にして，現金に近い順に並べると，現金預金→受取手形→売掛金→棚卸資産の順になる。流動性配列法では，流動性の高い順，すなわち，現金に近い順に記載することから，これらの科目の配列は，この順番で記載することになる。

> 現金預金→受取手形→売掛金→棚卸資産の順

　以下では，試験で問われることの多い資産について，記載順を見ていくこととする。

▶ 2. 有価証券の記載順

　貸借対照表においては，有価証券の記載順は，売掛金よりも後であり，棚卸資産より前となっている。つまり，有価証券は，売掛金よりも換金性が低いが，棚卸資産よりは換金性が高いと考えられている。

　売掛金は，債権譲渡や買掛金との相殺などにより，支払手段となりうるものであるが，有価証券は，一般的に支払手段とはなら

ないものである。売掛金が支払手段となるということは，それだけ有価証券よりも換金性が高く，現金に近いということになる。

また，有価証券と棚卸資産を比較した場合，流動資産となる売買目的有価証券は，証券市場での売却により，容易に資金化することが可能なことから，棚卸資産よりは換金性が高いと考えられる。

よって，有価証券を含めた流動資産の記載順は，次のとおりとなる。

> 現金預金→受取手形→売掛金→有価証券→棚卸資産の順

▶ 3. 棚卸資産（製品，原材料，仕掛品）の記載順

製品，原材料，仕掛品については，製造工程の流れを見ると，原材料→仕掛品→製品の順となり，製品が販売されると，売掛金→受取手形→現金預金へとなっていく。この製造工程の流れを逆にして，現金に近い順に並べると，製品→仕掛品→原材料の順になる。

しかし，貸借対照表においては，製品→原材料→仕掛品の順に記載する。なぜなら，原材料については，未使用のものであれば，そのまま転売して現金化できる可能性も高いと考えられるが，仕掛品については，通常そのままでは販売することが不可能であり，現金化することは困難である。よって，仕掛品よりも原材料のほうが換金性が高いと考えられるため，貸借対照表では，原材料のほうが仕掛品より前に記載されることになる。

> 製品→原材料→仕掛品の順

6 | 受取手形

　企業が営業活動によって取得した手形は，**受取手形**として資産の部に記載する。受取手形には支払期日が記載されており，その期日が到来したときに，手形に記載されている金額を受け取ることになる。

　受取手形は，支払期日が到来する前に，現金化したり支払手段としたりすることも可能である。

　支払期日が到来する前に，受取手形を金融機関等に買い取ってもらい，現金化した手形のことを**割引手形**という。また，受取手形を買掛金等の支払にあてるため，支払期日が到来する前に，手形の裏面に必要事項を記入したうえで，譲渡した手形のことを**裏書譲渡手形**という。

　割引手形も裏書譲渡手形も，すでに企業の外部に譲渡されているため，貸借対照表上は，資産として計上されるものではない。したがって，貸借対照表上，受取手形として記載されるのは手持受取手形の残高だけとなる。すなわち，貸借対照表の受取手形の金額は，手持受取手形の残高と一致する。

　ただし，手形を割り引いた会社，手形を裏書譲渡した会社は，万が一，その手形が不渡りとなった場合には，金融機関や手形の譲渡先に対し，支払義務を負うことになる。この支払義務は，現時点では確定した債務ではないが，将来的には発生する可能性のある債務であり，**偶発債務**と呼ばれる。

　偶発債務は，企業にとっては潜在的なリスクであるため，注記事項として注記し，開示することが求められている。よって，割

重要用語
受取手形

重要用語
割引手形

重要用語
裏書譲渡手形

重要用語
偶発債務

第1編

● 図表1-6-1　受取手形の表示

受取手形	手持手形	…	受取手形として貸借対照表に記載する
	割引手形	…	注記事項として注記する
	裏書手形	…	注記事項として注記する

引手形の残高，裏書譲渡手形の残高は，貸借対照表の注記事項として注記することになる。

　以上の関係を図示すると，図表1-6-1のとおりである。

貸借対照表の受取手形の額は，手持受取手形の残高と一致するよ！

理解度チェック

下記の資料から期末に保有している手持受取手形の額を算定すると，いくらになるか。

```
（貸借対照表）
　受取手形　　　　　　　　　　5,000
（注記事項）
　手形割引高　　　　　　　　　 500
　手形裏書譲渡高　　　　　　　 300
```

解答　5,000
　　　手持受取手形の金額は，貸借対照表の受取手形の金額と一致する。

7 | 有価証券

1 有価証券の保有目的別分類

有価証券とは，株式，社債，国債，地方債，証券投資信託の受益証券，コマーシャル・ペーパーなど，金融商品取引法で定めるものをいう。

有価証券の会計処理については，金融商品に関する会計基準に定められており，有価証券等の金融商品については，企業会計原則よりもこの基準が優先して適用されることになる。

金融商品に関する会計基準では，有価証券は保有目的の観点から，「売買目的有価証券」，「満期保有目的の債券」，「子会社株式・関連会社株式」，「その他有価証券」の4つに分類するものとしている。

▶ 1. 売買目的有価証券

売買目的有価証券とは，時価の変動により利益を得ることを目的として保有する有価証券のことである。

▶ 2. 満期保有目的の債券

満期保有目的の債券とは，満期まで所有する意図をもって保有する社債その他の債券のことである。

▶ 3. 子会社株式・関連会社株式

子会社株式とは，他の会社の意思決定機関を支配する目的で保有している株式のことであり，**関連会社株式**とは，他の会社の意思決定に重要な影響力を行使する目的で保有している株式のことである。

関連過去問題
2023年3月
問7
2022年6月
問24

重要用語
有価証券

重要用語
売買目的有価証券

重要用語
満期保有目的の債券

重要用語
子会社株式

重要用語
関連会社株式

第1編

● 図表1-7-1　有価証券の記載区分

保有目的による分類		記載区分
売買目的有価証券		流動資産
満期保有目的の債券	1年以内に満期が到来する債券	流動資産
	その他	投資その他の資産
子会社株式・関連会社株式		投資その他の資産
その他有価証券	1年以内に満期が到来する債券	流動資産
	その他	投資その他の資産

▶ 4．その他有価証券

その他有価証券とは，「売買目的有価証券」，「満期保有目的の債券」，「子会社株式・関連会社株式」のいずれにも該当しない有価証券のことである。

企業が取引先である金融機関，得意先，仕入先などと，互いに相手先の株式を持ち合う，いわゆる持ち合い株式は，その他有価証券に該当する。

2　有価証券の流動・固定分類

本来，資産を流動資産と固定資産に区分するときは，正常営業循環基準とワン・イヤー・ルールによって行うのが原則である。しかし，有価証券の区分については，金融商品に関する会計基準で明確にされており，その規定に従う。内容は図表1-7-1のとおりである。

有価証券の流動・固定分類は，有価証券の保有目的にワン・イヤー・ルールを加味したものとなっている。

売買目的有価証券は，基本的には，いつでも売却・換金が可能と考えられることから，流動資産として表示する。また，1年以内に満期の到来する債券は，保有目的に関係なく，1年以内に資金化されることが見込まれるため，これも流動資産として表示す

る。それ以外のものは，固定資産（投資その他の資産）として表示することになる。

3 期末の評価方法

　有価証券の価値というのは，経済環境や企業の業績など，様々な要因によって絶えず変化するものであり，有価証券の取得時点と貸借対照表日の時点では，その価値が異なるのが通常である。

　そこで，会計上は，貸借対照表日において有価証券の評価を行う必要がある。金融商品に関する会計基準では，有価証券の評価方法について，保有目的に応じ，図表1-7-2のとおり定めている。

▶ 1. 売買目的有価証券

　売買目的有価証券は，時価をもって貸借対照表価額とし，時価と帳簿価額との差額は，当期の損益として処理する。

　売買目的有価証券は，時価の変動により利益を得ることを目的としているため，期末に時価で評価することが投資家にとっては有用な情報であり，企業にとっては公表すべき財務活動の成果であると考えられている。

▶ 2. 満期保有目的の債券

　満期保有目的の債券は，取得原価をもって貸借対照表価額とす

●図表1-7-2　有価証券の分類と評価

保有目的による分類	貸借対照表価額（評価基準）	
	市場価格のある有価証券	市場価格のない有価証券
売買目的有価証券	時　価	－
満期保有目的の債券	取得原価 （または償却原価）	取得原価 （または償却原価）
子会社株式・関連会社株式	取得原価	取得原価
その他有価証券	時　価	取得原価 （または償却原価）

る。ただし，債券の取得価額が額面金額よりも高い場合や低い場合において，その差額が金利の調整と認められるときは，償却原価法によって算定した価額を貸借対照表価額とする。

債券には時価のあるものもあるが，満期まで保有し，額面金額で償還される債券であれば満期までの価格変動リスクが実質的にはないため，時価評価はしない。

参照

償却原価法については，第1編15を参照。

▶ 3. 子会社株式・関連会社株式

子会社株式・関連会社株式は，取得原価をもって貸借対照表価額とする。

子会社株式や関連会社株式にも，時価のあるものがあるが，これらの株式を取得するというのは，特定の事業に対し長期的な投資をすることである。こうした保有目的からすると，子会社株式・関連会社株式は，通常，直ちに売却・換金する予定のないものであり，時価の変動を財務活動の成果として捉えるべきものでもないと考えられる。

そこで，子会社株式・関連会社株式は，取得原価で評価することと定められている。

▶ 4. その他有価証券

その他有価証券のうち，時価のある有価証券については時価をもって貸借対照表価額とし，時価のない有価証券については取得原価または償却原価法により算定された価額をもって貸借対照表価額とする。

また，時価のあるものは価格変動リスクを負っている。企業の財務活動の実態を適切に財務諸表に反映させ，財務諸表の利用者に対し的確な財務情報を提供するためには，時価評価が必要である。しかし，その他有価証券には，事業遂行上の必要性等から売却・換金することに制約がある場合も多く，時価と帳簿価額との差額を直ちに当期の損益として処理することは適切ではないと考

えられる。

　そこで，評価差額については，当期の損益として処理せずに，貸借対照表の純資産の部に直接計上するという処理が行われる。ただし，評価差損については，保守主義の観点から損益計算書に計上する方法も認められている。

　たとえば，決算日において，その他有価証券の時価評価をした結果，評価差益が100，評価差損が30であったとすると，時価評価の処理方法には次の2つがある（ここでは税効果会計を考慮しない）。

(1)　**全部純資産直入法**

　評価差益と評価差損を合計（相殺）し，合計額を貸借対照表の純資産の部に直接計上する。

| （借）投資有価証券 | 70 | （貸）その他有価証券評価差額金 | 70 |

(2)　**部分純資産直入法**

　評価差益は貸借対照表の純資産の部に直接計上し，評価差損は当期の損益として損益計算書に計上する。

| （借）投資有価証券 | 100 | （貸）その他有価証券評価差額金 | 100 |

| （借）投資有価証券評価損 | 30 | （貸）投資有価証券 | 30 |

▶ 5. 市場価格のない株式等

　市場において取引されていない株式や出資金など，市場価格のない株式等は，取得原価をもって貸借対照表価額とする。

時価で評価するのは，売買目的有価証券とその他有価証券のうち市場価格のあるものだけである。それ以外は，取得原価（または償却原価）で評価する。

区　分	貸借対照表価額
売買目的有価証券	時価
その他有価証券 （市場価格あり）	時価
上記以外の有価証券	取得原価 （または償却原価）

理解度チェック

下記の資料から有価証券の期末評価額（合計額）を算定すると，いくらになるか。

銘　柄	種　類	株式数	取得単価	市場単価
A社株式	その他有価証券	3,000	2,800	4,000
B社株式	関連会社株式	5,000	5,000	7,700
C社株式	売買目的有価証券	1,000	1,800	3,000
D社株式	その他有価証券	2,000	3,500	なし

解答　有価証券の期末評価額　47,000,000
　　　　A社株式　3,000×4,000 ＝ 12,000,000
　　　　B社株式　5,000×5,000 ＝ 25,000,000
　　　　C社株式　1,000×3,000 ＝　3,000,000
　　　　D社株式　2,000×3,500 ＝　7,000,000
　　　　12,000,000＋25,000,000＋3,000,000＋7,000,000＝47,000,000
　　　　時価で評価するのは，売買目的有価証券とその他有価証券のうち市場価格のあるものだけである。それ以外は，取得原価で評価する。よって，A社株式とC社株式は時価で評価し，B社株式とD社株式は取得原価で評価する。

8 | 棚卸資産

1 棚卸資産とは

　棚卸資産の評価に関する会計基準では，棚卸資産とは，商品，製品，半製品，原材料，仕掛品等の資産であり，企業がその営業目的を達成するために所有し，かつ，売却を予定する資産としている。さらに，売却を予定しない資産であっても，販売活動および一般管理活動において短期間に消費される事務消耗品等も棚卸資産に含まれるとしている。

2 棚卸資産の単価の算定方法

　棚卸資産の貸借対照表価額は，「棚卸数量×単価」によって算定される。

　このうち，棚卸数量については実地棚卸によって，すなわち，実際に期末在庫の数量を数えることによって確定させることになる。一方，単価については，いくつかの算定方法があり，どの方法を使うかは，企業が取り扱う棚卸資産の性質等を考慮して決定することになる。

　棚卸資産の単価の算定方法には，主として，個別法，先入先出法，平均原価法（総平均法，移動平均法），売価還元法などの方法がある。

　以下では，財務3級試験で問われることの多い，「先入先出法」，「総平均法」，「移動平均法」，「売価還元法」による棚卸資産価額の算定方法を，具体例を通して説明していく。

関連過去問題
- 2023年6月問6, 問7
- 2023年3月問8
- 2022年6月問4
- 2022年3月問5, 問7
- 2021年6月問6

第1編

重要用語
棚卸資産

まずは,「先入先出法」,「総平均法」,「移動平均法」について説明する。

─期末商品棚卸高の算出（先入先出法，総平均法，移動平均法）─

下記の商品受払記録から①先入先出法，②総平均法，③移動平均法により期末商品棚卸高を算出すると，それぞれいくらになるか。

	取得単価	数　量		
		入　庫	出　庫	残　高
前期繰越	100			50
仕　入	120	200		250
売　上			70	180
仕　入	130	100		280
売　上			160	120

① 先入先出法

重要用語

先入先出法

先入先出法とは，先に仕入れたものから先に払い出しが行われ，期末の棚卸資産は最も新しく取得したものからなると仮定して，棚卸資産の価額を算定する方法である。

先入先出法によれば，期末に残るのは直近に仕入れたものとなる。よって，上記の例では，期末残高の120個は直近に仕入れた@130のもの100個と，その前に仕入れた@120のもの20個から構成されることになる。

	取得単価	数　量		
		入　庫	出　庫	残　高
前期繰越	100			50
仕　入	120	200		250
売　上			70	180
仕　入	130	100		280
売　上			160	120

期末商品棚卸高：@130×100個＋@120×20個＝15,400

② 総平均法

総平均法とは，期末において，前期の繰越残高と当期の仕入高のすべての数量と金額を合計して平均単価を算出し，この平均単価によって期末の棚卸資産価額を算出する方法である。総平均法による平均単価は，次のとおり算出される。

	取得単価	数　量		
		入　庫	出　庫	残　高
前期繰越	100			50
仕　　入	120	200		250
売　　上			70	180
仕　　入	130	100		280
売　　上			160	120

前期繰越：@100×50個＝5,000

仕入1回目：@120×200個＝24,000

仕入2回目：@130×100個＝13,000

平均単価：$\dfrac{5,000+24,000+13,000}{50+200+100}=120$

期末商品棚卸高：平均単価120×期末数量120個＝14,400

③ 移動平均法

移動平均法とは，棚卸資産の仕入が行われるたびに，仕入高とその時点の残高から平均単価を算出し，期末の棚卸資産価額を算出する方法である。移動平均法による平均単価は，次のとおり算出される。

	取得単価	数　量		
		入　庫	出　庫	残　高
前期繰越	100			50
仕　　入	120	200		250
売　　上			70	180
仕　　入	130	100		280
売　　上			160	120

（1回目の仕入）

　ここでは，1回目の仕入が行われる前の残高50個と1回目の仕入200個の平均単価を算出する。

　　仕入前の残高：@100×50個＝5,000

　　仕入1回目：@120×200個＝24,000

　　平均単価：$\dfrac{5,000+24,000}{50+200}=116$

（2回目の仕入）

　2回目の仕入が行われる前の残高180個は，1回目の仕入の時の残高250個のうちの一部であり，この平均単価は，1回目の仕入の時に算出した@116である。これと2回目の仕入100個の平均単価を算出する。

　　仕入前の残高：@116×180個＝20,880

　　仕入2回目：@130×100個＝13,000

　　平均単価：$\dfrac{20,880+13,000}{180+100}=121$

　　期末商品棚卸高：平均単価121×期末数量120個＝14,520

　次に，「売価還元法」について説明する。

── **期末商品棚卸高の算出（売価還元法）** ──────────

　下記の資料から売価還元法により期末商品棚卸高を算出すると，いくらになるか。

売上高	3,000
仕入高	2,080
期首商品棚卸高（原価）	300
期末商品棚卸高（売価）	400

売価還元法は，売価ベースで算出した期末商品棚卸高に原価率を掛けて，期末商品棚卸高の原価を算出する方法である。

> 期末商品棚卸高（原価）＝期末商品棚卸高（売価）×原価率

売価還元法による棚卸資産価額の算出プロセスは，次のとおりである。

> ①　原価率の算出
> ②　期末商品棚卸高（原価）の算定

①　原価率の算出

原価率の算出方法は，次のとおりである。

$$原価率 = \frac{期首商品棚卸高（原価）＋当期商品仕入高}{売上高＋期末商品棚卸高（売価）}$$

この算式では，分子は原価ベースであり，分母は売価ベースとなっている。この算式と図表1-8-1を見るとわかるように，売価ベースの商品勘定図と原価ベースの商品勘定図の大きさの比が原価率となっている。

すなわち，売価ベースの貸方合計（右側の合計額）を1としたときに，それに対する原価ベースの借方合計（左側の合計額）の割合が原価率である。

$$原価率：\frac{300＋2,080}{3,000＋400}＝0.7$$

②　期末商品棚卸高（原価）の算定

期末商品棚卸高（原価）＝期末商品棚卸高（売価）×原価率

　　　　　　　　　　＝400×0.7

　　　　　　　　　　＝280

補足

売価還元法は，スーパー，百貨店，コンビニ，ドラッグストアのように，商品の取扱品種が極めて多い小売業などで採用される方法である。商品の取扱品種が多い業種では，各商品の原価を個別に管理することは，非常に手間がかかる一方で，売価については，定価やPOSシステムなどを利用し，日常的に管理されている。このような業種では，実務上の手間を考慮して，売価還元法を採用し，棚卸資産のグループごとに，売価の合計額から原価の合計額を算出している。

第1編

●図表1-8-1　売価還元法

商品（原価ベース）　　　　　　　　　　　商品（売価ベース）

期首商品棚卸高		期首商品棚卸高	
当期商品仕入高	売上原価	（注）　この部分の金額は，次の計算式により求められる。 　当期仕入高＋原始値入額＋値上額－値下額	売上高
	期末商品棚卸高		期末商品棚卸高

売価を原価に還元

●棚卸資産の評価方法は，次のとおり。

評価方法	内容
先入先出法	先に仕入れたものが先に出て行く。よって，期末に残るのは直近に仕入れたものとなる。
総平均法	前期繰越と当期仕入の合計から平均単価を算出する。
移動平均法	仕入があったときに，その都度，単価を算出する。
売価還元法	期末棚卸資産の売価から原価を算出する。

3 棚卸減耗損と商品評価損

▶ 1. 棚卸減耗損

2で述べたとおり，棚卸資産の貸借対照表価額は「棚卸数量×単価」によって算出されるが，棚卸数量については実地棚卸，すなわち，実際に期末在庫の数量を数えることによって確定させることになる。

実地棚卸によって，帳簿上の棚卸数量と実際の棚卸数量とが一致しなかった場合は，帳簿上の棚卸数量を訂正し，実際の棚卸数量に合わせる必要がある。一般には，紛失，盗難，目減りなどの理由により，帳簿上の棚卸数量よりも実際の棚卸数量のほうが少なくなることが多く，これによって生じた損を棚卸減耗損という。

📖 重要用語
棚卸減耗損

▶ 2. 商品評価損

また，期末の棚卸資産については，品質の低下や陳腐化等により棚卸資産の価値が低下している場合がある。

棚卸資産の正味売却価額が取得原価よりも下落しているときは，会計上は棚卸資産の収益性が低下したものと判断し，棚卸資産の帳簿価額を切り下げて，正味売却価額を貸借対照表価額としなければならない。これによって生じた損は，商品評価損，棚卸評価損などと呼ばれる。商品評価損は，帳簿上の単価を訂正し，経済的な実態に合わせるために生じるものである。

📖 重要用語
商品評価損

以上をまとめると，棚卸減耗損は，帳簿上の数量の訂正であり，商品評価損は，帳簿上の単価の訂正である。棚卸減耗損と商品評価損を計上することにより，期末の棚卸資産の貸借対照表価額が正しく算定される。

以下では，棚卸減耗損と商品評価損がある場合の棚卸資産価額

の算出方法について，具体例により説明していく。

─期末商品棚卸高の算出（棚卸減耗損と商品評価損）───────

　下記の資料から期末商品棚卸高を算出すると，いくらになる
か。

期末商品棚卸高(すべて通常の販売目的で保有)		
	数量	単価
帳簿棚卸高	650個	200
実地棚卸高	620個	
(内訳)		
良品A	500個	250（正味売却価額）
良品B	100個	190（正味売却価額）
品質低下品	20個	100（正味売却価額）

　棚卸減耗損と商品評価損がある場合，期末商品棚卸高の算式
は，次のとおりである。

> **期末商品棚卸高**
> **＝帳簿上の単価×帳簿上の数量－棚卸減耗損－商品評価損**

① 　棚卸減耗損

　この例では，期末商品の帳簿上の数量は650個であるが，実地
棚卸の結果，実際の数量は620個しかなかったため，すでに存在
していない30個（単価200）については，棚卸減耗損として処
理する必要がある。

> **棚卸減耗損＝帳簿上の単価×(帳簿棚卸数量－実地棚卸数量)**

　棚卸減耗損：@200×（650－620）個＝6,000

② 　商品評価損

　次に，期末に保有している商品620個について，正味売却価額
が取得原価（帳簿上の単価）よりも下落している場合には，棚卸

資産の帳簿価額を正味売却価額まで切り下げて，商品評価損を計上する必要がある。

　良品Aは，正味売却価額が帳簿上の単価を上回っており，帳簿価額の切下げを行う必要はない。一方，良品Bと品質低下品は，正味売却価額が帳簿上の単価を下回っているため，帳簿価額の切下げを行い，正味売却価額で評価しなければならない。

商品評価損＝（帳簿上の単価－正味売却価額）×実地棚卸数量

　良品Bの商品評価損：（@200－@190）×100個＝1,000
　品質低下品の商品評価損：（@200－@100）×20個＝2,000
　商品評価損（合計）：1,000＋2,000＝3,000
　①②より
　期末商品棚卸高
＝帳簿上の単価×帳簿上の数量－棚卸減耗損－商品評価損
＝（@200×650個）－6,000－3,000＝121,000
　以上の関係を図で示すと，図表1-8-2のとおりである。
　ここでは，帳簿上の棚卸資産の金額から，棚卸減耗損と商品評

●図表1-8-2　棚卸減耗損と商品評価損

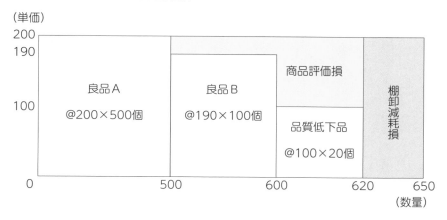

価損を差し引くことにより，期末商品棚卸高を算出したが，図を見ればわかるように，期末商品棚卸高は，商品評価損を考慮した後の良品Aと良品Bと品質低下品の合計額でもある。したがって，期末商品棚卸高は，単純に次のように求めることもできる。

　良品A：@200×500個＝100,000

　良品B：@190×100個＝19,000

　品質低下品：@100×20個＝2,000

　期末商品棚卸高：100,000＋19,000＋2,000＝121,000

●期末棚卸資産＝帳簿上の数量×帳簿上の単価－棚卸減耗損－商品評価損

棚卸減耗損　…　帳簿上の数量の訂正

商品評価損　…　帳簿上の単価の訂正

9 有形固定資産

1 有形固定資産とは

有形固定資産とは，通常の事業活動のために長期間使用する目的で所有する固定資産のうち，具体的な形のあるものをいう。

有形固定資産の具体例としては，土地，建物，機械装置，車両運搬具，船舶，工具器具備品，リース資産，建設仮勘定などがあげられる。

このうち，建設仮勘定というのは，建設中の固定資産であって，いまだ稼働できる状態ではないものについて，支出した金額を一時的に計上しておく勘定のことである。建設仮勘定は，工事が完成した時点で，建物や機械装置などの本勘定に振り替えられることになる。

第1編3で説明したとおり，貸借対照表では，資産は流動資産と固定資産に区分され，さらに固定資産は有形固定資産，無形固定資産，投資その他の資産に区分される。有形固定資産は，長期間使用するという点で流動資産とは異なるものであり，具体的な形のあるものという点で無形固定資産とも異なるものである。さらに，通常の事業活動のために所有するという点で，投資目的で所有する投資その他の資産とも異なっている。

> **関連過去問題**
> ✐ 2023年6月 問11
> ✐ 2022年6月 問6
> ✐ 2021年6月 問9

> 📖 **重要用語**
> 有形固定資産

第1編

2 資本的支出と収益的支出

固定資産は，通常，長期にわたって使用するため，資産を取得したときに取得原価で貸借対照表に計上した後でも，修繕や改修

等により追加的な支出が発生することがある。

この追加的な支出の処理方法には，資産として処理する方法と，費用として処理する方法の２つがある。前者を資本的支出といい，後者を収益的支出という。

▶ 1. 資本的支出

重要用語
資本的支出

資本的支出とは，固定資産の価値を増加させるような支出，耐用年数を延長させるような支出のことをいう。

たとえば，建物に新たな設備を物理的に付加したり，建物の耐震性を強化して耐用年数を延長させたりした場合の支出は，資本的支出に該当する。

資本的支出は，固定資産の取得原価に加算し，資産として処理する。

▶ 2. 収益的支出

重要用語
収益的支出

収益的支出とは，固定資産の現状を維持するための支出，原状を回復するための支出をいう。

たとえば，工場の機械装置について，現在の状態を保つための通常の維持管理費用や，故障した部分を元の状態に回復させるための修理費用は，収益的支出に該当する。

収益的支出は，固定資産の取得原価には加算せず，支出した期の費用として処理する。

注意
資本的支出は，固定資産の取得原価に加算し，資産として処理するため，その後，減価償却を通して，複数年度にわたり費用化されていくが，収益的支出は，その全額が支出した期の費用となる。

●図表1-9-1　資本的支出と収益的支出

	支出の内容	会計処理
資本的支出	①　資産の価値が増加 ②　耐用年数が延長	固定資産として資産計上
収益的支出	現状の機能を維持	修繕費として費用処理

10 | 減価償却

1 減価償却とは

　建物，機械装置，車両などの固定資産は，それらを使用することによって，あるいは，時の経過によって，徐々に老朽化し，価値が減少していくものである。こうした価値の減少を会計上の費用として処理するのが，減価償却である。

　会計上，減価償却とは，固定資産の取得原価をその使用期間にわたって，費用として配分する手続のことをいう。固定資産の取得原価については，取得時に全額を費用として処理するのではなく，減価償却により，将来の一定期間にわたって費用として処理する。

　なお，土地や建設仮勘定のように，使用や時の経過によって価値が減少しないものについては，減価償却の対象とはならない。

2 減価償却の方法

　減価償却には複数の方法があるが，主なものは，定額法と定率法である。定額法も定率法も，基本的には，固定資産の取得原価から残存価額を差し引いた金額を，使用可能期間である耐用年数にわたって各期間に費用として配分するものである。

　固定資産の取得原価とは，固定資産の購入代価と付随費用の合計額であり，残存価額とは，耐用年数経過後の固定資産の売却予想価額である。固定資産の取得原価から残存価額を差し引いた部分は，固定資産の使用や時の経過によって価値が減少していく部

関連過去問題
- 2023年3月 問12
- 2022年3月 問14
- 2021年6月 問12

 重要用語

減価償却

第1編

● 図表1-10-1　減価償却

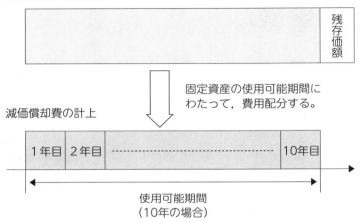

固定資産の取得原価

| | 残存価額 |

固定資産の使用可能期間に
わたって，費用配分する。

減価償却費の計上

| 1年目 | 2年目 | -- | 10年目 |

使用可能期間
（10年の場合）

 重要用語
定額法

分であり，耐用年数にわたって減価償却費を計上し，費用として
処理されることになる。

▶ 1. 定額法

　定額法とは，固定資産の耐用年数にわたって毎期均等額を減価
償却費として計上する方法である。定額法の算式は，次のとおり
である。

$$\text{定額法の減価償却費} = \frac{\text{取得原価} - \text{残存価額}}{\text{耐用年数}} \times \frac{\text{使用月数}}{12\text{ヵ月}}$$

　減価償却は，固定資産を事業の用に供したときから開始するた
め，年度の途中で事業の用に供したときは，１年間の減価償却費
のうち，使用月数に対応する額を減価償却費として計上すること
になる。

　この算式からわかるように，減価償却費を計算するためには，
固定資産の取得原価のほか，耐用年数と残存価額を把握すること
が必要になる。

耐用年数については，法人税法上の規定により固定資産の種類別の耐用年数が詳細に定められていることから，実務上は，この年数を使用して減価償却費を計上している企業が多い。

　また，法人税法では，残存価額をゼロとしている。そのため，実務上は，備忘価額として耐用年数経過時点で資産の帳簿価額が1円だけ残るようにして償却が行われている。この場合，仮に定額法による毎年の減価償却費が100,000円だとしたら，最終年度の減価償却費は99,999円（100,000円－1円）となる。

▶ **2. 定率法**

重要用語
定率法

　定率法とは，固定資産の耐用年数にわたって，毎期，期首の帳簿価額に一定の償却率を乗じて，減価償却費を計上する方法である。定率法の算式は，次のとおりである。

$$\text{定率法の減価償却費} = \text{期首帳簿価額（未償却残高）} \times \text{定率法の償却率} \times \frac{\text{使用月数}}{12\text{ヵ月}}$$

　この算式によれば，未償却残高が多いときは減価償却費も多く計上され，未償却残高が少ないときは減価償却費も少なく計上されることになる。よって，定率法は，最初の期のほうが減価償却費は多く計上され，償却が進み，年数がたつにつれ減価償却費が少なくなっていくという特徴がある。

▶ **3. 法人税法の定率法**

　▶ 1. の定額法で，法人税法では残存価額をゼロとしていると述べた。これは，法人税法上は，残存価額がゼロとなるまで減価償却できるという意味である。ところが，▶ 2. の定率法の計算式では，常に期首の未償却残高に1未満の償却率を乗じて減価償却費を算出するため，期首の未償却残高から減価償却費を差し引いた額である期末の未償却残高は，どの時点でもゼロにはならない。つまり，この算式によれば，耐用年数の全期間にわたって減

補足
定額法は，毎期一定額が減価償却費として計上されるため，金額が把握しやすく，損益への影響は安定している。一方，定率法は，初期の段階で多額の減価償却費が計上されるため，早めに資産の償却をすすめ，その時点の税金の支払額を減額させるという効果がある。

価償却費を計上したとしても，最終的には未償却残高が生じてしまい，取得原価の全額を償却することはできないことになる。

そこで，法人税法では，定率法の償却については2段階に分け，償却開始から当分の間は定率法により償却を行うが，最後のほうは，定額法による償却を行うことで，残存価額がゼロとなるまで償却できるようにしている。法人税法の定率法の概要を示すと，次のとおりとなる。

【第1段階】定率法による減価償却

$$減価償却費 = 未償却残高 \times 定率法の償却率 \times \frac{使用月数}{12ヵ月}$$

【第2段階】定額法による減価償却

$$減価償却費 = \begin{matrix} 未償却残高 \\ （改定取得価額）\end{matrix} \times \begin{matrix} 定額法の償却率 \\ （改定償却率）\end{matrix} \times \frac{使用月数}{12ヵ月}$$

【判断基準】定率法による減価償却費＜償却保証額

第2段階である定額法による償却は，償却保証額という基準を使い，定率法の算式により計算した減価償却費が償却保証額を下回ったときから行う。償却保証額の算式は，次のとおりである。

$$償却保証額 = 取得価額 \times 保証率$$

定率法による減価償却費が償却保証額を下回るのは，固定資産の償却が進み，残りの耐用年数が少なくなってきたときである。この時点からは，定額法により減価償却を行い，固定資産の帳簿価額が残存価額1円となるまで償却する。法人税法の定率法のイメージを図示したものが，図表1-10-2である。

財務3級試験では，法人税法の定率法により減価償却費を算出する問題が出題されることもあるため，以下では，具体的な計算

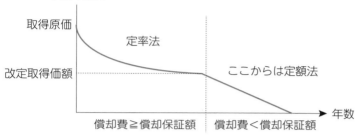

方法について，具体例を通して見ていこう。

─ 減価償却費の算出（法人税法の定率法）─

　下記の機械装置について，法人税法の定率法により，X4年3月期（X3年4月1日〜X4年3月31日）の減価償却費を算出すると，いくらになるか。

取得日	X1年4月1日
取得価額	10,000,000
耐用年数	10年
定率法の償却率	0.200
改定償却率	0.250
保証率	0.06552
減価償却の方法	定率法

【償却保証額の算出】

　法人税法の定率法は，①定率法による減価償却と②定額法による減価償却の2段階にわけられており，②を使う時期を判断する基準として，償却保証額というものが定められている。償却保証額は，次のとおり算出される。

> 償却保証額＝取得価額×保証率

　償却保証額：取得価額10,000,000×保証率0.06552

　　　　　　＝655,200

　よって，まずは定率法の算式によって算出された減価償却費の額が償却保証額655,200を下回るようになるまでは，定率法により減価償却費を計上することになる。そして，定率法により算出した減価償却費が，償却保証額655,200を下回ったときからは，定額法により減価償却費を算出する。

① 定率法による減価償却

　定率法による減価償却費は，次のとおり算出される。

> 減価償却費＝未償却残高×定率法の償却率×$\dfrac{使用月数}{12ヵ月}$

【X2年3月期】（X1年4月1日～X2年3月31日）

　減価償却費：$10,000,000 \times 0.200 \times \dfrac{12ヵ月}{12ヵ月} = 2,000,000$

　期末帳簿価額（期末未償却残高）：$10,000,000 - 2,000,000$

　　　　　　　　　　　　　　　　　$= 8,000,000$

【X3年3月期】（X2年4月1日～X3年3月31日）

　減価償却費：$8,000,000 \times 0.200 \times \dfrac{12ヵ月}{12ヵ月} = 1,600,000$

　期末帳簿価額（期末未償却残高）：$8,000,000 - 1,600,000$

　　　　　　　　　　　　　　　　　$= 6,400,000$

【X4年3月期】（X3年4月1日～X4年3月31日）

　減価償却費：$6,400,000 \times 0.200 \times \dfrac{12ヵ月}{12ヵ月} = 1,280,000$

　本問で問われているのは，X4年3月期の減価償却費であり，

ここで算出した額は償却保証額655,200を下回っていない。し
たがって，X4年３月期の減価償却費は1,280,000となる。

　以下では，X4年度以降の償却について見ていくことにする。

　これをまとめたものが，図表1-10-3である。

　表の③④⑤を見ればわかるように，X6年度までは，定率法に
よる減価償却費の額が償却保証額を上回っているが，X7年度に
おいては，初めて定率法の減価償却費が償却保証額を下回ってい
る。よって，X7年度からは，減価償却費の計算方法が定額法へ
と変わることになる。

②　定額法による減価償却

　X7年度以降は，X7年度の期首の帳簿価額（未償却残高）
2,621,440（表①）を取得価額とみなして，この額を残りの耐
用年数にわたって定額法による減価償却を行っていく。法人税法
では，この取得価額とみなした額を「改定取得価額」，ここから
使用する定額法の償却率を「改定償却率」という。

　定率法により算出した減価償却費の額が償却保証額を下回った

● 図表1-10-3　定率法による減価償却

	① 期首帳簿価額 （未償却残高）	② 定率法 償却率	③ 定率法 償却費	④ 償却保証額	⑤ ③＞④	⑥ 改定 取得価額	⑦ 改定 償却率	⑧ 改定 償却費	減価償却費	期末帳簿価額 （未償却残高）
X1年度	10,000,000	0.200	2,000,000	655,200	○	－	－	－	2,000,000	8,000,000
X2年度	8,000,000	0.200	1,600,000	655,200	○	－	－	－	1,600,000	6,400,000
X3年度	6,400,000	0.200	1,280,000	655,200	○	－	－	－	1,280,000	5,120,000
X4年度	5,120,000	0.200	1,024,000	655,200	○	－	－	－	1,024,000	4,096,000
X5年度	4,096,000	0.200	819,200	655,200	○	－	－	－	819,200	3,276,800
X6年度	3,276,800	0.200	655,360	655,200	○	－	－	－	655,360	2,621,440
X7年度	2,621,440	0.200	524,288	655,200	×	2,621,440	0.250	655,360	655,360	1,966,080
X8年度	1,966,080	0.200	393,216	655,200	×	2,621,440	0.250	655,360	655,360	1,310,720
X9年度	1,310,720	0.200	262,144	655,200	×	2,621,440	0.250	655,360	655,360	655,360
X10年度	655,360	0.200	131,072	655,200	×	2,621,440	0.250	655,359	655,359	1

期以降の減価償却費の算式は，次のとおりとなる。

$$減価償却費 = \frac{未償却残高}{(改定取得価額)} \times \frac{定額法の償却率}{(改定償却率)} \times \frac{使用月数}{12ヵ月}$$

【X7年度〜X9年度】

　　減価償却費：改定取得価額2,621,440×改定償却率0.250

$$\times \frac{12ヵ月}{12ヵ月} = 655,360$$

　X7年度からX9年度までは，減価償却費は同額となる。ただし，X10年度は，減価償却費を計上する最終年度となるため，備忘価額として帳簿価額1円が残高となるように減価償却費を計上する。

【X10年度】

　　減価償却費：期首未償却残高655,360−備忘価額1

　　　　　　　＝655,359

　このように，X7年度からX10年度までの残り4期間は，未償却残高(改定取得価額2,621,440)について，定額法の償却率（改定償却率）0.250を使って，4年間の均等償却を行う。ただし，最終年度は，前年と同額ではなく，備忘価額1円を差し引いた金額を計上することになる。

　以上が，法人税法の規定により，耐用年数10年にわたる定率法の減価償却費の算出過程である。

　この例では，耐用年数10年のうち，X1年度からX6年度までの6期間は定率法により減価償却費を計上し，X7年度からX10年度までの残り4期間は定額法により減価償却費を計上することで，最終的には，帳簿価額1円まで償却していることが理解できると思う。

　ところで，定額法の減価償却費を算出する際に使用した改定償

却率は定額法の償却率である。定額法の償却率は，耐用年数の逆数（定額法の償却率＝1÷耐用年数）であるため，改定償却率の逆数（＝1÷改定償却率）を見れば，法人税法が，残り何年で均等償却することを想定しているかがわかる。たとえば，改定償却率が0.500であれば，その逆数は2（＝1÷0.500）であり，最後の2年で均等償却（0.500×2年＝100％償却）することが想定されている。また，改定償却率が0.334であれば，その逆数は3（÷1÷0.334）であり，最後の3年で均等償却（0.334×3年÷100％償却）すると判断できる。

理解度チェック

　下記の工具器具備品について，X2年3月期（X1年4月1日〜X2年3月31日）の減価償却費を算出すると，いくらになるか。

取得日（事業の用に供した日）	X1年8月1日
取得原価	6,000,000
耐用年数	5年
定額法の償却率	0.200
減価償却の方法	定額法
残存価額	ゼロ

解答　800,000
　　　事業の用に供した日がX1年8月1日のため，X2年3月期（X1年4月1日〜X2年3月31日）の使用月数は，X1年8月1日からX2年3月31日までの8ヵ月である。
　　　よって，定額法による減価償却費は，次のとおり算出される。

$$減価償却費 = \frac{取得原価－残存価額}{耐用年数} \times \frac{使用月数}{12ヵ月}$$

$$= \frac{6,000,000-0}{5年} \times \frac{8ヵ月}{12ヵ月}$$

$$= 800,000$$

11 | 無形固定資産

1 無形固定資産とは

無形固定資産とは，通常の事業活動のために有償で取得した固定資産のうち，具体的な形態のないものをいう。

無形固定資産は，大別すると法律上の権利と経済上の財産とがある。

▶ 1. 法律上の権利

法律上の権利である無形固定資産には，次のようなものがある。

(1) **特許権**

特許権とは，特許法にもとづき登録された新たな発明について，独占的・排他的に使用・譲渡等ができる権利のことである。

ここでの発明は，自然法則を利用した新規かつ高度な発明であり，産業上，利用可能なものが対象となる。

(2) **意匠権**

意匠権とは，意匠法にもとづき登録されたデザインについて，独占的・排他的に使用・譲渡等ができる権利のことである。

意匠とは，商品や製品などの形，模様，色彩等について，独創的で美感を有するデザインのことをいう。

(3) **商標権**

商標権とは，商標法にもとづき登録された商標について，独占的・排他的に使用・譲渡等ができる権利のことである。

商標とは，事業者が，自社の取り扱う商品・サービスを他社の

関連過去問題
- 2023年6月 問8
- 2023年3月 問3
- 2022年6月 問7，問9
- 2022年3月 問6

重要用語
無形固定資産

重要用語
特許権

重要用語
意匠権

重要用語
商標権

ものと区別するために使用する商品名やロゴマークなどをいう。

(4) 実用新案権

実用新案権とは，実用新案法にもとづき登録された考案について，独占的・排他的に使用・譲渡等ができる権利をいう。

実用新案権として保護されるのは，物品の形状，構造，組み合わせについての考案に限られており，その内容に特許のような高度さは求められていない。

(5) 借地権

借地権とは，借地借家法にもとづく権利であって，他人の土地を借りて，その土地の上に自社の建物を建てることができる権利をいう。

このケースでは，土地の所有者と建物の所有者とが別々になるが，借地権を設定することにより，両者の法律上の関係を明確にすることが可能になる。

(6) その他

上記のほか，無形固定資産には，漁業法の規定により漁業を営む権利である「漁業権」，鉱業法の規定により政府の登録を受けた区域で鉱物を採掘し取得する権利である「鉱業権」などがある。

これまで見てきたように，法律上の権利である無形固定資産については，法律上の名をとって○○権と称するものが多い。

▶ 2. 経済上の財産

(1) のれん

のれんとは，取得した企業または事業の取得原価が，取得した資産・負債の純額よりも多いときの，その超過額をいう。

たとえば，他の企業を取得する際に，取得する企業の収益力が同業他社の平均的な収益力を上回っており，今後も多くの収益をもたらすであろうと考えられる場合には，この超過収益力を評価

重要用語
実用新案権

重要用語
借地権

第1編

重要用語
のれん

し，それに対するプレミアムを支払うことが多い。のれんとは，この超過収益力を有償で取得したものであり，会計上は，取得した企業の純資産額を上回る対価を支払った場合の，その超過額のことである。

(2)　ソフトウェア

　ソフトウェアとは，コンピュータを機能させるように，指令を組み合わせて表現したプログラム等をいう。

　無形固定資産として計上するソフトウェアには，市場販売目的のソフトウェアと自社で利用するソフトウェアがある。

2　無形固定資産の減価償却

　無形固定資産についても，有形固定資産と同様に，減価償却を行い，その取得原価を有効期間にわたって費用として配分していく。

　ただし，時の経過や利用によって価値が減少しないと考えられている借地権や電話加入権については，減価償却は行わない。

　無形固定資産の減価償却には，次のような特徴がある。

---

①　原則として定額法により償却する

②　残存価額はゼロとして償却する

③　貸借対照表には，取得原価から減価償却累計額を直接控除した残額のみを表示する（直接法）

　無形固定資産の減価償却は，原則として定額法によるが，例外もある。たとえば，市場販売目的のソフトウェアについては，見込販売数量にもとづいて償却することもあり，鉱業権については，総利用量のうち，その期に利用した分だけを償却する生産高比例法が採用されることもある。

12 | 投資その他の資産

1 投資その他の資産とは

投資その他の資産とは，固定資産のうち，有形固定資産，無形固定資産のどちらにも分類されない資産のことである。

主なものとして，投資有価証券，関係会社株式，出資金，ゴルフ会員権，レジャー施設利用権，投資不動産といった投資などの目的で保有する資産のほか，長期性預金，長期貸付金，破産更生債権等，敷金，保証金など，現金化されるまでに1年を超える資産がある。また，それ以外にも，繰延税金資産のように，税効果会計に係る会計基準において，投資その他の資産として表示することが定められているものもある。

2 投資その他の資産に区分される科目

▶ 1. 破産更生債権等

破産更生債権等とは，経営破綻または実質的に経営破綻に陥っている債務者に対する債権をいう。

破産更生債権等となった売上債権は，正常営業循環基準ではなく，ワン・イヤー・ルールが適用される。

正常営業循環基準とは，企業の正常な営業循環過程内にある資産を流動資産とする基準である。破産更生債権等については，もともと正常な売上債権であったものが，破産更生債権等となった時点で，正常な営業循環過程から外れてしまったと考えられる。よって，破産更生債権等には，正常営業循環基準が適用されず，

関連過去問題
- 2023年6月 問13
- 2023年3月 問11
- 2022年6月 問11
- 2022年3月 問12
- 2021年6月 問11

第1編

📖 **重要用語**
投資その他の資産

📖 **重要用語**
破産更生債権等

ワン・イヤー・ルールが適用されることになり，1年以内に弁済を受けることができないものについては，投資その他の資産に区分される。

▶ 2. 長期前払費用

前払費用については，ワン・イヤー・ルールが適用されるため，1年以内に費用化されるものは流動資産に区分されるが，1年を超えて費用化されるものは，長期前払費用として投資その他の資産に区分される。

▶ 3. ゴルフ会員権

ゴルフ会員権は，預託金などの対価を支払うことにより，一般の利用者よりも有利な条件でゴルフ場を利用できる権利である。

ゴルフ会員権の取得は，基本的にはゴルフを有利な条件でプレーすることを目的とした外部への投資であり，営業活動のために取得した法律上の権利である無形固定資産とは異なるものである。

理解度チェック

下記の資料から貸借対照表上の投資その他の資産の合計額を算出すると，いくらになるか。

繰延税金資産	300	有価証券	250	前払費用	20
リース資産	180	ゴルフ会員権	100	建設仮勘定	120
関係会社社債	200	借地権	80	投資不動産	150

（注）関係会社社債には，1年以内に満期が到来するものはない。

解答 750
　　　繰延税金資産300＋ゴルフ会員権100＋関係会社社債200＋投資不動産150
　　　＝750
　　　貸借対照表上，有価証券と前払費用は流動資産に，リース資産と建設仮勘定は有形固定資産に，借地権は無形固定資産に記載される。なお，関係会社社債とは，関係会社が発行した社債を購入したものであり，外部に対する投資である。

13 | 繰延資産

1 繰延資産とは

繰延資産とは，将来の期間に影響する特定の費用を，経過的に貸借対照表に資産として計上したものをいう。

企業会計原則では，繰延資産について，次のように定めている（企業会計原則第三・一D，同注解15）。

関連過去問題
2022年3月
問17

重要用語
繰延資産

> 繰延資産とは，
> ① すでに代価の支払が完了，または，支払義務が確定し，
> ② これに対応する役務の提供を受けたにもかかわらず，
> ③ その効果が将来にわたって発現すると期待される費用を，
> ④ 経過的に，貸借対照表に資産として計上するもの
> をいう。

会計上の費用には，支出の効果が当期だけではなく次期以降にも及ぶものや，当期の収益獲得には貢献しないが，次期以降の収益獲得には貢献するものがある。

たとえば，製造業において，生産計画を大幅に変更し工場設備の大規模な配置替えを行った場合には，その支出の効果は配置替え工事を行った期間だけではなく，その生産計画が続く次期以降にも及んでいると考えられる。

こうした費用については，全額を当期の費用として処理するのではなく，効果の及ぶ次期以降にも繰り延べて費用を配分することにより，各期の費用と収益との対応関係を適正なものとし，期

間損益計算の適正化を図ることが可能になる。

　このように，期間損益計算の適正化を図るために，将来の期間に影響する特定の費用を経過的に資産として計上するものが，繰延資産である。

2　繰延資産の種類

　繰延資産は，適正な期間損益計算を行うために，会計上の「費用」を経過的に貸借対照表上の「資産」として計上したものであり，繰延資産そのものに財産的価値があるわけではない。

　そこで，旧商法では，債権者保護の観点から，財産的価値のない繰延資産の計上には制限を設け，資産として計上できる項目を限定していた。こうした経緯があり，現在でも，繰延資産として資産に計上できるのは，「株式交付費」，「社債発行費等（新株予約権発行費も含む）」，「創立費」，「開業費」，「開発費」の5つに限定されている。

▶ 1. 株式交付費

　株式交付費とは，株式の交付のために直接支出した費用をいい，具体的には，株式募集のための広告費，金融機関・証券会社の取扱手数料，目論見書・株券等の印刷費，変更登記の登録免許税などがある。

▶ 2. 社債発行費等

　社債発行費等には，社債発行費と新株予約権発行費がある。社債発行費等の「等」とは，新株予約権発行費のことである。

　社債発行費とは，社債発行のために直接支出した費用をいい，具体的には，社債募集のための広告費，金融機関・証券会社の取扱手数料，目論見書・社債券等の印刷費，社債の登記の登録免許税などがある。

　また，新株予約権発行費とは，新株予約権発行のために直接支

出した費用をいい，内容的には社債発行費と同様であるが，新株予約権の価格算定を依頼したときの費用なども含まれる。

▶ 3. 創立費

創立費とは，会社を設立するために必要な費用をいい，具体的には，定款・諸規則作成のための費用，創立事務所の賃借料，設立事務に関する必要な費用，設立登記の登録免許税などがある。

重要用語

創立費

▶ 4. 開業費

開業費とは，会社が成立してから営業を開始するまでに支出した開業準備のための費用をいい，具体的には，土地・建物等の賃借料，広告宣伝費，通信費，事務用消耗品費などがある。

なお，創立費と開業費の違いについて，創立費は，会社を設立するまでにかかった費用であるが，開業費は，会社の設立後，営業活動を開始するまでにかかった費用である点が異なっている。

重要用語

開業費

▶ 5. 開発費

開発費とは，新技術・新経営組織の採用，資源の開発，市場の開拓等のために支出した費用，また，生産能率の向上や生産計画の変更等により，設備の大規模な配置替えを行った場合などの費用をいう。

重要用語

開発費

以上，繰延資産を支出目的別に整理してみると，図表1-13-1のようになる。

●図表1-13-1　繰延資産と支出目的

支出の目的	繰延資産
資金調達のための支出	株式交付費
	社債発行費等
創業活動のための支出	創立費
	開業費
開発のための支出	開発費

補足

会計の考え方によれば，適正な期間損益計算を行うためには，本来，繰延資産を資産として計上すべきであるが，会社法の考え方である債権者保護の立場からは，財産的価値のないものを資産に計上すべきではないということになる。こうした考え方を背景に，会計上，繰延資産は費用処理するのが原則であるが，資産に計上することも例外的に認めるという立場をとっている。

3　繰延資産の会計処理

▶ 1. 原則は費用処理

　株式交付費，社債発行費等，創立費，開業費，開発費については，繰延資産として，貸借対照表に計上することも認められているが，支出した期の費用として処理するのが原則である。つまり，繰延資産としての資産計上は，会計上，強制されるものではなく，例外的に認められているものである。

　繰延資産に該当する支出について，支出した期の費用として処理するのか，あるいは，繰延資産として貸借対照表に計上するのかは，原則として，企業の任意である。

▶ 2. 繰延資産の償却

　株式交付費，社債発行費等，創立費，開業費，開発費を，繰延資産として貸借対照表に資産計上した場合には，残存価額をゼロとした償却を行わなければならない。また，繰延資産の支出の効果が期待できなくなった場合は，その時点で未償却残高を一括償却しなければならない。

　各繰延資産の償却期間は，次のとおりである。

社債発行費	…	社債償還期間内
株式交付費，新株予約権発行費	…	3年以内
創立費，開業費，開発費	…	5年以内

　これを見ると，創立費，開業費，開発費については，償却期間が5年以内であるが，社債発行費，株式交付費，新株予約権発行費という資金調達のための支出については，償却期間が異なっていることがわかる。

　社債発行費の「支出の効果が将来に及ぶ期間」というのは，社債を発行している期間に限られることから，社債発行費は，社債

を償還するまでの間に償却するのが合理的と考えられる。

　また，株式交付費，新株予約権発行費は，通常，会社の営業が軌道に乗った後に追加資金の調達を目的として発生する費用である。最終的な資金の調達額に比べれば，調達に付随する支出のほうは少額であり，創立費，開業費，開発費よりも，企業の償却負担は軽いと考えられる。そこで，創立費，開業費，開発費の償却期間が5年以内であるのに対し，株式交付費，新株予約権発行費の償却期間は3年以内と期間が短くなっている。

▶ 3. 繰延資産の表示

　繰延資産は，財産的価値のない資産であるため，貸借対照表上は，流動資産・固定資産とは別に「繰延資産の部」を設け，区分表示することが求められている。

　また，貸借対照表の表示方法は，資産の計上額から償却額を直接控除して，未償却残高のみを表示する方法（直接法）による。

支出の目的	繰延資産として計上できるもの		償却期間
資金調達	株式交付費		3年以内
	社債発行費等	新株予約権発行費	3年以内
		社債発行費	償還期間内
創業	創立費		5年以内
	開業費		5年以内
開発	開発費		5年以内

14 借入金

1 借入金とは

借入金とは，金融機関などから資金を借り入れることによって生じる金銭債務のことである。借入金には，証書借入のほか，手形借入や当座借越も含まれる。借入金には，金融商品に関する会計基準が適用される。

この基準にいう金融商品とは，有価証券やデリバティブ取引により生じる正味の債権などの金融資産だけではなく，借入金や支払手形，買掛金などの金融負債も含まれている。金銭債務である借入金は金融負債に該当し，この基準の適用対象となっている。

2 借入金の会計処理

▶ 1. 貸借対照表価額

金融商品に関する会計基準では，借入金は債務額をもって貸借対照表価額とすると定めている。また，借入金は一般的には市場がないため，時価評価の対象とはなっていない。

債務額をもって貸借対照表価額とするということは，借入金の入金時において，支払利息が差し引かれている場合でも貸借対照表に計上されるのは，支払利息を控除しない借入金総額となるということである。

たとえば，借入金の総額が100，入金額は支払利息1を控除した99であった場合には，次のように仕訳をする。

関連過去問題
2023年6月
問12
2022年6月
問13
2021年6月
問13

重要用語
借入金

| （借）現金預金 | 99 | （貸）借入金 | 100 |
| 支払利息 | 1 | | |

▶ 2. 流動・固定分類と注記事項

借入金は，ワン・イヤー・ルールによって流動負債と固定負債に区分される。また，資産が担保に供されている場合には，その旨や資産の内容などを注記する必要がある。

借入金の貸借対照表価額＝債務額
借入金の貸借対照表価額≠借入額－支払利息
（入金額ではない）

理解度チェック

借入金に関する記述について，誤っているものはどれか。

❶ 金融機関からの借入金には，金融商品に関する会計基準が適用される。

❷ 借入金には，金融手形（手形借入金）や当座借越も含まれる。

❸ 借入時に借入額から支払利息が差し引かれているときは，借入金総額から支払利息を控除した金額が，借入金の貸借対照表価額となる。

❹ 借入金は，ワン・イヤー・ルールによって，流動負債と固定負債に区分される。

❺ 借入金について，資産が担保に供されている場合には，その旨，資産の内容などを注記する必要がある。

解答 ❸ 金融商品に関する会計基準において，借入金は，債務の額をもって貸借対照表価額とすると定めている。そのため，たとえ借入時に借入額から支払利息が差し引かれていたとしても，債務の額である借入金総額が貸借対照表価額となり，支払利息を控除した入金額を貸借対照表価額とはしない。

15 社 債

1 社債とは

社債とは，会社が投資家から資金を調達し，その際に発行する債券のことである。通常，社債には，利率と償還期限が定められており，社債を発行した会社は，社債の所有者に対し，償還期限までの期間にわたり，一定の利息を支払い，償還期限までに額面金額で資金を返済する義務を負うことになる。

関連過去問題
- 2023年6月 問19
- 2023年3月 問13
- 2022年6月 問21，問22
- 2022年3月 問16
- 2021年6月 問18

 重要用語

社債

2 社債の発行形態

社債の発行形態には，額面金額と同じ価額で発行する平価発行，額面金額よりも低い価額で発行する割引発行，額面金額よりも高い価額で発行する打歩発行の3種類がある。

① 平価発行	…	額面金額＝発行価額
② 割引発行	…	額面金額＞発行価額
③ 打歩発行	…	額面金額＜発行価額

社債の発行によって会社が調達できる金額は，発行価額である。割引発行では，額面金額よりも少ない金額が会社に払い込まれ，打歩発行では，額面金額よりも多い金額が会社に払い込まれる。

割引発行や打歩発行のように，額面金額と異なる価額で社債を発行する目的は，主として，金利の調整である。たとえば，額面に対する利子率が3％の社債であっても，割引発行により，実質

的な利回りを４％と高くすることができるし，打歩発行により，実質的な利回りを２％と低くすることもできる。

　社債の募集においては，信用度が高く，倒産リスクがないと判断された会社は，多少利回りを低くしても買い手は集まってくるが，逆に信用度が低く，倒産リスクが少なからずあると判断された会社は，ある程度利回りを高くしないと買い手が現れず，資金調達ができない。

　そこで，会社や市場金利の状況によっては，額面金額よりも発行価額を安くしたり，高くしたりすることで，実質金利を調整することがある。

3　社債の会計処理

▶ 1. 貸借対照表価額の算定方法（償却原価法）

　社債が額面金額よりも低い価額や高い価額で発行された場合には，会社が調達した資金の額と会社が返済すべき債務の額とは一致せず，差額が生じることになる。この差額は，一般に金利の調整と考えられている。金融商品に関する会計基準では，この差額が金利の調整と認められるときは，社債の貸借対照表価額は，償却原価法により算定された価額としなければならないとしている。

重要用語
償却原価法

　償却原価法とは，額面金額と発行価額との差額を，社債の発行日から償還日までにわたって，毎期一定の方法で配分する方法をいい，利息法と定額法の２つの方法がある。

(1)　**利息法**

　利息法では，実質的な社債利息の総額は，約定利率による利息の支払総額に加え，額面金額と発行価額との差額を合計した金額であると考え，まずは，社債の実質利回りである実効利子率を算出する。次に，各期の社債の帳簿価額に一定率（実効利子率）を

乗じた金額が，その期の社債利息となるように，額面金額と発行価額との差額を複利で配分していく。

⑵ 定額法

定額法とは，額面金額と発行価額との差額を，社債の発行日から償還日までの期間にわたり，均等に配分する方法である。

▶ 2. 貸借対照表の表示

社債には，ワン・イヤー・ルールが適用される。社債のうち，決算日の翌日から起算して，1年を超えて償還日が到来するものは固定負債に記載され，1年以内に償還日が到来するものは流動負債に記載される。

以下では，試験対策として，定額法による償却原価法について，具体例をあげて説明していく。

―**社債の貸借対照表価額（償却原価法）**――――――――

下記の資料からX2年12月31日（決算日）現在の社債の貸借対照表価額を算出すると，いくらになるか。

社債金額	100,000,000円
発行価額	額面100円につき95円
発行日	X1年1月1日
償還日	X5年12月31日
年利率	2.0%
利払日	毎年12月末日

なお，社債金額と発行価額との差額は，金利の調整と認められ，定額法により処理するものとし，手数料等については考慮しない。

――――――――――――――――――――――――――

まずは，社債発行日であるX1年1月1日から，決算日であるX1年12月31日までの一連の処理について説明していく。

① 社債発行日の処理

　社債の発行時点の貸借対照表価額は，発行価額の95,000,000円である。社債の発行日の処理は，次のとおりである。

（X1年1月1日）

| （借）現金預金 | 95,000,000 | （貸）社債 | 95,000,000 |

　発行価額：$100,000,000円 \times \dfrac{95円}{100円} = 95,000,000円$

② 社債利息の処理

　X1年12月31日における社債利息の処理は，次のとおりである。

（X1年12月31日）

| （借）社債利息 | 2,000,000 | （貸）現金預金 | 2,000,000 |

　社債利息：$100,000,000円 \times 2.0\% = 2,000,000円$

③ 額面金額と発行価額との差額の処理（償却原価法）

　この社債は，額面金額よりも発行価額が低い割引発行によるものであり，会計上は，額面金額（社債金額）と発行価額との差額を償却原価法により処理する必要がある。

　ⓐ 額面金額と発行価額との差額

　　$100,000,000円 - 95,000,000円 = 5,000,000円$

　ⓑ 当期の配分額

　　$5,000,000円 \times \dfrac{12ヵ月}{60ヵ月} = 1,000,000円$

　償却原価法による会計処理は，次のとおりである。

（X1年12月31日）

| （借）社債利息 | 1,000,000 | （貸）社債 | 1,000,000 |

この仕訳の意味するところは，次のとおりである。

　まず，額面金額と発行価額との差額5,000,000円は，金利の調整と認められるものである。そこで，この差額5,000,000円については，社債の発行日（X1年1月1日）から償還日（X5年12月31日）までの期間（5年間）に配分して利息として処理する。

　定額法では，この差額を5年間で均等に配分していくことから，発行日から償還日までの60ヵ月のうち，当期の12ヵ月分に相当する額を社債利息として計上する。

　次に，会社が調達した金額は95,000,000円であり，返済すべき債務は100,000,000円である。このままでは，負債として計上している社債の貸借対照表価額が，債務の金額と一致していない。そこで，差額である5,000,000円を社債の発行日から償還日までの期間にわたって社債の貸借対照表価額に加算していくという処理を行う。つまり，この処理を満期まで行うことにより，社債の償還日には，貸借対照表価額が100,000,000円となり，会社が返済すべき債務の金額と社債の貸借対照表価額とが一致することになる。

　このように，償却原価法の処理は，額面金額と発行価額との差額5,000,000円について，社債の発行日から償還日までの5年間にわたり社債利息として損益計算書に計上していくとともに，最終的には，貸借対照表に計上している社債の金額を債務の金額に一致させるという意味をもつものである。

　社債の貸借対照表価額の推移を図示すると，図表1-15-1のとおりである。

　この問題では，X2年12月31日現在の社債の貸借対照表価額が問われている。X2年12月31日現在においては，社債の発行日（X1年1月1日）から2年（24ヵ月）が経過していることから，

! 注意

額面金額よりも低い価額や高い価額で社債を発行した場合には，差額を償却原価法により加減算し，貸借対照表価額を算定する。

●図表1-15-1　社債の貸借対照表価額

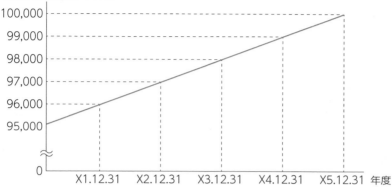

貸借対照表価額（千円）

社債の貸借対照表価額は，次のとおり求められる。

$$95,000,000円+5,000,000円×\frac{24ヵ月}{60ヵ月}=97,000,000円$$

理解度チェック

社債に関する記述について，誤っているものはどれか。

❶ 社債は，企業が市場から資金を調達するために発行する債券であり，定められた期限までに，額面金額で返済することが約束されている。

❷ 社債の発行形態には，平価発行，割引発行，打歩発行の3つがある。

❸ 額面金額より低い金額で社債を発行した場合には，償却原価法にもとづいて算定された価額をもって，貸借対照表価額とする。

❹ 社債には，ワン・イヤー・ルールが適用される。

❺ 社債は，企業が資金を調達するために発行する債券であるから，純資産の部に記載される。

解答　❺　社債とは，企業が市場から資金を調達するために発行する債券であり，定められた期限までに，額面金額で返済することが約束されている負債である。なお，株式の発行による資金調達においては，会社は株主に対する返済義務はなく，調達した資金は，純資産の部に記載される。

16 | 引当金

1 引当金とは

引当金とは，将来の費用や損失の発生に備えて，当期において，その費用や損失を見越して計上するときに，貸借対照表の負債（または資産の控除項目）として計上される科目のことである。

たとえば，家電製品を購入すると，通常のサービスとして，購入した日から一定の期間内であれば，メーカーが無償で修理や交換を行うという保証がついていることが多い。

こうした保証につき，メーカーでは，当期に販売した製品の修理が翌期に行われることもあるが，その場合，売上高は当期に計上され，修理に要した費用は翌期に計上されることになる。しかし，本来，この修理費用は，製品の無償修理を約束して販売した，この製品の売上高が負担すべきものである。つまり，この製品の修理費用は，当期の売上高が負担すべきであって，翌期の売上高に対応させるべきではない。

そこで，当期の収益と費用を合理的に対応させるためには，当期の売上高から生じる将来の修理費用を見積もり，当期の費用として計上することが必要となってくる。この処理に伴い，相手科目として計上されるのが引当金である。

引当金は，このように，適正な期間損益計算を行うことを目的として設定されるものである。

関連過去問題
✎ 2023年6月
　問10
✎ 2022年3月
　問11

🔑 **重要用語**
引当金

2　引当金の具体例

主な引当金の例は，次のとおりである。

▶ 1. 貸倒引当金

貸倒引当金とは，将来，受取手形，売掛金，貸付金等の債権が回収できずに貸倒れとなり，損失が発生することに備え，あらかじめ回収不能見込額を見積もり計上しておくものである。

▶ 2. 賞与引当金

賞与引当金とは，従業員の賞与の支払に備えて，当期の負担とすべき費用を計上するものである。

▶ 3. 退職給付引当金

退職給付引当金とは，従業員の退職金の支払に備えて，当期の負担とすべき費用を計上するものである。

▶ 4. 役員賞与引当金

役員賞与引当金とは，当期の役員賞与について，翌期の株主総会決議後の支払に備えて，その見込額をあらかじめ当期の費用として計上しておくものである。

▶ 5. 製品保証引当金

企業が販売した製品について，通常のサービスとして，一定期間の無償修理などを保証している場合がある。製品保証引当金とは，こうした保証に対応し，当期に販売された製品について，翌期以降に予想される修理費用を見積もり，当期の費用として計上するものである。

▶ 6. 債務保証損失引当金

債務保証損失引当金とは，企業が行った債務保証について，債務者に代わって弁済責任を負う可能性が高くなったときに，それに備えて損失を計上するものである。

📖 重要用語
貸倒引当金

📖 重要用語
賞与引当金

📖 重要用語
退職給付引当金

📖 重要用語
役員賞与引当金

📖 重要用語
製品保証引当金

📖 重要用語
債務保証損失引当金

特別修繕引当金とは，主として，船舶，ガスタンク，貯油槽などの有形固定資産について，数年に一度定期的に行われるような大規模修繕に備えて費用を計上するものである。

重要用語

特別修繕引当金

! 注意

引当金には，資産の金額から控除する形式で記載する評価性引当金と，負債の部に記載する負債性引当金とがある。ここで説明した引当金のうち，貸倒引当金は評価性引当金であるが，それ以外はすべて負債性引当金である。

3 引当金の設定要件

企業会計原則注解では，引当金の設定要件について，次のように記載している（企業会計原則注解18）。

> ① 将来の特定の費用または損失であること
> ② その費用または損失の発生が，当期以前の事象に起因していること
> ③ 発生の可能性が高いこと
> ④ 金額を合理的に見積もることができること

これらの4つの要件をすべて満たしている場合には，当期の負担に属する金額を，当期の費用または損失として処理し，貸借対照表に引当金を計上しなければならない。逆に，これらの要件を1つでも満たしていない場合には，引当金を計上してはならない。

また，上記の要件③④からわかるように，引当金は，発生の可能性が高いものについて，金額を合理的に見積もって計上するものである。必ずしも法律上の債務であること，支出額が確定していることが，引当金の要件となっているわけではない。

4 引当金を設定できないケース

引当金については，**3**で示した4つの要件をすべて満たしているときは引当金を設定しなければならないが，1つでもその要件を満たしていないときは引当金を設定することはできない。

財務3級試験では，引当金を設定できないケースについて問われることがあるので，ここでいくつか具体例をあげて説明しておく。

> ① 来期に開催する創立50周年記念パーティーの支出に備え，費用を計上する
> ② 来期に完成する建物について，10年後に予定している大規模修繕に備え，費用を計上する
> ③ 所有する建物に対して，火災保険をつける代わりに引当金を設定する
> ④ 役員賞与を発生時の費用として処理するために，来期の見込額を当期の費用として計上する

① 来期に創立50周年記念パーティーを開催し，費用が発生することが見込まれているので，これは将来の費用ではある。しかし，このパーティーは，当期以前の何らかの事象が原因となって発生するものではない。つまり，パーティーの支出を引き起こす直接的な原因となる事象が存在していない。よって，この費用は，当期以前の事象に起因するものではないため引当金を設定できない。

② 建物の大規模修繕を10年後に予定しているので，これに伴う費用は将来の費用ではある。しかし，この修繕の対象となる建物が完成するのは，そもそも来期であるから，これは当期以前の事象ではない。よって，この建物を対象として将来発生する修繕費は，当期以前の事象に起因するものではないため，引当金を設定できない。ただし，これが当期に完成した建物であるとすると，当期以前の事象に起因するものとなるため，将来の大規模修繕に備え当期の負担とすべき費用があれば，引当金の設定対象となる。

③　建物の火災については，通常，火災そのものの発生の可能性が高いとはいえない。よって，このケースは発生の可能性が高いという，引当金の要件を満たしていないため，引当金を設定できない。

④　来期の役員賞与の額は，通常は来期の役員の実績によって決まるものである。よって，来期の役員賞与の額は来期の事象に起因するものであって，当期以前の事象に起因するものではないため，引当金を設定できない。ただし，役員賞与が，当期の実績にもとづき，当期の負担となる見込額を費用として計上するものであれば，引当金の設定対象となる。

●引当金の設定要件

①　将来の特定の費用または損失であること
②　その費用または損失の発生が，当期以前の事象に起因していること
③　発生の可能性が高いこと
④　金額を合理的に見積もることができること

創立○周年記念の費用，来期に完成する建物の修繕費は引当金を計上できないので要注意。

17 | 貸倒引当金

1 貸倒引当金とは

貸倒引当金とは，将来，受取手形，売掛金，貸付金等の債権が貸倒れとなり損失が発生することに備え，あらかじめ回収不能見込額を見積もり計上しておくものである。

2 貸倒見積高の算定方法

金融商品に関する会計基準では，債務者の財政状態および経営成績等に応じて，債権を「一般債権」，「貸倒懸念債権」，「破産更生債権等」に区分し，その区分ごとに貸倒見積高を算定することとしている。

▶ 1. 債権の区分

(1) **一般債権**

一般債権とは，経営状態に重大な問題が生じていない債務者に対する債権をいう。

(2) **貸倒懸念債権**

貸倒懸念債権とは，経営破綻の状態には至っていないが債務の弁済に重大な問題が生じているか，または生じる可能性の高い債務者に対する債権をいう。

(3) **破産更生債権等**

破産更生債権等とは，経営破綻または実質的に経営破綻に陥っている債務者に対する債権をいう。

関連過去問題
- 2023年6月 問9
- 2023年3月 問9
- 2022年6月 問12
- 2022年3月 問9
- 2021年6月 問10

第1編

📖 重要用語
貸倒引当金

📖 重要用語
一般債権

📖 重要用語
貸倒懸念債権

📖 重要用語
破産更生債権等

▶ 2. 貸倒見積高の算定方法

(1) 一般債権

過去の貸倒実績率など合理的な基準により，債権全体または同種・同類の債権ごとに貸倒見積高を算定する。

(2) 貸倒懸念債権

貸倒懸念債権については，債権の状況に応じて，次のいずれかの方法により貸倒見積高を算定する。

① 財務内容評価法

債権額から，担保の処分見込額と保証による回収見込額を減額し，その残額について債務者の財政状態および経営成績を考慮して，貸倒見積高を算定する方法

② キャッシュ・フロー見積法

債権の元本回収と利息受取りのキャッシュ・フローを合理的に見積もることができる債権については，将来キャッシュ・フローの見積額を当初の約定利子率で割り引いた金額の総額と，債権の帳簿価額との差額を貸倒見積高とする方法

(3) 破産更生債権等

債権額から，担保の処分見込額と保証による回収見込額を減額し，その残額を貸倒見積高とする（財務内容評価法）。

なお，破産更生債権等の場合は，貸倒懸念債権（上記(2)の①）とは異なり，債務者の財政状態および経営成績を考慮する余地はないことに留意が必要である。

● 図表1-17-1　債権の区分と貸倒見積高の算定方法

債権の区分	内容	貸倒見積高の算定方法
一般債権	経営状態に重大な問題が生じていない債務者に対する債権	貸倒実績率法
貸倒懸念債権	経営破綻の状態には至っていないが, 債務の弁済に重大な問題が生じているか, または生じる可能性の高い債務者に対する債権	財務内容評価法 または キャッシュ・フロー見積法
破産更生債権等	経営破綻または実質的に経営破綻に陥っている債務者に対する債権	財務内容評価法

3 貸倒引当金の計上方法（差額補充法と洗替法）

▶ 1. 差額補充法

　差額補充法とは, 当期末のあるべき貸倒引当金残高と決算整理前の貸倒引当金残高との差額を貸倒引当金繰入として繰り入れる方法である。

　ただし, 当期末のあるべき貸倒引当金残高よりも決算整理前の貸倒引当金残高のほうが大きい場合は, 貸倒引当金戻入として, 差額を戻し入れる処理をする。

　たとえば, 決算整理前の貸倒引当金残高が100, 当期末のあるべき貸倒引当金残高が300の場合, 仕訳は次のとおりである。

（借）　貸倒引当金繰入　200　　（貸）　貸倒引当金　　　200

　逆に, 決算整理前の貸倒引当金残高が300, 当期末のあるべき貸倒引当金残高が100であった場合, 仕訳は次のとおりである。

（借）　貸倒引当金　　　200　　（貸）　貸倒引当金戻入　200

▶ 2. 洗替法

　洗替法とは, 決算整理前の貸倒引当金残高をすべて取り崩し, 当期末のあるべき貸倒引当金残高を新たに計上する方法である。

重要用語
差額補充法

重要用語
洗替法

決算整理前の貸倒引当金残高が100，当期末のあるべき貸倒引当金残高が300の場合，仕訳は次のとおりである。

| （借）　貸倒引当金 | 100 | （貸）　貸倒引当金戻入 | 100 |

| （借）　貸倒引当金繰入 | 300 | （貸）　貸倒引当金 | 300 |

4　貸倒引当金の表示方法

▶ 1. 間接法

間接法は，貸倒引当金を控除する形式で表示する方法である。

①　科目ごとに控除する
②　流動資産，投資その他の資産の区分ごとに控除する

貸借対照表

| 破産更生債権等 | 100 | |
| 貸倒引当金 | △80 | 20 |

▶ 2. 直接法

直接法は，貸倒引当金を控除した後の残高を表示する方法である。

①　科目ごとに貸倒引当金を注記する
②　流動資産，投資その他の資産の区分ごとに貸倒引当金を注記する

貸借対照表

| 破産更生債権等 | 20 |

（注記事項）

貸倒引当金　80

18 │ 純資産

1 純資産とは

純資産とは，貸借対照表上の資産と負債との差額のことである。個別財務諸表における純資産の内訳を示すと，図表1-18-1のとおりである。純資産を構成するものは，大別すると，**株主資本**と株主資本以外のものに区分される。

株主資本は，基本的には，株主からの払込みによるもの（払込資本）と，会社が獲得した利益を内部にプールしたもの（留保利益）からなる。

また，株主資本以外のもの，すなわち，払込資本でも留保利益でもないものとしては，評価・換算差額等，株式引受権，新株予約権などがある。

● 図表1-18-1　純資産の区分と内訳科目

	区分	内訳科目
株主資本	株主資本	資本金
		資本剰余金
		利益剰余金
		自己株式
株主資本以外のもの	評価・換算差額等	その他有価証券評価差額金
		繰延ヘッジ損益
		土地再評価差額金
	株式引受権	
	新株予約権	

関連過去問題
- 2023年3月 問30
- 2022年6月 問19
- 2022年3月 問22, 問25

📖 **重要用語**
純資産

📖 **重要用語**
株主資本

第1編

2 個別財務諸表の純資産

▶ 1. 株主資本

株主資本の内訳は，「資本金」，「資本剰余金」，「利益剰余金」，「自己株式」である。

株主資本は，基本的には，払込資本である「資本金」，「資本剰余金」と，留保利益である「利益剰余金」に区分される。また，「自己株式」がある場合には，株主資本から控除する形式で記載する。

(1) 資本金

重要用語
資本金

資本金とは，原則として，株主となる者が会社に対して払込みをした額のことである。資本金は，会社が事業活動を継続していくにあたって，元手となる資金である。

(2) 資本剰余金

重要用語
資本剰余金

資本剰余金とは，資本取引から生じた剰余金をいう。資本取引とは，増資や減資など，資本を直接増減させる取引である。

資本剰余金は，主として，株主からの払込資本のうち，資本金として処理されなかったものであり，資本準備金とその他資本剰余金に区分される。

① 資本準備金

重要用語
資本準備金

資本準備金とは，会社法の定めにより計上しなければならない準備金のことである。資本準備金の主なものしては，株式払込剰余金がある。株式払込剰余金とは，株主からの払込資本のうち，資本金として処理されなかったものである。

会社法においては，株主から払い込まれた額は，その全額を資本金として計上するのが原則であるが，払込金額の2分の1を超えない額については，資本金としないことも可能である。ただし，この場合，資本金としなかった金額は，資本準備金としなければならない。

●図表1-18-2　資本準備金

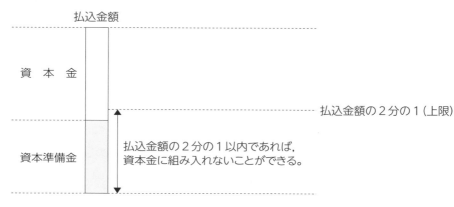

② その他資本剰余金

その他資本剰余金とは，資本準備金以外の資本剰余金のことである。その他資本剰余金には，資本金や資本準備金を減少させたときに生じる資本金減少差益，資本準備金減少差益や，自己株式を処分したときに生じる自己株式処分差益などがある。

重要用語
その他資本剰余金

(3) 利益剰余金

利益剰余金とは，損益取引から生じた利益を源泉とする剰余金であり，会社が獲得した利益の留保額のことである。

利益剰余金は，利益準備金とその他利益剰余金に区分される。

① 利益準備金

利益準備金とは，会社法の定めにより計上しなければならない準備金のことである。

会社法では，利益剰余金から配当をするときは，資本準備金と利益準備金の合計額が資本金の4分の1に達するまで，配当額の10分の1に相当する額を利益準備金として計上しなければならないとしている。なお，資本剰余金から配当をするときは，利益準備金ではなく，資本準備金を計上する。

重要用語
利益剰余金

重要用語
利益準備金

② その他利益剰余金

その他利益剰余金とは，利益準備金以外の利益剰余金のことである。その他利益剰余金には，「任意積立金」と「繰越利益剰余金」がある。

任意積立金とは，その他利益剰余金のうち，株主総会または取締役会の決議にもとづいて会社が任意に積み立てたものであり，それ以外のものが「繰越利益剰余金」となる。

任意積立金には，使途が特定されているものと，使途が特定されていないものとがある。使途が特定されているものには，「修繕積立金」，「配当平均積立金」，税法にもとづく「圧縮積立金」，「特別償却準備金」などがあり，使途が特定されていないものには，使用目的を限定せずに積み立てる「別途積立金」がある。

(4) 自己株式

自己株式とは，会社が発行した株式のうち，自社で取得し保有している株式のことをいう。

会社が株式を発行するときには，株主から会社へ資金が払い込まれるが，逆に，会社が自社の発行した株式を取得するときは，会社から株主に対して株式の対価が支払われることになる。

すなわち，株式の発行では，会社に対し出資額が払い込まれて株主資本が増加するが，自己株式の取得では，株主に対して出資額が払い戻されて株主資本が減少するという逆の関係にある。

このように，自己株式の取得は，実質的には株主に対する出資の払戻しと考えられるため，期末に保有している自己株式は，貸借対照表上，株主資本から控除する形式で表示される。

▶ 2. 評価・換算差額等

評価・換算差額等とは，資産・負債の時価評価に伴い発生した評価差額であり，損益計算書には計上せずに純資産として計上さ

重要用語
その他利益剰余金

重要用語
自己株式

重要用語
評価・換算差額等

れたものである。

評価・換算差額等は、純資産ではあるが払込資本でもなく留保利益でもないため、株主資本とは区別して表示される。

評価・換算差額等には、「その他有価証券評価差額金」、「繰延ヘッジ損益」、「土地再評価差額金」がある。

(1) その他有価証券評価差額金

その他有価証券評価差額金とは、その他有価証券を時価評価した結果、発生する評価差額のことである。

(2) 繰延ヘッジ損益

繰延ヘッジ損益とは、ヘッジ会計の適用により、ヘッジ手段の時価評価に伴い発生する損益を純資産として繰り延べたものである。

たとえば、外貨建ての売掛金について、円高による資産の目減りを回避する目的、すなわち、為替リスクに対するヘッジ手段として為替予約を締結したとする。

為替予約はデリバティブ取引であり、デリバティブ取引は時価評価の対象となるため、通常は、時価評価に伴い評価差額が生じ、この評価差額は損益として処理することになる。

しかし、ヘッジ手段としてのデリバティブ取引の場合は、ヘッジ会計の適用により、時価評価に伴い発生する損益を、そのヘッジ対象から発生する損益が認識されるまで純資産として繰り延べることが認められている。これが、繰延ヘッジ損益である。

つまり、この例では、為替予約の時価評価に伴い発生した評価差額は、外貨建て売掛金が決済されるまで損益としては計上せず、繰延ヘッジ損益として純資産に計上しておき、繰り延べられることになる。

(3) 土地再評価差額金

土地再評価差額金とは、過去に「土地再評価に関する法律」を

📖重要用語
その他有価証券
評価差額金

📖重要用語
繰延ヘッジ損益

第1編

📖重要用語
土地再評価差額金

適用し，土地の評価替えを行った会社において発生した土地の評価差額である。

▶ 3. 株式引受権

会社法では，金融商品取引所に上場されている株式を発行している会社が，取締役の報酬等として新株の発行または自己株式の処分をする場合には，金銭の払込み等を要しないことが定められている。

この制度を利用して取締役の報酬等として株式を無償で交付する取引のうち，契約上の権利確定条件が達成された場合に株式の発行等が行われる取引においては，会計処理は次のように行う。

① 取締役の報酬等として費用を計上する際に，費用に対応する金額については，株式の発行等が行われるまでの間，貸借対照表の純資産の部（株主資本以外の項目）に株式引受権として計上する。

② そして，権利確定条件の達成に伴い新株を発行した時点で，対応する株式引受権の残高を資本金または資本準備金に振り替える。また，新株の発行ではなく，自己株式を処分した場合には，自己株式の取得原価と株式引受権の帳簿価額を減少させ，差額は自己株式処分差額として処理する。

株式引受権とは，取締役の報酬費用に対応する金額を貸借対照表に計上するための科目であり，その後は，新株の発行または自己株式の処分が行われることになるため，貸借対照表上は純資産の部に計上する。また，株式引受権は，取締役との直接的な取引によって生じるものであって，株主に帰属するものではないため，株主資本以外の項目として表示されることになる。

▶ 4. 新株予約権

新株予約権とは，それを行使することにより，その会社の株式の交付を受けることができる権利をいう。

📖 **重要用語**
株式引受権

📖 **重要用語**
新株予約権

新株予約権を発行すると，権利を取得した新株予約権者からその対価が会社に払い込まれる。その対価は，将来，新株予約権が行使され払込資本となる可能性がある一方で，権利が行使されず，払込資本とはならない可能性もある。ただし，新株予約権の権利が行使されなくても会社には払い込まれた対価の返済義務が生じないことから，新株予約権は，負債ではなく，純資産に区分される。

また，新株予約権は，新株予約権者に帰属するものであって株主に帰属するものではないため，株主資本以外の項目とされる。

3　連結財務諸表の純資産

連結財務諸表では，個別財務諸表と純資産の内容が異なるところがある。

個別財務諸表と連結財務諸表の純資産について，内容を比較して示すと，図表1-18-3のとおりである。

個別財務諸表では，純資産の部は，「株主資本」，「評価・換算差額等」，「株式引受権」，「新株予約権」の４つに区分されていたが，連結財務諸表では，「株主資本」，「その他の包括利益累計額」，「株式引受権」，「新株予約権」，「非支配株主持分」の５つに区分されている。

また，個別財務諸表では，「その他有価証券評価差額金」，「繰延ヘッジ損益」，「土地再評価差額金」の３つを評価・換算差額等としていたが，連結財務諸表では，「その他の包括利益累計額」という名称になり，内訳についても，「為替換算調整勘定」と「退職給付に係る調整累計額」が加わっている。

!　注意

純資産の内訳科目は，普段見慣れない科目が多く，わかりにくいかもしれないが，純資産そのものは，資産と負債の差額であること，主なものは，株主からの拠出である資本金と資本剰余金，過去の利益の蓄積である利益剰余金であることを大きくとらえておく。

● 図表1-18-3　純資産の部の表示

<table>
<tr><td colspan="2">（個別財務諸表）</td><td colspan="2">（連結財務諸表）</td></tr>
<tr><td rowspan="4">株主資本</td><td>資本金</td><td rowspan="4">株主資本</td><td>資本金</td></tr>
<tr><td>資本剰余金</td><td>資本剰余金</td></tr>
<tr><td>利益剰余金</td><td>利益剰余金</td></tr>
<tr><td>自己株式</td><td>自己株式</td></tr>
<tr><td rowspan="4">評価・
換算差額等</td><td>その他有価証券評価差額金</td><td rowspan="5">その他の
包括利益累計額</td><td>その他有価証券評価差額金</td></tr>
<tr><td>繰延ヘッジ損益</td><td>繰延ヘッジ損益</td></tr>
<tr><td>土地再評価差額金</td><td>土地再評価差額金</td></tr>
<tr><td></td><td>為替換算調整勘定</td></tr>
<tr><td></td><td>退職給付に係る調整累計額</td></tr>
<tr><td colspan="2">株式引受権</td><td>株式引受権</td><td></td></tr>
<tr><td colspan="2">新株予約権</td><td>新株予約権</td><td></td></tr>
<tr><td colspan="2"></td><td>非支配株主持分</td><td></td></tr>
</table>

重要用語

包括利益

▶ 1. その他の包括利益累計額

　包括利益とは，純資産の変動額のうち，資本取引から生じた変動額以外のものをいう。すなわち，包括利益とは，純資産の変動額のうち，増資や新株予約権の行使による払込みなどの資本取引による変動額を除いた部分のことである。

　具体的には，当期純利益，その他有価証券評価差額金や繰延ヘッジ損益の変動額などが，包括利益に含まれる。

　その他の包括利益とは，包括利益のうち，当期純利益以外のものをいう。

　包括利益の表示については，包括利益の表示に関する会計基準に定められているが，この基準は，連結財務諸表のみに適用し，個別財務諸表には適用しない。そこで，個別財務諸表で「評価・換算差額等」と表示しているものを，連結財務諸表では「その他の包括利益累計額」と読み替えている。

重要用語

その他の包括利益累計額

　その他の包括利益累計額は，「その他有価証券評価差額金」，「繰延ヘッジ損益」，「土地再評価差額金」，「為替換算調整勘定」，

「退職給付に係る調整累計額」の5項目からなる。

「その他有価証券評価差額金」,「繰延ヘッジ損益」,「土地再評価差額金」については,**2**で説明した。ここでは,連結財務諸表だけに表示される「為替換算調整勘定」,「退職給付に係る調整累計額」について説明する。

(1) **為替換算調整勘定**

連結財務諸表を作成するときに,海外の子会社・関連会社の財務諸表については,外貨から円貨に換算する必要がある。

外貨建取引等会計処理基準では,貸借対照表の換算について,資産・負債は決算日の為替レートで換算し,純資産は株式取得日の為替レートまたは該当項目発生日の為替レートで換算すると定めている。

このように,資産・負債の為替レートと純資産の換算レートが異なっていると,貸借対照表上,貸借の合計金額が一致せず,差額が生じることになる。

この換算による差額を為替換算調整勘定といい,為替換算調整勘定は,連結貸借対照表上,純資産の部に記載される。

(2) **退職給付に係る調整累計額**

退職給付に係る調整累計額とは,退職給付に関する会計基準の適用によって計上される,未認識数理計算上の差異と未認識過去勤務費用のことである。

未認識数理計算上の差異とは,年金資産の期待運用収益と実際の運用成果との差異や,退職給付債務の数理計算に用いた見積数値と実績との差異などのうち,いまだ損益として処理していないものをいう。

また,未認識過去勤務費用とは,退職給付水準の改訂等に起因して発生した退職給付債務の増加または減少部分のうち,いまだ損益として処理していないものをいう。

第1編

🔖 **重要用語**
為替換算調整勘定

🔖 **重要用語**
退職給付に係る調整累計額

退職給付に関する会計基準では，未認識数理計算上の差異と未認識過去勤務費用は，その他の包括利益に含めて計上するとしている。ただし，▶ 1. で述べたとおり，包括利益の表示は，連結財務諸表にのみ適用されるため，個別財務諸表では，未認識数理計算上の差異と未認識過去勤務費用は，純資産に計上しない。

▶ 2. 非支配株主持分

非支配株主持分とは，子会社の純資産のうち，親会社に帰属しない部分をいう。

子会社に対する親会社の持分が100％ではないときは，子会社の純資産は，親会社に帰属する部分と他の株主に帰属する部分とに分けられる。

このうち，他の株主に帰属する部分が，非支配株主持分である。非支配株主持分は，親会社に帰属するものではなく，親会社の株主に帰属するものでもないため，連結貸借対照表においては，株主持分以外の項目として独立掲記する。

📖 重要用語

非支配株主持分

🔍 参 照

非支配株主持分については，第1編40も参照。

💡 補 足

純資産がマイナスとなっている状態，すなわち，資産の額よりも負債の額のほうが大きい状態を債務超過という。

試験対策としては，連結貸借対照表上の純資産を構成する項目の名称を押さえておこう。

連結貸借対照表

Ⅰ	株主資本	
	資本金	×××
	資本剰余金	×××
	利益剰余金	×××
	自己株式	△×××
Ⅱ	その他の包括利益累計額	
	その他有価証券評価差額金	×××
	繰延ヘッジ損益	×××
	土地再評価差額金	×××
	為替換算調整勘定	×××
	退職給付に係る調整累計額	×××
Ⅲ	株式引受権	×××
Ⅳ	新株予約権	×××
Ⅴ	非支配株主持分	×××

例題（貸借対照表）

　以上，貸借対照表について，ひと通り説明してきた。ここまでの知識の整理として，以下の例題にトライしよう。

例題①

　下記の資産項目を流動性配列法にもとづいて貸借対照表に記載した場合，正しい順序は次のうちどれか。

A　有価証券	B　開業費	C　商品
D　のれん	E　売掛金	

❶　E−C−A−B−D

❷　A−E−C−B−D

❸　E−C−A−D−B

❹　E−A−C−D−B

❺　A−E−C−D−B

解答　❹　貸借対照表の資産項目については，まずは流動資産，固定資産，繰延資産に区分する。そして，固定資産が複数ある場合には，さらに有形固定資産，無形固定資産，投資その他の資産に区分する。A〜Eの区分は，次のとおりである。
　　A　有価証券−流動資産
　　B　開業費　−繰延資産
　　C　商品　　−流動資産
　　D　のれん　−固定資産−無形固定資産
　　E　売掛金　−流動資産
　流動資産がA，C，E，固定資産がD，繰延資産がBであるから，流動性配列法による記載順は，4番目がD，5番目がBとなり，この時点で正解は，❸❹❺のいずれかとなる。
　次に流動資産であるA，C，Eの順番について検討する。
　流動資産を換金性が高い順に並べると，現金預金→受取手形→売掛金→有価証券→棚卸資産の順になることがわかれば，流動資産の記載順序は，E売掛金→A有価証券→C商品の順となる。

例題②

下記の勘定科目と貸借対照表の記載区分について，正しいものは次のうちどれか。

① 前受収益 ─────── 流動資産

② 前払費用 ─────── 流動負債

③ 建設仮勘定 ─────── 無形固定資産

④ 土地再評価差額金 ─── 投資その他の資産

⑤ のれん ─────── 無形固定資産

解答 ⑤　前受収益は流動負債，前払費用は流動資産，建設仮勘定は有形固定資産，土地再評価差額金は純資産（評価・換算差額等）に記載される。

例題③

下記の資料から貸借対照表上の流動負債の額を算出すると，いくらになるか。

支払手形	600	買掛金	300	仮払金	5
短期借入金	150	関係会社社債	120	前払費用	10
未払法人税等	130	未収収益	15	預り金	20
退職給付引当金	400				

解答　1,200

支払手形600＋買掛金300＋短期借入金150＋未払法人税等130＋預り金20
＝1,200

これは，資料に与えられた科目の中から，流動負債を選び出す問題である。この中で，流動負債に該当するのは，支払手形600，買掛金300，短期借入金150，未払法人税等130，預り金20である。

それ以外の科目については，未収収益15，仮払金5，前払費用10は，流動資産として表示され，退職給付引当金は，固定負債として表示される。

また，関係会社社債とは，関係会社が発行している社債を所有しているということであり，ワン・イヤー・ルールの適用により，流動資産か投資その他の資産のどちらかに区分して表示される。

例題④

下記の資料から貸借対照表上の固定負債の額を算出すると，いくらになるか。

商品仕入に係る支払手形	585
（うち1年以内支払期日到来額	580 ）
機械装置の購入に係る支払手形	500
（うち1年以内支払期日到来額	100 ）
借入金	700
（うち1年以内支払期日到来額	150 ）
社債	1,800
（うち1年以内償還期日到来額	800 ）
リース債務	250
（うち1年以内支払期日到来額	50 ）
退職給付引当金	350

解答 2,500

機械装置支払手形（500－100）＋借入金（700－150）＋社債（1,800－800）
＋リース債務（250－50）＋退職給付引当金350＝2,500

資料に与えられた科目を流動負債と固定負債とに区分する問題である。正常な営業循環過程内にある負債を流動負債とし，それ以外はワン・イヤー・ルールで判断すればよい。

この中で正常な営業循環過程内にある負債は，「商品仕入に係る支払手形」だけである。よって，商品仕入に係る支払手形585は，全額が流動負債となる。

また，「機械装置の購入に係る支払手形」については，正常営業循環基準ではなく，ワン・イヤー・ルールが適用される。そして，退職給付引当金は固定負債として表示することになっているため，350全額が固定負債となる。

以上，各科目を流動負債と固定負債に区分すると，次のとおりである。

科目	流動負債	固定負債	計
商品仕入に係る支払手形	585	－	585
機械装置の購入に係る支払手形	100	400	500
借入金	150	550	700
社債	800	1,000	1,800
リース債務	50	200	250
退職給付引当金	－	350	350
計	1,685	2,500	4,185

19 | 損益計算書

1 損益計算書とは

損益計算書とは，企業の経営成績を明らかにするため，1会計期間に属するすべての収益と，これに対応するすべての費用を記載して，その差額である当期純利益を示したものである。

簡単に言うと，損益計算書とは，1会計期間のうちに，企業がどれだけ儲かったのかを表すものである。

2 損益計算書の構造

損益計算書は，利益の発生源泉と発生過程がわかるように，損益を発生原因別に区分して，段階的に5つの利益を計算する構造となっている。

5つの利益とは，損益計算書の上から，①売上総利益，②営業利益，③経常利益，④税引前当期純利益，⑤当期純利益の順になっており，それぞれの利益は，段階的に次の算式により求められる。

①　売上高−売上原価＝売上総利益

②　売上総利益−販売費及び一般管理費＝営業利益

③　営業利益＋営業外収益−営業外費用＝経常利益

④　経常利益＋特別利益−特別損失＝税引前当期純利益

⑤　税引前当期純利益−（法人税，住民税及び事業税±法人税等調整額）＝当期純利益

関連過去問題
- 2023年3月　問17
- 2022年6月　問20

重要用語

損益計算書

補足

損益計算書は，Profit and Loss Statement を略して，P／L（ピーエル）と呼ばれる。

3 損益計算書の項目

　ここでは，損益計算書を構成する各項目について，概要を説明しておく。

▶ 1. 売上高・売上原価

　売上高とは，企業が商品・製品の販売やサービスの提供など，本業によって獲得した収益のことである。本業とは，企業が会社の目的として定款に記載した事業であり，具体的には，商品の販売，製品の製造・販売，建築工事の請負，不動産の販売・賃貸など，多岐にわたるものである。

　また，**売上原価**とは，売上高に個別に対応する仕入原価や製造原価のことである。

　売上高から売上原価を差し引いたものが，売上総利益である。

> **売上高－売上原価＝売上総利益**

　売上総利益は，企業の本業である収益（売上高）から，どれだけ利益が獲得できているかを示したものである。売上総利益は，一般的には，<ruby>粗利<rt>あらり</rt></ruby>と呼ばれている。

▶ 2. 販売費及び一般管理費

　販売費及び一般管理費とは，営業担当者の人件費，販売拡大のための広告宣伝費といった販売コストや，営業活動をサポートするための企画・総務・経理部門の人件費，光熱費，通信費などの管理コストの総称である。

　売上総利益から販売費及び一般管理費を差し引いたものが，営業利益である。

> **売上総利益－販売費及び一般管理費＝営業利益**

　営業利益は，企業の本業である営業活動から，どれだけ利益が

📖 重要用語
売上高

📖 重要用語
売上原価

📖 重要用語
販売費及び一般
管理費

第1編

●図表1-19-1　損益計算書の様式例

損益計算書
(自　××年×月×日　　至　××年×月×日)

(単位：百万円)

売上高		×××
売上原価		×××
売上総利益		×××
販売費及び一般管理費		×××
営業利益		×××
営業外収益		
受取利息	×××	
受取配当金	×××	
その他	×××	×××
営業外費用		
支払利息	×××	
手形売却損	×××	
その他	×××	×××
経常利益		×××
特別利益		
固定資産売却益	×××	
投資有価証券売却益	×××	×××
特別損失		
固定資産除却損	×××	
減損損失	×××	×××
税引前当期純利益		×××
法人税，住民税及び事業税	×××	
法人税等調整額	×××	×××
当期純利益		×××

獲得できているかを示したものである。

▶ 3. 営業外損益

営業外損益とは，企業の本業である営業活動以外の活動から，経常的に発生する収益・費用であり，営業外収益と営業外費用に区分される。

営業活動以外の活動とは，財務活動と投資活動である。資金運用や資金調達活動によって生じる受取利息，受取配当金や支払利息等は，この区分に含まれる。

営業利益に営業外収益を加え，営業外費用を差し引いたものが，経常利益である。

> **営業利益＋営業外収益－営業外費用＝経常利益**

経常利益は，企業が経常的に行う営業活動や財務活動から，どれだけ利益が獲得できているかを示したものである。

経常利益には，臨時的で特殊な事情によって発生した損益は含まれていないため，経常利益は，企業の正常な収益力を示す指標と考えられている。

▶ 4. 特別損益

特別損益とは，経常的には発生しない損益，すなわち，臨時的にしか発生しない特別な損益のことである。

長期に保有する目的で所有していた投資有価証券の売却益や，災害による損失などは，この区分に含まれる。

経常利益に特別利益を加え，特別損失を差し引いたものが，税引前当期純利益である。

> **経常利益＋特別利益－特別損失＝税引前当期純利益**

税引前当期純利益は，企業が経常的に行う活動のほか，臨時的に発生する損益も加味して，どれだけ利益が獲得できているかを

重要用語
営業外損益

第1編

重要用語
特別損益

重要用語
税引前当期純利益

示したものである。

▶ 5. 当期純利益

そして，税引前当期純利益から法人税，住民税及び事業税を差し引き，法人税等調整額を加減算することによって，企業の最終的な利益である当期純利益が算定される。

> **税引前当期純利益−法人税，住民税及び事業税±法人税等調整額＝当期純利益**

　法人税，住民税及び事業税は，税法の規定により，当期の課税所得等に課せられる税金であり，法人税等調整額は，税効果会計の適用により，法人税等の金額を調整するために計上されるものである。

　このようにして，損益計算書では，1会計期間のうちに，企業が最終的にどれだけ儲かったのかを示す当期純利益が，段階的に算定されていく。

20 | 売上高

1 売上高の計上基準

▶ **1. 企業会計原則**

企業会計原則では,「売上高は,実現主義の原則に従い,商品等の販売又は役務の給付によって実現したものに限る。」と定めている(企業会計原則第二・三B)。

また,「税法と企業会計原則との調整に関する意見書」では,「…一会計期間の収益は,財貨又は役務の移転に対する現金又は現金同等物(手形,売掛債権等)その他の資産の取得による対価の成立によって立証されたときのみに実現する。」と記載されている。

これにより,実現主義は,財貨または役務を移転したことと,その対価として貨幣性資産を受け取ったことが,要件となっていると考えられている。

実現主義においては,売上高は,商品等を引き渡したとき,あるいは,サービスを提供したときに計上される。これは,商品等の引渡しやサービスを提供した時点において,現金や売掛金などの対価を受け取ることになり,この時点で,実現主義の要件を充足していると考えられるからである。したがって,実現主義によれば,売上収益実現の日は,原則として,商品等を引き渡した日である。

▶ **2. 収益認識に関する会計基準**

売上高の計上などの収益の認識については,収益認識に関する

関連過去問題
✏ 2023年6月
問28

📖 **重要用語**
実現主義

⚠ **注意**

企業会計原則では,原則として,収益は実現主義により認識し,費用は発生主義により認識するとしている。
発生主義とは,現金の支出がなくても,経済的事実の発生があれば,その事実の発生にもとづいて,費用を計上する基準である。

第1編

会計基準が新たに定められている。収益認識に関する会計基準は，企業会計原則の定めに優先して適用されるため，売上高の計上は，この基準にしたがって行うことになる。

収益認識に関する会計基準では，企業が，契約において約束した財またはサービスを顧客に移転することにより，履行義務を充足したときに，または充足するにつれて，収益を認識するものとしている。

以下では，収益認識に関する会計基準による収益の認識プロセスについて，具体例を通して見ていこう。

―収益を認識するための5つのステップ―

（前提条件）

当社は，当期首に，A社（顧客）と商品Xの販売および2年間の保守サービスを提供する1つの契約を締結した。当社は，当期首に商品XをA社に引き渡し，当期首から翌期末まで保守サービスを行う。

なお，契約書に記載された対価の額は12,000である。

収益認識に関する会計基準では，収益を認識する手順として，次の①から⑤のステップを適用するものとしている。

---

① 顧客との契約を識別する

② 契約における履行義務を識別する

③ 取引価格を算定する

④ 契約における履行義務に取引価格を配分する

⑤ 履行義務を充足したときに，または，履行義務を充足するにつれて，収益を認識する

これら5つのステップの適用例を示すと，次のとおりである。

① 契約の識別

　商品Xの販売と2年間の保守サービスを提供する1つの契約が識別された。

② 履行義務の識別

　商品Xの販売と保守サービスの提供を履行義務として識別し，それぞれを収益認識の単位とする。

③ 取引価格の算定

　商品Xの販売と保守サービスの提供に対する取引価格は，12,000と算定される。

④ 取引価格の配分

　取引価格12,000を②で識別した履行義務に配分する。商品Xの取引価格は10,000，保守サービスの取引価格は2,000とした。

⑤ 収益の認識

　商品Xの販売は，一時点で履行義務を充足すると判断し，商品Xの引渡時に収益10,000を認識する。一方，保守サービスの提供は，一定の期間にわたり履行義務を充足すると判断し，当期と翌期の2年間にわたり，当期1,000，翌期1,000の収益を認識することとした。

2 特殊な販売形態による収益の認識

　委託販売や試用販売など，特殊な販売形態による売上収益の認識時点は，次のとおりである。

▶ 1. 委託販売

　委託販売とは，他の事業者に商品・製品の販売を委託し，その事業者が商品等を販売したときには，一定の手数料を支払うという販売形態である。

　委託販売契約においては，他の事業者に販売用の商品等を引き

重要用語
委託販売

渡しただけでは収益を認識することはできず，他の事業者が最終顧客に商品等を販売し，引き渡した時点で収益を認識することになる。

▶ 2. 試用販売

試用販売

　試用販売とは，顧客に対し，先に商品等を引き渡し，一定期間，実際に試用してもらったうえで，買うかどうかの判断をしてもらうという販売形態である。

　試用販売においては，顧客に試用品を引き渡しただけでは収益を認識することはできず，顧客が買取りの意思を示し，商品等を検収したときに収益を認識することになる。

▶ 3. 予約販売

　予約販売とは，商品等を引き渡す前に，あらかじめ対価の全部または一部を予約金として受け取っておき，商品等は後日引き渡すという販売形態である。

　予約販売においては，予約金を受領しただけでは収益を認識することはできず，商品等の引渡しが完了した時点で，収益を認識することになる。なお，商品等の引渡しをするまでは，予約金は，会計上，前受金として負債に計上される。

▶ 4. 割賦販売

　割賦販売とは，商品等を販売したときに，顧客に商品を引き渡すが，販売代金については，一定期間にわたり，分割して回収するという販売形態である。

　割賦販売においては，通常の商品等の販売と同様，顧客に商品等を引き渡した時点で収益を認識する。割賦金の回収期限の到来日または割賦金の入金日において，収益を計上することは認められない。

3 ポイント制度と返品権付取引

▶ 1. ポイント制度（ポイント引当金の廃止）

商品等の販売やサービスの提供に付随してポイントが付与される場合，従来は，付与されたポイントのうち，期末における未使用残高について，将来使用されると見込まれる額を見積もってポイント引当金を計上し，繰入額を費用とする処理が行われていた。しかし，収益認識に関する会計基準では，商品等の販売時点において，販売価格の総額を商品の販売（売上高）とポイントの付与（契約負債）に配分する処理が行われることになる。よって，ポイント引当金を計上する処理は認められない。

▶ 2. 返品権付取引（返品調整引当金の廃止）

出版業や医薬品製造販売業のように，返品率が高い業種では，従来，返品される商品等の売上総利益に相当する金額を見積もって返品調整引当金を計上し，繰入額を費用とする処理が行われていた。しかし，収益認識に関する会計基準では，商品等の販売時点で返品されると見込まれる金額を見積もり，販売価格の総額からこの見積額を控除した金額を売上高として計上する。そして，返品の見積額は契約負債として処理することになる。よって，返品調整引当金を計上する処理は認められない。

21 | 工事進行基準

1 工事進行基準とは

重要用語

工事進行基準

　工事進行基準とは，長期の請負工事について，工事の完成・引渡し前であっても，決算日に工事の進捗度を合理的に見積もり，これにもとづいて請負金額の一部を当期の収益として計上する方法である。

　収益認識に関する会計基準では，企業が，契約において約束した財を顧客に移転し，履行義務を充足した時点で収益を認識するか，または履行義務を充足するにつれて，収益を認識することになる。

　収益認識に関する会計基準では，長期の請負工事は「一定の期間にわたり充足される履行義務」に該当するため，工事の進捗度を合理的に見積もることができる場合には，進捗度にもとづいて一定の期間にわたり収益を認識する。すなわち，履行義務を充足するにつれて収益を認識することになる。

　また，収益認識に関する会計基準の適用指針では，工事の進捗度を適切に見積もる方法として，発生したコストを指標として使用する方法（インプット法）が例示されている。

　したがって，長期の請負工事について，発生した工事原価を指標として工事の進捗度を合理的に見積もり，工事進行基準により収益を計上する方法は，収益認識に関する会計基準に準拠した方法である。

2 工事進行基準による完成工事高

　ここでは，工事原価の発生度合いから工事の進捗度を見積も
り，その進捗度に応じて工事請負金額の一部を完成工事高として
計上する方法，すなわち，工事進行基準により収益を認識する方
法を説明する。

　以下では，具体的な算定方法を見ていくこととする。

──**工事進行基準による完成工事高**──────────────

　下記の資料から，工事進行基準により，第1期，第2期，第3
期の完成工事高を算出すると，それぞれいくらになるか。

工事請負金額	10,000
見積工事原価(総額)	9,000
工事原価発生額(実績)	
第1期	1,800
第2期	4,500
第3期	2,700

　工事進行基準による完成工事高の算定方法は，次のとおりであ
る。

$$完成工事高＝工事請負金額 \times \frac{当期の工事原価（実績）}{見積工事原価の総額}$$

　工事進行基準では，工事原価の発生度合いから，工事の進捗度
を見積もり，その進捗度に応じた金額を，完成工事高として計上
する。

　工事の発生度合いとは，見積工事原価の総額に対して，実際に
発生した原価の金額が，どれだけの割合を占めているかというこ
とであり，この割合が工事の進捗度となる。

（第1期の完成工事高）

$$完成工事高：10,000 \times \frac{1,800}{9,000} = 2,000$$

　第1期の工事進捗度について，工事原価の発生度合いを見ると，見積原価の総額9,000に対し，当期の原価の発生額は1,800であり，進捗度は全体の20％（＝1,800÷9,000）と見積もられる。よって，工事請負金額10,000のうち20％に相当する額2,000を収益として計上する。

（第2期の完成工事高）

$$完成工事高：10,000 \times \frac{4,500}{9,000} = 5,000$$

　第2期についても，第1期と同様に計算すればよい。

　第2期の工事原価の発生額は4,500であり，見積原価の総額9,000に対する発生度合いは，50％（＝4,500÷9,000）となっており，工事進捗度は，50％と見積もられる。よって，工事請負金額10,000のうち50％に相当する額5,000を収益として計上する。

（第3期）

　第3期は，工事物件の完成・引渡しを行う期となる工期の最終期である。最終期は，工事請負金額のうち，未計上となっている残額を完成工事高として計上する。算定方法は，次のとおりである。

　完成工事高：工事請負金額 −（前期までの完成工事高の累計額）
　　　　　　　　　＝10,000 −（2,000 ＋ 5,000）＝ 3,000

22 | 売上原価

1 売上原価の算定方法

売上原価とは，売上高に対応する商品等の仕入原価または製造原価のことである（企業会計原則第二・三C）。

商品販売業における売上原価の算定方法は，次のとおりである。

売上原価＝期首商品棚卸高＋当期商品仕入高－期末商品棚卸高

売上高に対応する売上原価は，期首商品棚卸高に当期商品仕入高を加え，期末商品棚卸高を差し引くことによって算定される。

これを勘定形式で示したものが，図表1-22-1である。

当期において販売の対象となった商品は，前期から繰り越された商品と当期に仕入れた商品である。これを表したものが，図の左側にある期首商品棚卸高と当期商品仕入高である。

関連過去問題
2021年6月
問7

🔍 **参照**
製造業の売上原価の算定方法については，第1編23を参照。

第1編

● 図表1-22-1　売上原価の算定（商品販売業）

22　売上原価 **101**

そして，これらの商品は，実際に売れた商品と売れ残った商品とに分けられる。これを表したものが，図の右側にある売上原価と期末商品棚卸高である。

つまり，当期に販売の対象となったすべての商品から，期末に売れ残った商品を差し引いたものが，当期に売れた商品である。そこで，期首商品棚卸高と当期商品仕入高を合計して当期の販売対象となった商品の総額を算出し，そこから期末商品棚卸高を差し引くことによって，当期に販売された商品の原価，すなわち，売上原価が算定されることになる。

2 商品仕入の控除項目

仕入れた商品について，仕入戻し，仕入値引，仕入割戻があった場合は，会計上，仕入高から控除して当期商品仕入高を算出する。

当期商品仕入高＝総仕入高－仕入戻し－仕入値引－仕入割戻

仕入戻しとは，仕入を行った商品の数量不足，品質不良，破損などの理由により，商品の一部または全部を返品することをいう。

また，仕入値引とは，仕入戻しと同様の理由が生じたときに，商品の返品は行わないが，仕入代金を減額してもらうことをいう。

そして，仕入割戻とは，一定期間に多額または多量の取引をした仕入先に対して，仕入代金の一部を払い戻したり，減額したりすることをいう。

仕入戻し，仕入値引，仕入割戻は，いずれも仕入高から控除する。

なお，似たような名称のものに仕入割引というものがある。仕

入割引とは，仕入先に対して，支払期限よりも前のある一定の期間内に仕入代金を支払った場合に，仕入代金の一部を割り引いてもらうことである。仕入割引は，上記の3項目とは異なり，営業外収益として処理するので，留意が必要である。

🔍 参照

仕入割引については，第1編25を参照。

●売上原価の算定方法
　売上原価＝期首商品棚卸高＋当期商品仕入高－期末商品棚卸高
　仕入戻し，仕入値引，仕入割戻は，仕入高から控除し，仕入割引は，営業外収益として処理しよう。

理解度チェック

下記の資料から売上原価を算出すると，いくらになるか。

総仕入高	1,500	期首商品棚卸高	120
仕入戻し高	30	期末商品棚卸高	180
仕入割引	6	仕入値引	7
仕入割戻	3		

解答　1,400
　　　当期商品仕入高：総仕入高1,500－仕入戻し高30－仕入値引7－仕入割戻3
　　　　　　　　　　＝1,460
　　　売上原価：期首商品棚卸高120＋当期商品仕入高1,460－期末商品棚卸高180
　　　　　　　　＝1,400
　　　仕入戻し高，仕入値引，仕入割戻は，当期商品仕入高の控除項目である。
　　　ただし，仕入割引は営業外収益として処理するため，当期商品仕入高からは控除しない。

下記の資料から売上総利益を算出すると，いくらになるか。

なお，棚卸資産は，通常の販売目的で保有しており，棚卸減耗損と商品評価損は，売上原価に算入する。

	金額	
売上高	800,000	
期首商品棚卸高	52,500	
当期商品仕入高	598,000	
期末商品棚卸高		

	数量	単価
帳簿棚卸高	560個	100
実地棚卸高	550個	
（内訳）		
良品	500個	95 （正味売却価額）
品質低下品	50個	60 （正味売却価額）

解答 200,000

売上総利益の算式は，次のとおりである。

売上総利益＝売上高−売上原価

売上原価＝期首商品棚卸高＋当期商品仕入高−期末商品棚卸高

　この問題では，期末商品棚卸高と売上原価を算出してから，売上総利益の算出を行う必要がある。

① 期末商品棚卸高の算出

　期末商品の正味売却価額は，良品，品質低下品ともに，取得原価（帳簿単価100）を下回っていることから，どちらも簿価の切下げを行い，正味売却価額で評価しなければならない（第1編8⬛を参照）。

　それぞれの棚卸資産の評価額，そして，期末商品棚卸高は，次のとおりである。

良品　　　　　　500×95＝47,500

品質低下品　　　　50×60＝　3,000

期末商品棚卸高　47,500＋3,000＝50,500

② 売上原価の算出

売上原価＝期首商品棚卸高＋当期商品仕入高−期末商品棚卸高より，

売上原価＝52,500＋598,000−50,500＝600,000

③ 売上総利益の算出

売上総利益＝売上高−売上原価より，

売上総利益＝800,000−600,000＝200,000

売上原価の算出過程を図示すると，次のとおりとなる。

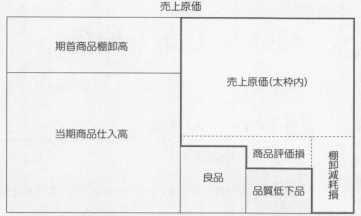

売上原価＝期首商品棚卸高＋当期商品仕入高－期末商品棚卸高（良品＋品質低下品）

　この計算により，棚卸減耗損と商品評価損は，売上原価（太枠内）に含まれることになる。

　このように，棚卸減耗損と商品評価損を差し引いた後の期末商品棚卸高を使って，売上原価を算出すると，結果として，棚卸減耗損と商品評価損が売上原価に含まれていることを，この図から理解しておこう。

23 | 製造業の売上原価

1 製造業の売上原価

製造業における売上原価の算定方法は，次のとおりである。

関連過去問題
- 2023年6月
  問15
- 2021年6月
  問21

売上原価＝期首製品棚卸高＋当期製品製造原価－期末製品棚卸高

製造業では，売上高に対応する売上原価は，期首製品棚卸高に当期製品製造原価を加え，期末製品棚卸高を差し引くことによって算定される。当期製品製造原価とは，当期において，完成品を作るのにかかった費用のことである。

🔍 参照

商品販売業の売上原価の算定方法については，第1編22を参照。

商品販売業の算式と比べると，製造業では，商品が製品となり，当期商品仕入高が当期製品製造原価となる点が異なっているが，考え方は商品販売業と同様である。

当期において販売の対象となった製品は，前期から繰り越された製品と当期に完成した製品であり，それらは，実際に売れた製品と売れ残った製品とに分けられる。そこで，期首製品棚卸高と当期製品製造原価を合計し，そこから，期末製品棚卸高を差し引くことによって，当期に売れた製品の原価である売上原価が算定される。

● 図表1-23-1　売上原価の算定（製造業）

2　製造原価

　製造業において売上原価を算出するためには，当期製品製造原価を算出しなければならない。前述のとおり，当期製品製造原価とは，当期において完成品を作るのにかかった費用のことである。

　製造工程においては，材料を加工し，それが仕掛品となり，最終的には完成品となって販売されるというのが，基本的な流れである。この流れにそって，材料費，製造原価，売上原価の算出過程を勘定図で示すと，図表1-23-2のとおりとなる。

重要用語
製造原価

▶ 1. 材料費，労務費，製造経費

　完成品の製造原価を算出するためには，まずは，当期に発生した製造費用を集計する必要がある。製造費用は，大別すると，材料費，労務費，製造経費に区分される。

　材料費とは，物品の消費によって生じる原価であり，具体的には，原料費，買入部品費，工場消耗品費などがある。

　また，労務費とは，労働の消費によって生じる原価であり，具体的には，賃金，賞与，福利厚生費などがある。

　そして，製造経費とは，材料費，労務費以外の原価であり，具体的には，外注加工費，減価償却費，光熱費などがある。

● 図表1-23-2 製造業の勘定連絡図

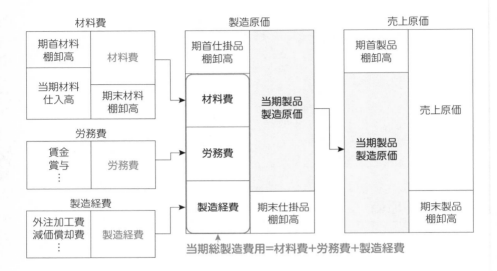

当期総製造費用＝材料費＋労務費＋製造経費

このうち，材料費の算出方法は，次のとおりである。

材料費＝期首材料棚卸高＋当期材料仕入高－期末材料棚卸高

　材料費の算出の考え方は，売上原価と同様である。当期の製造工程で使用することができる材料は，前期から繰り越された材料と当期に仕入れた材料である。これらの合計から，期末に残った材料を差し引いたものが，当期の製造工程に投入された材料となる。

　よって，材料費は，期首材料棚卸高に当期材料仕入高を加え，期末材料棚卸高を差し引くことによって求められる。

▶ 2. 当期総製造費用

　材料費，労務費，製造経費を合計したものを**当期総製造費用**という。当期総製造費用とは，当期に発生した製造費用の総額のことである。

重要用語

当期総製造費用

当期総製造費用＝材料費＋労務費＋製造経費

金額ベースで見た場合，当期の製造工程に投入されるすべての費用は，前期から繰り越された仕掛品の金額に，この当期総製造費用を合計したものとなる。

▶ 3. 当期製品製造原価

当期製品製造原価とは，製造工程において，完成品を作るのにいくらかかったかを示すもので，算式は次のとおりである。

📖 重要用語
当期製品製造原価

当期製品製造原価＝期首仕掛品棚卸高＋当期総製造費用
**　　　　　　　　－期末仕掛品棚卸高**

ここでもう一度，図表1-23-2を見ていただきたい。

中央にある製造原価の勘定図の左側は，製造工程にインプットした金額を表している。すなわち，当期において，製造工程に投入された費用は，前期から繰り越された仕掛品の金額と，当期に発生した製造費用の総額である当期総製造費用とを合計したものである。

一方，製造原価の勘定図の右側は，製造工程からアウトプットした金額を表している。製造工程からのアウトプットとは，完成したものと完成しなかったもの，すなわち，完成品と仕掛品であり，製造工程からアウトプットした金額とは，完成品の原価と仕掛品の原価の合計額である。

つまり，製造工程に投入されたインプットは，期首仕掛品棚卸高と当期総製造費用の合計額であり，これらは，アウトプットである当期製品製造原価と期末仕掛品棚卸高に分けられるということである。

したがって，完成品の原価である当期製品製造原価は，期首仕掛品棚卸高に当期総製造費用を加え，期末仕掛品棚卸高を差し引

第1編

くことによって算出される。

　以下では，具体例を通して，製造原価の算出の流れを確認していくこととする。

──**当期総製造費用～売上原価の算出**────────────

　下記の資料から，①材料費，②当期総製造費用，③当期製品製造原価，④売上原価を算出すると，それぞれいくらになるか。

期首製品棚卸高	65	期末製品棚卸高	85
期首材料棚卸高	20	期末材料棚卸高	25
期首仕掛品棚卸高	45	期末仕掛品棚卸高	55
当期材料仕入高	505	製造経費	250
労務費	160		

①　材料費

　材料費：期首材料棚卸高20＋当期材料仕入高505－期末材料棚卸高25＝500

　なお，ここで材料仕入戻し，材料仕入値引，材料仕入割戻がある場合は，当期材料仕入高から控除する。

！　注意

材料仕入割引は，営業外収益として処理するため，当期材料仕入高からは控除しない。

②　当期総製造費用

　当期総製造費用：材料費500＋労務費160＋製造経費250＝910

③　当期製品製造原価

　当期製品製造原価：期首仕掛品棚卸高45＋当期総製造費用910－期末仕掛品棚卸高55＝900

④　売上原価

　売上原価：期首製品棚卸高65＋当期製品製造原価900－期末製品棚卸高85＝880

　これを勘定図にすると，図表1-23-3のとおりである。

● 図表1-23-3　勘定連絡図の具体例

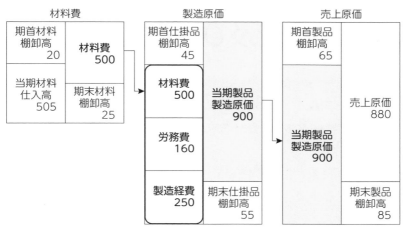

当期総製造費用＝材料費500＋労務費160＋製造経費250＝910

●製造業の売上原価

○売上原価

　＝期首製品棚卸高＋当期製品製造原価

　　－期末製品棚卸高

○当期製品製造原価

　＝期首仕掛品棚卸高＋当期総製造費用

　　－期末仕掛品棚卸高

○当期総製造費用

　＝材料費＋労務費＋製造経費

24 | 販売費及び一般管理費

販売費及び一般管理費とは，企業の本業である営業活動に伴い経常的に発生する費用であって，売上原価に算入されないものの総称である。

販売費とは，販売業務に伴って発生する費用であり，販売手数料，荷造費，運搬費，広告宣伝費などがある。

また，一般管理費とは，一般管理業務に伴って発生する費用であり，通信費，光熱費，消耗品費，租税公課，減価償却費，修繕費，保険料，不動産賃借料などがある。

ただし，販売費と一般管理費とは厳密に区分されるものではない。また，販売業務や一般管理業務に従事している役員の報酬，従業員の給料，賞与，福利厚生費などの人件費，旅費交通費，交際費などの費用も販売費及び一般管理費に含まれる。

なお，製造業務に伴って経常的に発生する費用は，製造費用として処理され，財務活動や投資活動に伴って経常的に発生する費用は，営業外費用として処理されるため，販売費及び一般管理費には含まれない。

関連過去問題
- 2023年6月 問21
- 2023年3月 問22
- 2022年3月 問18
- 2021年6月 問16

● 図表1-24-1　販売費及び一般管理費の具体例

	具体例
販売費	販売手数料, 荷造費, 運搬費, 広告宣伝費など
一般管理費	通信費, 光熱費, 消耗品費, 租税公課, 減価償却費, 修繕費, 保険料, 不動産賃借料など
人件費	販売業務・一般管理業務に従事する役員・従業員の報酬, 給料, 賞与, 福利厚生費など

25 | 営業外損益

1 営業外損益とは

　営業外損益とは，企業の本業である営業活動以外の活動から経常的に発生する収益と費用のことである。収益は営業外収益として，費用は営業外費用として，損益計算書に記載される。

　営業活動以外の活動とは，主として，財務活動と投資活動であり，借入金や社債などによる資金調達や，株式や投資不動産などによる資産運用といった活動がある。

　営業外収益の例としては，受取利息，有価証券利息，受取配当金，仕入割引のほか，有価証券売却益，有価証券評価益，為替差益，投資不動産賃貸料などがある。

　また，営業外費用の例としては，支払利息，社債利息，手形売却損のほか，有価証券売却損，有価証券評価損，為替差損などがある。このほか，社債発行費償却，創立費償却，開業費償却など，繰延資産の償却費も営業外費用に含まれる。

関連過去問題
✐ 2023年6月
　問22
✐ 2022年6月
　問18
✐ 2022年3月
　問19

📖 重要用語
営業外収益

📖 重要用語
営業外費用

●図表1-25-1　営業外損益の具体例

	具体例
営業外収益	受取利息，有価証券利息，受取配当金，仕入割引，有価証券売却益，有価証券評価益，為替差益，投資不動産賃貸料，雑収入など
営業外費用	支払利息，社債利息，手形売却損，有価証券売却損，有価証券評価損，為替差損，社債発行費償却，創立費償却，開業費償却，雑損失など

第1編

2 仕入割引と売上割引

重要用語

仕入割引

▶ 1. 仕入割引

仕入割引とは，仕入先に対して，支払期限よりも前のある一定の期間内に仕入代金を支払った場合に，仕入代金の一部を割り引いてもらうものである。

たとえば，仕入代金の支払期限が締日から30日後となっているにもかかわらず，10日以内に支払ったときに，仕入先から仕入代金の一部を割り引いてもらうというのが，仕入割引である。

仕入代金の早期支払は，仕入代金を支払ったときから本来の支払期限までの間，仕入先に対して資金を貸し付けているのと同じことである。割引額は，この期間に対応する貸付利息と同じ性格をもっていると考えられる。

したがって，仕入割引は，貸付利息と同様，財務活動に伴う収益と考えられ，営業外収益として処理される。

●図表1-25-2　仕入割引

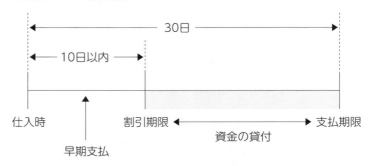

▶ 2. 売上割引

重要用語

売上割引

売上割引とは，仕入割引とは逆に，売上代金の回収期限よりも前に，販売先から代金を受け取った場合に，売上代金の一部を割り引くものである。

●図表1-25-3　売上割引

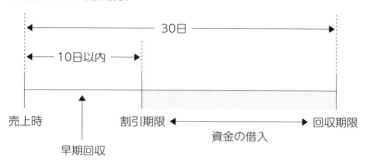

　売上代金の早期回収は，売上代金を受け取ったときから本来の回収期限までの間，販売先から資金を借り入れているのと同じことである。割引額は，この期間に対応する支払利息と同じ性格をもっていると考えられる。

　したがって，売上割引は，支払利息と同様，財務活動に伴う費用と考えられ，本来，営業外費用として処理されるべきものであるが，収益認識に関する会計基準では，異なる取扱いが定められている。

　収益認識に関する会計基準のもとでは，売上割引は，それが重要な金融要素でない場合，収益に対する変動対価として処理することになる。具体的には，収益を認識する時点で，売上割引の金額を見積もり，販売価格の総額からこの見積額を控除した金額により，売上高を計上する。そして，売上割引の見積額は，契約負債として処理する。よって，売上割引は売上高から直接控除することになり，営業外費用としては処理しない。

　このように，仕入割引と売上割引は，手形の割引料と同様に，利息としての性格を有しており，営業活動ではなく，財務活動に伴って発生するものと考えられる。ただし，実務上，仕入割引は営業外収益として処理するが，売上割引は売上高から直接控除することになるため，取扱いが異なることに注意しよう。

3　手形売却損ほか

　手形売却損とは，金融機関で手形を割り引いたときの，手形の額面金額と実際の入金額との差額のことである。手形の割引は，支払期日の前に手形を現金化して資金を調達するという財務活動と考えられるため，手形売却損は，営業外費用として処理されることになる。

　また，営業外損益のうち，金額的な重要性が低く，損益計算書上，独立科目として掲記しないものについては，営業外収益は雑収入という科目に，営業外費用は雑損失という科目に集約して処理される。

　仕入割引は営業外収益として，売上割引は売上高から直接控除して処理しよう。

26 | 特別損益

1 特別損益とは

特別損益とは，経常的には発生しない損益，すなわち，基本的には，臨時的にしか発生しない特別な損益のことである。

特別利益の例としては，固定資産売却益，投資有価証券売却益，保険差益，負ののれん発生益などがあり，特別損失の例としては，減損損失，損害賠償損失，災害による損失，固定資産売却損，投資有価証券売却損などがある。

これらのうち，負ののれん発生益とは，買収などにより他の会社を取得する場合に，受け入れる純資産の額よりも，買取価額のほうが安く済んだときに生じる差額のことである。また，減損損失とは，固定資産の帳簿価額を減額することによって生じる損失のことである。

2 保険差益と火災損失

保有する固定資産が，地震，台風，火災などの災害や事故等により，使用できなくなったり，消滅してしまったりすることを，

関連過去問題
- 2023年6月 問27
- 2022年3月 問20
- 2021年6月 問22

🔖 重要用語
特別利益

🔖 重要用語
特別損失

第1編

● 図表1-26-1 特別損益の具体例

	具体例
特別利益	固定資産売却益, 投資有価証券売却益, 保険差益, 負ののれん発生益など
特別損失	減損損失, 損害賠償損失, 災害による損失, 固定資産売却損, 投資有価証券売却損など

固定資産の滅失という。たとえば，火災によって滅失した固定資産に，火災保険が掛けられていて，滅失前の固定資産の帳簿価額と保険金の額に差がある場合には，保険差益または火災損失が生じる。すなわち，滅失した固定資産の帳簿価額よりも入ってくる保険金のほうが多ければ保険差益が生じ，逆に，入ってくる保険金のほうが少なければ火災損失が生じることになる。

📖重要用語
保険差益

📖重要用語
火災損失

以下では，保険差益または火災損失の会計処理について，具体例を使って説明していく。

── 保険差益・火災損失の算出 ──────────

当社の建物が火災により焼失したが，この建物については，火災保険に加入していたため，保険金が支払われることとなった。この場合，下記の資料から，保険差益または火災損失を算出すると，いくらになるか。

当期首		建物の焼失時	
建物の取得価額	1,300	建物の当期減価償却費	100
建物の減価償却累計額	500	保険金収入額	1,000

建物の焼失時の帳簿価額：
取得価額1,300 − 減価償却累計額500 − 減価償却費100 = 700
保険差益の額：保険金1,000 − 建物の帳簿価額700 = 300

焼失した建物の帳簿価額700に対し，得られる保険金は1,000であり，300の差益が生じている。この差額300については，保険差益として処理し，特別利益に計上する。

会計処理は，①建物の焼失時と②保険金の確定時と2回行われる。

① 建物の焼失時

建物の焼失時における仕訳を示すと，次のとおりである。

（借）建物減価償却累計額	500	（貸）建物	1,300
建物減価償却費	100		
火災未決算	700		

建物が焼失したため，この建物については，帳簿から除外する処理を行う必要がある。この建物の焼失時の帳簿価額は，当期の期首から焼失時までの減価償却費を計上した金額となる。

ただし，この時点では，火災保険による入金額が確定していない。そこで，この建物の焼失時の帳簿価額700（＝1,300－500－100）に対応する科目については，保険金が確定するまでの間，一時的に「火災未決算」という科目を使って処理しておく。

② 保険金の確定時

保険金の支払額が確定したときの仕訳は，次のとおりである。

（借）未収入金	1,000	（貸）火災未決算	700
		保険差益	300

火災未決算として処理した建物の帳簿価額700に対して，保険金1,000を得ることになったため，300の保険差益を特別利益に計上する。

● 図表1-26-2　保険差益と火災損失

	損益
保険金の額＞固定資産の帳簿価額	保険差益が生じる
保険金の額＜固定資産の帳簿価額	火災損失が生じる

例題（損益計算書）

　以上，損益計算書について，ひと通り説明してきた。ここまでの知識の整理として，以下の例題にトライしよう。

例題①

　下記のうち，損益計算書に記載されないものを２つあげよ。

❶　繰延ヘッジ損益

❷　為替差益

❸　法人税等調整額

❹　支払配当金

❺　受取配当金

解答　❶繰延ヘッジ損益と❹支払配当金
　　　　繰延ヘッジ損益は，ヘッジ手段の時価評価に伴い発生する損益または評価差額について，損益としてではなく，純資産として繰り延べるものであるため，貸借対照表に記載される。
　　　　支払配当金は，株主に対して支払った配当金であり，剰余金の減少として処理され，株主資本等変動計算書に記載される。

例題②

　販売費及び一般管理費に該当するものはどれか。

❶　手形売却損

❷　租税公課

❸　社債利息

❹　有価証券売却損

❺　雑損失

解答　❷　租税公課
　　　　手形売却損，社債利息，有価証券売却損，雑損失は，いずれも営業外費用である。

例題③

下記のうち，営業外損益に該当するものを2つあげよ。

❶ 支払配当金

❷ 仕入割戻

❸ 固定資産売却損

❹ 投資不動産賃貸料

❺ 創立費償却

解答 ❹投資不動産賃貸料と❺創立費償却

　　投資不動産賃貸料は，投資目的で保有する不動産から得られる賃貸料収入のことである。これは，営業活動ではなく投資活動に伴う収益のため，営業外収益として処理する。

　　創立費償却は，繰延資産の償却に伴う費用である。創立費償却は，販売費及び一般管理費としてではなく，営業外費用として処理するものと定められている。

　　なお，支払配当金は，会社が株主に対して支払った配当金であり，剰余金の減少として処理される。また，仕入割戻は，仕入高の控除項目として，固定資産売却損は，特別損失として処理される。

例題④

特別損益に該当しないものはどれか。

❶ 減損損失

❷ 固定資産売却損

❸ 手形売却損

❹ 保険差益

❺ 負ののれん発生益

解答 ❸　手形売却損

　　手形売却損とは，手形を割り引いたときの，手形の額面金額と実際の入金額との差額をいう。手形の割引は，支払期日の前に手形を現金化し，資金を調達するという，財務活動と考えられるため，手形売却損は，営業外費用に区分される。

27 決算整理

決算とは，会計期間が終了した後に，貸借対照表と損益計算書を作成するために行う一連の手続のことをいう。

会社が行う日々の取引は，仕訳によって継続的に記録されているが，この取引記録は，決算書を作成するために会計期間の末日である決算日に締め切られる。そして，決算日の時点で，締め切られた取引記録からすべての勘定科目の残高を集計し，それらの一覧表である残高試算表が作成される。

しかし，残高試算表の数値が，そのまま貸借対照表と損益計算書となるわけではない。貸借対照表と損益計算書を作成するためには，日々の取引記録とは別に，決算において，決算特有の仕訳を加えなければならない。この決算特有の必要な仕訳を加える手続を決算整理という。

決算整理のうち，主な内容は，次のとおりである。

---

① 売上原価の算出
② 減価償却費の計上
③ 引当金の計上
④ 前払，未払，前受，未収の計上（収益・費用の見越しと繰延べ）
⑤ 法人税等の計上

以下では，具体例を通して，決算整理について説明していく。

関連過去問題
2023年6月 問23
2023年3月 問16
2021年6月 問25

重要用語
決算整理

決算整理

下記の決算整理前残高試算表（抜粋）と決算整理事項から損益計算書を作成し，当期純利益の額を算出すると，いくらになるか。なお，下記に記載のないものについては，考慮する必要はない。

決算整理前残高試算表

借方金額	勘定科目	貸方金額
1,800	現　金　預　金	
2,500	売　　掛　　金	
3,500	商　　　　　品	
1,250	固　定　資　産	
	⋮	
	売　　　　　上	12,000
7,800	仕　　　　　入	
2,398	販売費及び一般管理費	
	受　取　利　息	20
15	支　払　利　息	

【決算整理事項】

1．期末商品棚卸高　3,800

2．固定資産の減価償却費　100

3．貸倒引当金繰入額　10

4．支払利息の前払額　3

5．法人税等　税引前当期純利益の30％

決算整理前残高試算表は，決算整理を行う前の時点において，すべての勘定科目の残高を一覧表に示したものである。

決算においては，決算整理として，決算特有の必要な仕訳を加え，最終的な貸借対照表や損益計算書を作成することになる。

1 売上原価の算出

売上原価の算出方法は，次のとおりである。

売上原価＝期首商品棚卸高＋当期商品仕入高－期末商品棚卸高

　売上原価の算式を見ればわかるように，売上原価は，期末時点の商品残高が確定しないと算出することができない。また，決算整理前残高試算表を見ると，「商品3,500」，「仕入7,800」との記載はあるが，売上原価の記載はない。よって，売上原価の算出は，決算整理事項であることがわかる。

　ここで，決算整理前残高試算表にある「商品」とは，前期末から繰り越された商品の残高，すなわち，期首商品棚卸高を示している。この「商品」という勘定科目が使われるのは，期末になって，期末時点の商品残高が確定し，試算表の残高を期末商品棚卸高へ置き換える決算整理のときだけである。つまり，決算整理前の段階では，前期末の残高が当期へ繰り越されたままの状態となっている。

　よって，決算整理前残高試算表から，期首商品棚卸高は「商品3,500」，当期商品仕入高は「仕入7,800」であることがわかる。また，期末商品棚卸高は，【決算整理事項】に「期末商品棚卸高3,800」と記載されている。

　したがって，売上原価を算出すると，次のとおりとなる。

　期首商品棚卸高3,500＋当期商品仕入高7,800－期末商品棚卸高3,800＝7,500

　決算整理前残高試算表上の「商品」の残高は，前期末の商品，すなわち期首商品棚卸高となることを押さえておこう。

2 減価償却費の計上

減価償却費の計上については，【決算整理事項】の記載内容から仕訳を行う。

（借）減価償却費 100 （貸）減価償却累計額 100

3 貸倒引当金の計上

引当金の計上についても，【決算整理事項】の記載内容から仕訳を行う。

（借）貸倒引当金繰入額 10 （貸）貸倒引当金 10

4 前払, 未払, 前受, 未収の計上(収益・費用の見越しと繰延べ)

これは，適正な期間損益計算を行うために，決算にあたって，利息の前払，未払や，家賃の前受，未収などを計上し，損益項目の期間帰属を正しくする手続である。

【決算整理事項】の4から，決算整理前残高試算表の「支払利息15」には，利息の前払分3が含まれていることがわかる。そこで，決算整理において，支払利息を3減らし，前払費用（前払利息）に振り替えるという処理を行う。

（借）前払費用 3 （貸）支払利息 3

5 法人税等の計上

法人税等は，税引前当期純利益の30％と記載されているから，まずは税引前当期純利益を算出し，その30％を法人税等として計上する。

ここまでの決算整理から，税引前当期純利益を算出すると，次のとおりである。

	決算整理後	
売上高	12,000	
売上原価	7,500	
販売費及び一般管理費	2,508	（＝2,398＋100＋10）
営業外収益（受取利息）	20	
営業外費用（支払利息）	12	（＝15－3）
税引前当期純利益	2,000	

　よって，法人税等の金額は，次のとおり算出される。

　税引前当期純利益2,000×30％＝600

（借）　法人税等	600	（貸）　未払法人税等	600

　以上より，決算整理後の当期純利益（税引後の当期純利益）は，次のとおりである。

　税引前当期純利益2,000－法人税等600＝1,400

　決算整理前，決算整理，決算整理後の損益計算書の額を示すと，次のとおりである。

勘定科目	整理前	決算整理	整理後
売上高	12,000		12,000
売上原価			
期首商品棚卸高	3,500		3,500
当期商品仕入高	7,800		7,800
期末商品棚卸高		3,800	3,800
売上原価計			7,500
販売費及び一般管理費	2,398	110	2,508
営業外収益（受取利息）	20		20
営業外費用（支払利息）	15	△3	12
税引前当期純利益			2,000
法人税等		600	600
当期純利益			1,400

28 株主資本等変動計算書

1 株主資本等変動計算書とは

株主資本等変動計算書は，貸借対照表の純資産の部の変動額のうち，主として株主資本の各項目の変動事由を報告するために作成される計算書で，会社法に定める計算書類の1つである。

個別財務諸表における株主資本等変動計算書の様式を示すと，図表1-28-1のとおりである。

2 株主資本等変動計算書の表示方法

株主資本等変動計算書に関する会計基準では，株主資本等変動計算書の表示区分は，貸借対照表の純資産の部の表示区分に従うとしている。ここで，貸借対照表の純資産の部（個別財務諸表の記載例）を示すと，図表1-28-2のとおりである。

株主資本等変動計算書では，基本的には，貸借対照表の純資産の部と同じ項目が記載されることになり，それぞれの項目について，当期首残高，当期変動額，当期末残高が示される。

株主資本等変動計算書は，主として株主資本の各項目の変動事由を報告するために作成されるものであるから，株主資本の当期変動額については，各項目につき，変動事由ごとにその金額を表示しなければならない。具体的な変動事由としては，新株の発行，剰余金の配当，当期純利益，自己株式の処分などがある。

一方，株主資本以外の項目については，変動事由ごとに当期の変動額を記載する必要はなく，純額で表示すればよい。

関連過去問題
- 2023年3月 問19
- 2022年3月 問23
- 2021年6月 問20

第1編

重要用語
株主資本等変動計算書

補足
株主資本等変動計算書は，金融商品取引法に定める財務諸表の1つでもある。

● 図表1-28-1 株主資本等変動計算書

	株主資本										評価・換算差額等			株式引受権	新株予約権	純資産合計
	資本金	資本剰余金			利益剰余金				自己株式	株主資本合計	その他有価証券評価差額金	繰延ヘッジ損益	評価・換算差額等合計			
		資本準備金	その他資本剰余金	資本剰余金合計	利益準備金	その他利益剰余金		利益剰余金合計								
						××積立金	繰越利益剰余金									
当期首残高	×××	×××	×××	×××	×××	×××	×××	×××	△××××	×××	×××	×××	×××	×××	×××	×××
当期変動額																
新株の発行	×××	×××		×××						×××						×××
剰余金の配当					×××		△××××	△××××		△××××						△××××
当期純利益							×××	×××		×××						×××
自己株式の処分									×××	×××						×××
××××××									×××	×××						×××
株主資本以外の項目の当期変動額(純額)											×××	×××	×××	×××	×××	×××
当期変動額合計	×××	×××	－	×××	×××	－	×××	×××	△××××	×××	×××	×××	×××	×××	×××	×××
当期末残高	×××	×××	×××	×××	×××	×××	×××	×××	△××××	×××	×××	×××	×××	×××	×××	×××

●図表1-28-2　純資産の部の記載例

貸借対照表

```
（純資産の部）
Ⅰ　株主資本
　　　資本金　　　　　　　　　　　×××
　　　資本剰余金
　　　　　資本準備金　　　　　　　×××
　　　　　その他資本剰余金　　　　×××
　　　利益剰余金
　　　　　利益準備金　　　　　　　×××
　　　　　その他利益剰余金
　　　　　　××積立金　　　　　　×××
　　　　　　繰越利益剰余金　　　　×××
　　　自己株式　　　　　　　　　△×××
Ⅱ　評価・換算差額等
　　　その他有価証券評価差額金　　×××
　　　繰延ヘッジ損益　　　　　　　×××
　　　土地再評価差額金　　　　　　×××
Ⅲ　株式引受権　　　　　　　　　　×××
Ⅳ　新株予約権　　　　　　　　　　×××
```

●株主資本等変動計算書とは
　⇒貸借対照表の純資産の部の当期変動額を
　　示したもの
●株主資本を構成するもの
　⇒資本金，資本剰余金，利益剰余金，自己株
　　式の４つのみ

下記の資料から株主資本等変動計算書における株主資本合計の当期末残高を算出すると，いくらになるか。なお，自己株式の当期変動額は，すべて自己株式の取得によるものである。

	当期首残高	当期変動額
資本金	1,500	0
資本剰余金	1,000	0
利益剰余金	8,000	1,000
自己株式	△ 200	△ 150
その他有価証券評価差額金	550	120
繰延ヘッジ損益	10	3

解答 11,150

ここで求められているのは，株主資本等変動計算書のうち，株主資本の合計額である。株主資本を構成するのは，資本金，資本剰余金，利益剰余金，自己株式の４つである。

その他有価証券評価差額金と繰延ヘッジ損益は，ともに純資産の内訳科目であり，その変動額は，株主資本等変動計算書に記載されるが，株主資本ではないので，注意する必要がある。その他有価証券評価差額金と繰延ヘッジ損益は，株主資本等変動計算書においては，株主資本ではなく，「評価・換算差額等」として区分表示される。

株主資本合計の当期末残高を算定すると，次のとおりである。

	当期首残高	当期変動額	当期末残高
資本金	1,500	0	1,500
資本剰余金	1,000	0	1,000
利益剰余金	8,000	1,000	9,000
自己株式	△ 200	△ 150	△ 350
株主資本合計	10,300	850	11,150

29 個別注記表

　個別注記表とは，貸借対照表に関する注記，損益計算書に関する注記，株主資本等変動計算書に関する注記など，注記事項を1つにまとめて記載したものであり，会社法に定める計算書類の1つである。

　ただし，個別注記表は，必ずしも，すべての注記事項を1つの表として記載しなければならないわけではなく，貸借対照表や損益計算書の脚注として記載することも認められている。

　個別注記表に記載される項目は，次のとおりである。

重要用語

個別注記表

第1編

---

① 継続企業の前提に関する注記

② 重要な会計方針に係る事項に関する注記

③ 会計方針の変更に関する注記

④ 表示方法の変更に関する注記

⑤ 会計上の見積りの変更に関する注記

⑥ 誤謬の訂正に関する注記

⑦ 貸借対照表に関する注記

⑧ 損益計算書に関する注記

⑨ 株主資本等変動計算書に関する注記

⑩ 税効果会計に関する注記

⑪ リースにより使用する固定資産に関する注記

⑫ 金融商品に関する注記

⑬ 賃貸等不動産に関する注記

⑭ 持分法損益等に関する注記

⑮　関連当事者との取引に関する注記

⑯　１株当たり情報に関する注記

⑰　重要な後発事象に関する注記

⑱　連結配当規制適用会社に関する注記

⑲　その他の注記

　このうち，「継続企業の前提に関する注記」とは，事業年度の末日において，財務指標の悪化の傾向，財政破綻の可能性など，会社が将来にわたって事業活動を継続するという前提について，重要な疑義を抱かせる事象や状況が存在する場合には，その旨，内容，対応策などを記載するものである。

　また，「重要な後発事象に関する注記」とは，事業年度の末日以降において，翌期以降の財産や損益に重要な影響を及ぼす事象が発生した場合には，その事象について，記載するものである。後発事象の例としては，会社の合併，重要な事業の譲渡，多額の増資・減資，主要な取引先の倒産などがあげられる。

　なお，個別注記表の記載事項は，会社が公開会社であるかどうか，会計監査人設置会社であるかどうかによって，記載する項目が異なっている。

30 | 外貨建取引

外貨建取引とは，取引価額が外国通貨で表示されている取引をいう。外貨建取引を財務諸表に反映させるためには，それらの取引を円貨に換算する必要がある。円貨への換算については，外貨建取引等会計処理基準に定められており，次のように行う。

1 取引発生時の処理

外貨建取引は，原則として，取引発生時の為替レートによって円換算する。また，外貨建金銭債権債務の決済を行ったときに，為替レートの変動によって生じた損益については，発生した期の為替差損益として処理する。

したがって，売上取引であれば，商品や製品を売り上げたときには，売り上げた日の為替レートで売上高と売掛金を計上し，その後，売掛金を決済したときには，決済した日の為替レートで売掛金を精算する。そして，売上計上日から売掛金の決済日までの為替レートの変動により生じた損益は，為替差損益として営業外損益に計上することになる。

以下では，具体例を使って，外貨建取引の会計処理を見ていこう。

関連過去問題
- 2023年6月
  問18
- 2023年3月
  問14
- 2022年6月
  問28
- 2022年3月
  問24
- 2021年6月
  問28

重要用語
外貨建取引

第1編

取引発生時の処理

下記の外貨建の売上取引について，①売上日と②決済日の仕訳はどのようになるか。

```
外貨建取引金額    10,000US＄
売上日レート     1US＄＝110円（X1年5月31日）
決済日レート     1US＄＝111円（X1年8月31日）
```

外貨建取引は，原則として，取引発生時の為替レートによって円換算する。したがって，①売上日と②決済日の仕訳を示すと，次のとおりとなる。

① 売上日

（借）売掛金	1,100,000	（貸）売上高	1,100,000

売上金額：10,000US＄×110円＝1,100,000円

② 決済日

（借）現金預金	1,110,000	（貸）売掛金	1,100,000
		為替差益	10,000

売掛金の入金額：10,000US＄×111円＝1,110,000円

売上の計上により，貸借対照表には1,100,000円の売掛金が計上されている。しかし，売掛金の決済により，実際に入金された金額は1,110,000円であり，貸借対照表の金額よりも10,000円多くなっている。この差額10,000円は，売上計上日から売掛金の決済日までの為替レートの変動によって生じたものであり，為替差益として営業外収益に計上する。

この関係について図示すると，図表1-30-1のとおりである。

●図表1-30-1　取引発生時の処理

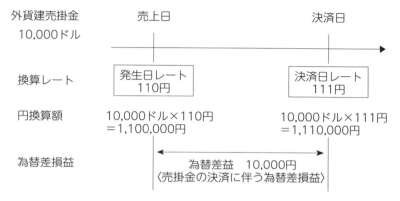

外貨建売掛金
10,000ドル

	売上日		決済日

換算レート

発生日レート
110円

決済日レート
111円

円換算額

10,000ドル×110円
＝1,100,000円

10,000ドル×111円
＝1,110,000円

為替差損益

為替差益　10,000円
〈売掛金の決済に伴う為替差損益〉

2　決算時の処理

▶ 1. 外国通貨，外貨建金銭債権債務の換算替え

　決算日においては，外国通貨と外貨建金銭債権債務について，原則として，決算時の為替レートによって換算替えを行う。そして，この換算替えによって生じた換算差額は，原則として，その期の為替差損益として処理する。

　外国通貨や外貨建金銭債権債務は，たとえ外貨ベースでは時価の変動リスクがなかったとしても，円貨ベースで見れば為替の変動リスクを負っており，換算額が大きく変動する可能性もある。こうした為替の変動リスクをできるだけ財務諸表に反映させるため，決算日においては，決算時の為替レートで換算替えを行うこととされている。

▶ 2. 外貨建前渡金，外貨建前受金など

　決算日に換算替えを行うのは，外国通貨と外貨建金銭債権債務である。外貨建前渡金，外貨建前受金など，外貨建金銭債権債務でないものについては，決算日の換算替えは行わないことに留意する必要がある。

前渡金は，商品の引渡し前に代金の一部を支払ったものである。前渡金は，将来，商品を受け取る権利であって，金銭を受け取る権利（金銭債権）ではない。また，前受金は，商品を引き渡す前に代金の一部を受け取ったものである。前受金は，将来，商品を引き渡す義務であって，金銭を支払う義務（金銭債務）ではない。

したがって，外貨建前渡金，外貨建前受金は，外貨建金銭債権債務ではないため，決算日の換算替えは行わず，金銭の授受が行われた日，すなわち，取引発生日の為替レートによって換算された額が，貸借対照表価額となる。

理解度チェック

下記の資料から決算日の換算によって生じる為替差損益を算出すると，いくらになるか。決算日の為替レートは，1US＄＝110円である。

	期末残高	取引発生日レート
外貨建預金	50,000US＄	1US＄＝113円
外貨建売掛金	30,000US＄	1US＄＝108円
外貨建前渡金	5,000US＄	1US＄＝111円
外貨建買掛金	20,000US＄	1US＄＝109円
外貨建前受金	3,000US＄	1US＄＝112円

解答 為替差損110,000円

外貨建取引は，原則として取引発生日の為替レートによって円換算するが，外国通貨と外貨建金銭債権債務については，決算日に，決算日レートにより換算替えを行う。

ただし，上記のうち，前渡金と前受金については，外貨建金銭債権債務ではないので，決算日における換算替えは行わない。

よって，決算日の換算替えによって生じる為替差損益は，次のとおりである（＋は為替差益，－は為替差損を表している）。

外貨建預金　　50,000＄×(110−113)円＝　−150,000円
外貨建売掛金　30,000＄×(110−108)円＝　＋ 60,000円
外貨建買掛金　20,000＄×(109−110)円＝　− 20,000円
　　　　　　　　　　　　　　　　　　　　　−110,000円

外貨建預金は，預金の額が減少しているので為替差損が，外貨建売掛金は，債権の額が増加しているので為替差益が発生している。また，外貨建買掛金は，債務の額が増加しているので為替差損が生じる。

3 決算日以降に決済されるケース

これまで見てきたように、期末に保有している外国通貨や外貨建金銭債権債務は、決算日の為替レートによって換算替えが行われ、それに伴う為替差損益が発生する。

そして、これらの外国通貨や外貨建金銭債権債務は翌期以降に決済されることになり、その取引は、取引発生時である決済日の為替レートによって換算される。その際には、決算日から決済日までの為替レートの変動によって損益が生じ、それらは為替差損益として処理される。

このように、外貨建取引の発生日からその代金の決済時までの間に決算日があるケースでは、為替差損益が2回生じることになる。すなわち、①取引発生日から決算日までに発生した為替差損益と、②決算日から決済日までに発生した為替差損益である。

この処理の流れについて、具体例を使って見ていこう。

─**為替差損益の算出**─────────────

下記の外貨建借入金について、①決算日の換算によって生じた為替差損益、②決済によって生じた為替差損益を算出すると、それぞれいくらになるか。

```
外貨建借入金      1,000,000US＄
  借入日レート     1US＄＝110円（X1年9月30日）
  期中平均レート    1US＄＝115円
  決算日レート     1US＄＝108円（X2年3月31日）
  決済日レート     1US＄＝109円（X2年9月30日）
```

外貨建借入金について、借入日から決済日までの間に決算日がなければ、外貨建取引の円換算は借入日と決済日の2回であり、

その差額が為替差損益になる。しかし，借入日と決済日までの間に決算日がある場合には，決算日において，決算日レートによる換算替えをしなければならないため，円貨への換算は借入日，決算日，決済日と3回行われることになる。

　外貨建借入金の①借入日，②決算日，③決済日における円換算額は，それぞれ次のとおりである。

　　①　借入日：1,000,000US＄×110円＝110,000,000円
　　②　決算日：1,000,000US＄×108円＝108,000,000円
　　③　決済日：1,000,000US＄×109円＝109,000,000円

①　借入日

　　借入日の仕訳は，次のとおりである。

（借）現金預金	110,000,000	（貸）借入金	110,000,000

②　決算日

　　決算日の換算によって生じる為替差損益は，上記①と②の差額である。

　　借入日において計上された借入金110,000,000円が，決算日の換算によって108,000,000円に減っている。よって，差額である2,000,000円について，借入金の額を減少させるとともに，為替差益を計上することになる。

　　決算日の仕訳は，次のとおりである。

（借）借入金	2,000,000	（貸）為替差益	2,000,000

③　決済日

　　決済によって生じる為替差損益は，上記②と③の差額である。

　　決済日の時点において，この借入金の貸借対照表価額は，決算日の換算額である108,000,000円であるが，実際に決済された金額は109,000,000円に増えている。よって，為替レートの変

●図表1-30-2　2つの為替差損益

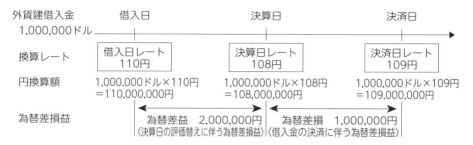

動によって借入金の支払額が増えたので，この1,000,000円については，為替差損として計上することになる。

決済日の仕訳は，次のとおりである。

（借）借入金　　108,000,000　（貸）現金預金　109,000,000
　　　為替差損　　1,000,000

以上の関係について図示すると，図表1-30-2のとおりである。

なお，例題に期中平均レートが出ているが，期中平均ルートは，海外子会社や海外支店の損益計算書などを円換算するときに使うレートであって，外貨建借入金の換算には使用しない。

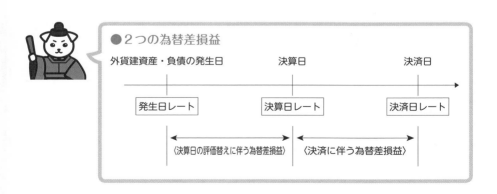

31 | 固定資産の減損

1 固定資産の減損とは

固定資産の減損とは，固定資産の収益性が低下して，投資額の回収が見込めなくなった状態のことをいう。このような場合に，一定の条件のもとで，固定資産の帳簿価額を減額することを減損処理という。

事業活動においては，たとえ十分な事業計画にもとづいて取得した事業用の固定資産であっても，必ずしもそのすべてが投資額を上回る収益を獲得できるとは限らない。事業を取り巻く環境変化等により，当初の予想よりも収益性が低下して投資額の回収が見込めなくなることも，やはり起こりうる。

このようなときに，資産の収益性の低下を帳簿価額に反映させるために行われるのが，減損処理である。減損処理は，貸借対照表の固定資産の帳簿価額を減額するとともに，それによって生じた損失を，減損損失として損益計算書の特別損失に計上するものである。

2 減損の兆候

固定資産の減損に係る会計基準によれば，減損処理の必要性を検討するにあたっては，まず，固定資産に減損の兆候があるかどうかを判断しなければならない。

そして，減損の兆候があるかどうかは，その固定資産に減損が生じている可能性を示す事象が存在しているか否かによる。そう

関連過去問題
- 2023年6月 問14
- 2023年3月 問21
- 2022年6月 問14
- 2021年6月 問30

📖 重要用語
固定資産の減損

📖 重要用語
減損の兆候

した事象の例としては，次のようなものがある。

---

① 営業活動から生じる損益やキャッシュ・フローが継続し
てマイナスとなっていること
② 経営環境が著しく悪化したこと
③ 資産の市場価格が著しく下落したこと

なお，この時点で減損の兆候がないと判断された固定資産については，減損損失を計上する必要はない（以下の**3**のプロセスへ進む必要はない）。

3 減損損失の算出

減損の兆候があると判断された固定資産については，次のプロセスにより，減損損失を算出する。

重要用語

減損損失

---

① 減損損失を認識するか否かの判定
② 回収可能価額の算出
③ 減損損失の算出

▶ 1. 減損損失を認識するか否かの判定

減損の兆候のある固定資産だからといって，必ずしもすべての資産について，投資額の回収が見込まれないというわけではない。なかには，減損の兆候がありつつも投資額の回収が見込まれる資産もあるはずである。

そもそも固定資産の減損は，固定資産の収益性が低下し，投資額の回収が見込めなくなったときに，帳簿価額を減額するものである。投資額の回収が見込まれている固定資産については，減損損失を認識する必要はない。

そこで，まずは，減損の兆候のある固定資産について，減損損失を認識するか否かの判定が必要となってくる。

この判定は，減損の兆候のある固定資産から将来的に得られるであろうキャッシュ・フローの総額（割引前将来キャッシュ・フローの総額）が，その固定資産の帳簿価額を下回っているかどうかによって行われる。

●減損損失を認識するケース

　　帳簿価額＞割引前将来キャッシュ・フローの総額

つまり，割引前将来キャッシュ・フローの総額が固定資産の帳簿価額を下回っているときは，この固定資産は，帳簿価額の回収が見込めない状態であると考えられるため，減損損失を認識する必要がある。逆に，割引前将来キャッシュ・フローの総額が固定資産の帳簿価額を下回っていないときは，帳簿価額の回収が見込まれると考えられるため，減損損失を認識する必要はない。

なお，ここで将来キャッシュ・フローについて，割引前という概念を使っているので，割引について説明しておく。

たとえば，年利率が5％であるとした場合，現在の100万円は，1年後には105万円となっている。逆にいうと，1年後の105万円は，現在の価値に換算すれば100万円になるということである。このように，1年後の105万円を現在の価値に換算して100万円とすることを，将来の価値を現在の価値に割り引くという。

減損損失を認識するか否かを判定する際の将来キャッシュ・フローの総額については，割引前の金額を使う。割引前の金額というのは，現在価値に換算する前の金額ということである。つまり，年利率が5％で，1年後の将来キャッシュ・フローが105万円であるなら，100万円に割り引く必要はなく，105万円をそのまま使えばよいということになる。

ここで，将来キャッシュ・フローの総額を算出する際に，割引

補足

貨幣の価値については，現在の100万円を現在価値，1年後の105万円を将来価値という。年利率5％のとき，1年後の105万円を現在の価値に割り引いた金額100万円を割引現在価値という。

前の金額を使うということは，割引後の金額を使ったときよりも総額が大きくなるということである。これにより，将来キャッシュ・フローの総額が，固定資産の帳簿価額以上となって，減損損失を認識しないという判断も増えるものと考えられる。

しかし，これは逆にいうと，減損損失を認識するという判断がなされるのは，割引前の大きな数値を使っても将来キャッシュ・フローの総額が帳簿価額を下回っているときに限られるということでもある。このような状態は，それだけ収益性の低下が著しいということであり，減損の存在が相当程度に確実であると考えられる。したがって，少なくともそのようなときには，必ず減損損失を認識しなければならないというルールになっている。

▶ 2. 回収可能価額の算出

▶ 1. で減損損失を認識すると判断された固定資産については，帳簿価額を回収可能価額まで減額して，減損損失を計上することになる。そこで，次のステップとして，この固定資産の回収可能価額を算出する必要がある。

固定資産の回収可能価額は，正味売却価額か使用価値のうち，いずれか高いほうの金額となる。

> ●回収可能価額
> 　正味売却価額か使用価値のうち，いずれか高いほうの金額

正味売却価額とは，資産を売却したときに得られる金額のことであり，資産の時価から処分費用の見込額を控除して算出する。また，使用価値とは，資産を継続的に使用することによって得られる金額と，使用後に資産を処分することによって得られる金額のことである。使用価値は，これらの将来キャッシュ・フローを現在価値に割り引いて算出する。

固定資産の投資額を回収するための方法は，その資産を売却す

！ 注意

割引前将来キャッシュ・フローの総額が，固定資産の回収可能価額となるわけではない。

るか，あるいは，その資産を使用し続けてキャッシュ・フローを得るか，の２つである。合理的な経営者は，この２つの方法のうち，より多くの金額が得られる方法を選択すると考えられるため，回収可能価額は，正味売却価額か使用価値のうちのいずれか高いほうの金額となる。

▶ 3. 減損損失の算出

　上記▶ 1. 〜▶ 2. より，減損損失を認識すると判断された固定資産については，その帳簿価額を回収可能価額まで減額し，減額することによって生じた損失は，減損損失として特別損失に計上することになる。

減損損失＝帳簿価額−回収可能価額

　以上，減損損失の算出プロセスを図示すると，図表1-31-1のとおりである。

●図表1-31-1　減損損失の算出プロセス

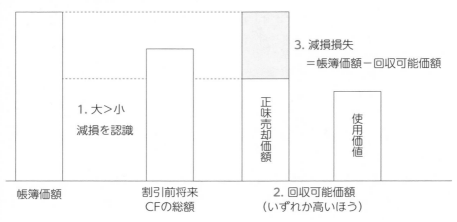

3. 減損損失
　＝帳簿価額−回収可能価額

1. 大＞小
減損を認識

正味売却価額

使用価値

帳簿価額　　　　割引前将来　　　　2. 回収可能価額
　　　　　　　　CFの総額　　　　（いずれか高いほう）

●減損の兆候のある固定資産

① 減損損失を認識するか否かの判定：
帳簿価額＞割引前将来キャッシュ・フローの総額 ⇒ 減損を認識

② 回収可能価額の算出：回収可能価額＝正味売却価額と使用価値のうち，いずれか高いほう

③ 減損損失の算出：
減損損失＝帳簿価額－回収可能価額

理解度チェック

　下記の固定資産の資料から，当期の減損損失を算出するといくらになるか。なお，この固定資産には，減損の兆候があるものとする。

帳簿価額	4,000	正味売却価額	2,800	使用価値	2,500
割引前将来キャッシュ・フローの総額		3,500			

解答 1,200

① 減損損失を認識するか否かの判定

　この固定資産には，減損の兆候があるため，まずは，減損損失を認識するか否かの判定を行わなければならない。そこで，この固定資産の帳簿価額と，この固定資産から得られるであろう割引前将来キャッシュ・フローの総額とを比較することになる。その結果，割引前将来キャッシュ・フローの総額が，固定資産の帳簿価額を下回っているのであれば，この固定資産は，投資額の回収が見込まれないと考えられるため，減損損失を認識することになる。

　帳簿価額4,000 ＞ 割引前将来キャッシュ・フローの総額3,500

　よって，この固定資産については，減損損失を認識する必要がある。

② 回収可能価額の算出

　次に，減損損失を認識すると判定された固定資産については，帳簿価額を回収可能価額まで減額する必要があるため，回収可能価額を算出する。

　回収可能価額は，正味売却価額と使用価値のうち，いずれか高いほうの金額となる。

　正味売却価額2,800 ＞ 使用価値2,500

　よって，この固定資産の回収可能価額は，正味売却価額2,800である。

③ 減損損失の算出

　以上より，この固定資産については，帳簿価額を回収可能価額まで減額する必要があり，この減額によって生じる損失が，減損損失である。

　減損損失：帳簿価額4,000－回収可能価額2,800＝1,200

32 | 資産除去債務

1 資産除去債務とは

関連過去問題
/ 2022年6月
問10
/ 2022年3月
問8

資産除去債務に関する会計基準によれば，**資産除去債務**とは，「有形固定資産の取得，建設，開発又は通常の使用によって生じ，当該有形固定資産の除去に関して法令又は契約で要求される法律上の義務及びそれに準ずるもの」とされている。

わかりやすくいえば，資産除去債務とは，有形固定資産を除去するときに，法律上要求される義務のことである。

📖 重要用語

資産除去債務

2 資産除去債務の負債計上

資産除去債務の具体例としては，アスベストやＰＣＢ（ポリ塩化ビフェニル）を適正に処理する義務や，建物等の賃貸借契約に伴う原状回復義務があげられる。

これらの義務が法律上の義務である以上，将来，有形固定資産を除去するときに，建物を解体する費用，アスベストやＰＣＢの処理費用，その他原状回復費用など，除去に要する費用が発生するのは不可避である。こうした費用が発生するのは将来であるが，その発生が不可避となった状態は，法律上の義務が生じたとき，すなわち，有形固定資産の取得や使用のときから，すでに存在していると考えられる。

そこで，資産除去債務は，有形固定資産の取得等によって，その義務が発生した時点で，負債に計上するものとされている。負債に計上する資産除去債務の金額は，有形固定資産の除去に要す

る支出額，すなわち，将来キャッシュ・フローを見積もり，それを現在価値に割り引くことによって算定する。

3 除去費用の資産計上

資産除去債務を計上するときには，負債の計上額と同額を，資産除去債務に対応する除去費用として有形固定資産の取得原価に加え，資産に計上する。

以下では，資産除去債務の処理について，例題を通して見てみよう。

資産除去債務

当社は，当期首において，機械装置を取得して使用を開始しているが，当社には，この機械装置を使用後に除去する法的義務がある。この場合，下記の資料から，機械装置の取得と資産除去債務の計上についての仕訳を示すとどうなるか。

機械装置の取得原価	10,000
機械を除去するときの支出見積額①	1,000
上記①の割引現在価値	863

資産除去債務は，有形固定資産を取得した時点で，負債として計上する。負債に計上する金額は，将来，有形固定資産を除去するときに発生する支出額を見積もり，それを現在価値に割り引いた金額である。

また，資産除去債務は，負債に計上されるものであるが，それとともに，同額が有形固定資産の取得原価に加算され，資産にも計上される。これにより，資産に計上された資産除去債務に対応する額が，減価償却を通じて有形固定資産の耐用年数にわたって費用化されることになる。

機械装置の取得と資産除去債務の計上の仕訳を示すと，次のとおりである。

| （借）機械装置 | 10,863 | （貸）現金預金 | 10,000 |
| | | 資産除去債務 | 863 |

資産除去債務は，有形固定資産を取得した時点で，将来，その資産を除去するときに発生する支出額を見積もり，それを現在価値に割り引いた金額を負債として計上するとともに，同額を有形固定資産の取得原価に加え，資産に計上しよう。

理解度チェック

当社は，当期首において，機械装置を取得して使用を開始しているが，当社には，この機械装置を使用後に除去する法的義務がある。この場合，下記の資料から，機械装置の取得と資産除去債務の計上についての仕訳を示すとどうなるか。

機械装置の取得原価	500,000
機械を除去するときの支出見積額①	25,000
上記①の割引現在価値	20,500

解答

| （借）機械装置 | 520,500 | （貸）現金預金 | 500,000 |
| | | 資産除去債務 | 20,500 |

33 リース取引

1 リース取引とは

リース取引とは，特定の物件の貸手が，その物件の借手に対して，合意された期間にわたり使用収益する権利を与え，借手がその使用料を支払う取引をいう。

リース取引は，ファイナンス・リース取引とオペレーティング・リース取引に区分される。

ファイナンス・リース取引とは，①解約不能，②フルペイアウトの２つの要件を満たすリース取引をいい，オペレーティング・リース取引とは，ファイナンス・リース取引以外のリース取引をいう。

ここで，①解約不能なリース取引とは，リース期間の途中において，契約を解除することができない取引のことをいう。また，それ以外にも，法的には解約可能であったとしても，解約に際して相当の違約金を支払わなければならないなどの理由から，事実上解約不能と認められる取引もこれに含まれる。

一方，②フルペイアウトのリース取引とは，リース物件の借手が，リース物件からもたらされる経済的利益を実質的に享受することができ，かつ，リース物件の使用によって生じるコストを実質的に負担することとなるリース取引のことである。

すなわち，フルペイアウトとは，リース物件の取得価額相当額，維持管理費，陳腐化リスクなど，ほとんどすべてのコストを負担しているが，同時に，そのリース物件から得られるほとんど

関連過去問題
- 2022年6月 問16
- 2022年3月 問13
- 2021年6月 問17

重要用語 リース取引

重要用語 ファイナンス・リース取引

重要用語 オペレーティング・リース取引

第1編

すべての経済的利益も享受している状態のことをいう。

補足

リース物件を借りると、その物件を購入するよりも、リース料の支払総額は多くなる。しかし、リース取引によれば、同じ物件を購入するときのように、多額の初期費用はかからないため、資金調達が不要となることもある。また、リース物件は、リース会社の所有するものなので、償却、諸税金、保険といった事務手続が不要というメリットもある。

2 リース取引の会計処理

ファイナンス・リース取引は、通常の売買取引に係る方法に準じて会計処理を行い、オペレーティング・リース取引は、通常の賃貸借取引に係る方法に準じて会計処理を行う。

リース取引については、従来は、その法的形式にしたがって、賃貸借取引として処理されていた。これは、リース物件の借手においては、損益計算書にリース料の支払のみが計上され、貸借対照表には何も記録されないという処理である。

しかし、リース取引の中身を見ると、法的には賃貸借取引であっても、その取引の経済的実態は、資金の融資を受けてリース物件を購入したのと変わらないというものも多く含まれていた。少なくとも、これを賃貸借取引として処理し、貸借対照表に何も記載しないというのは、取引の実態を財務諸表に的確に反映しているものとは言いがたい。

そこで、解約不能かつフルペイアウトという2つの要件を満たすファイナンス・リース取引については、実質的には、資金の融資を受けて資産を購入した取引であると考え、売買取引に準じた会計処理を行うこととされている。

●図表1-33-1 リース取引の分類と会計処理

	分類	内容	会計処理
リース取引	ファイナンス・リース取引	①解約不能、かつ②フルペイアウト	売買取引に準じる
	オペレーティング・リース取引	ファイナンス・リース取引以外のリース取引	賃貸借取引に準じる

3 ファイナンス・リース取引

▶ 1. ファイナンス・リース取引の分類

　ファイナンス・リース取引は，所有権移転ファイナンス・リース取引と所有権移転外ファイナンス・リース取引に分類される。

　所有権移転ファイナンス・リース取引とは，リース契約上の諸条件に照らして，リース物件の所有権が借手に移転すると認められるものをいう。

　所有権移転ファイナンス・リース取引には，リース契約上，所有権移転の条項があるものだけではなく，リース物件の借手に割安購入選択権が与えられ，その行使が確実に予想されるものや，借手向けの特別仕様のため，第三者への売却が困難なものも含まれる。

　また，所有権移転外ファイナンス・リース取引とは，所有権移転ファイナンス・リース取引以外のファイナンス・リース取引をいう。

　会計上，所有権移転ファイナンス・リース取引と所有権移転外ファイナンス・リース取引とを区分する理由は，以下で述べるように，リース資産の減価償却費の算定方法が異なる点にある。

📖 重要用語
所有権移転ファイナンス・リース取引

📖 重要用語
所有権移転外ファイナンス・リース取引

第1編

● 図表1-33-2　リース取引の分類

▶ 2. 所有権移転ファイナンス・リース取引の会計処理

ファイナンス・リース取引は，通常の売買取引に係る方法に準じて会計処理を行う。

以下では，試験対策として，所有権移転ファイナンス・リース取引（借手）の会計処理について，具体例を通して見ていこう。

── **所有権移転ファイナンス・リース取引の会計処理** ──

下記の資料からX2年3月31日現在の借手のリース債務残高を算出すると，いくらになるか。なお，このリース取引は，所有権移転ファイナンス・リース取引に該当する。

リース期間	5年(X1年4月1日～X6年3月31日)
リース料総額	6,000,000
年間リース料	1,200,000
リース物件の貸手の購入価額	5,000,000
貸手の計算利子率	年3%
減価償却の方法	定率法
耐用年数	10年（定率法償却率0.200）

リース物件の借手の処理は，おおむね次のとおりである。

① リース資産とリース債務の計上

② 支払リース料の計上

③ 減価償却費の計上

① リース資産とリース債務の計上

リース物件の借手は，リース取引の開始日（X1年4月1日）にリース資産とリース債務を計上する。

リース資産とリース債務の計上額は，リース料の総額ではなく，原則として，リース料の総額から利息相当額を控除した額である。

所有権移転ファイナンス・リース取引では，貸手におけるリー

ス物件の購入価額が明らかな場合には，その価額がリース料の総額から利息相当額を控除した額となり，リース資産とリース債務の計上額となる。

これを仕訳で示すと，次のとおりである。

（借）リース資産　5,000,000　（貸）リース債務　5,000,000

② 支払リース料の計上

年間の支払リース料1,200,000については，リース債務の返済部分と支払利息に分けて処理をする。

ⓐ 支払利息相当額

リース債務の残高に利子率を掛けた額が，支払利息相当額となる。

リース債務の期首残高5,000,000×利率3％＝150,000

ⓑ リース債務の元本返済額

支払リース料の額から支払利息相当額を差し引いた残りの額が，リース債務の元本返済額となる。

年間リース料1,200,000－支払利息相当額150,000
＝1,050,000

この仕訳を示すと，次のとおりである。

（借）支払利息　　　150,000　（貸）現金預金　　　1,200,000
　　　リース債務　1,050,000

以上より，リース債務の期末残高は，次のとおり算出される。

リース債務の期首残高5,000,000－元本返済額1,050,000
＝3,950,000

例題の問いに対する答は以上であるが，ファイナンス・リース取引では，リース資産の減価償却を行う必要があるので，ここで説明しておく。

③　減価償却費の計上

　ファイナンス・リース取引のうち，所有権移転ファイナンス・リース取引については，自己所有の固定資産に適用する減価償却方法と同一の方法によって，減価償却費を計上することとされている。よって，本問では，リース期間5年を償却期間とするのではなく，耐用年数10年の定率法により，減価償却費を算定する。

　　リース資産5,000,000×定率法償却率0.200＝1,000,000

（借）減価償却費　1,000,000　（貸）減価償却累計額　1,000,000

　なお，所有権移転ファイナンス・リース取引と所有権移転外ファイナンス・リース取引とでは，減価償却費の算定方法が異なる点に留意が必要である。

　例題で見たように，所有権移転ファイナンス・リース取引は，リース物件の所有権が借手に移転すると認められる取引であり，その取引の経済的実態は，リース物件そのものを購入したのと同様であると考えられる。したがって，所有権移転ファイナンス・リース取引については，自己が所有する固定資産と同一の方法により減価償却費を算定する。

　一方，所有権移転外ファイナンス・リース取引は，リース物件の所有権が貸手にあり，所有権が借手には移転しない取引である。リース物件を使用できる期間は，リース期間に限定されており，リース期間終了後には，リース物件の返却が行われるため，リース物件の処分収入が得られるわけでもない。そこで，所有権移転外ファイナンス・リース取引では，リース期間を耐用年数とし，残存価額をゼロとする減価償却が行われる。

●図表1-33-3　ファイナンス・リース取引の減価償却

	分類	減価償却費
ファイナンス・リース取引	所有権移転ファイナンス・リース取引	自己が所有する固定資産と同様に算定する
	所有権移転外ファイナンス・リース取引	耐用年数はリース期間, 残存価額はゼロで算定する

●ファイナンス・リース取引の会計処理

① リース資産とリース債務の計上

原則として, リース料の総額から利息相当額を控除した額（または貸手の購入価額）です。

② 支払リース料の計上

リース債務の返済部分と支払利息に分けて処理します。

③ 減価償却費の計上

所有権移転ファイナンス・リース取引では, 自己が所有する固定資産と同様に, 所有権移転外ファイナンス・リース取引では, 耐用年数はリース期間, 残存価額はゼロとして, 減価償却を行います。

34 | 退職給付会計

1 退職給付とは

退職給付とは、従業員が一定の期間にわたって労働力を提供したこと等の理由により、従業員の退職後に支払われる退職一時金や退職年金のことをいう。簡単に言えば、退職給付とは、従業員の退職金のことである。

退職給付は、従業員が提供した労働の対価として支払われるものであり、その対価を後払いするものという性格を持っていると考えられている。

退職給付には、確定拠出制度と確定給付制度がある。確定拠出制度とは、企業が一定の掛金を外部に積み立てるが、その掛金以外には追加の拠出義務を負わない制度であり、確定給付制度とは、確定拠出制度以外の退職給付をいう。

ここで説明する退職給付会計は、確定給付制度の会計処理である。

2 退職給付引当金とは

退職給付引当金とは、従業員の退職給付に備えて計上される引当金のことである。退職給付引当金は、原則として、退職給付債務から年金資産を控除した額が計上される。

退職給付引当金＝退職給付債務－年金資産

▶ 1. 退職給付債務

退職給付債務とは、退職により見込まれる退職給付の総額のう

関連過去問題
- 2023年6月
  問16
- 2023年3月
  問18
- 2022年6月
  問17
- 2021年6月
  問15

重要用語
退職給付債務

ち，期末までに発生していると認められる金額を現在価値に割り引いたものをいう。

　会計上，退職給付は，従業員が勤務期間を通じて労働力を提供したことに伴って発生するものと考えられている。

　たとえば，ある従業員が，入社から40年間の勤務を経て退職一時金を受け取ることとなっており，その従業員は，当期末の時点で入社から10年が経過しているとする。

　この場合，40年の勤務期間のうち10年間はすでに労働力が提供されているため，退職一時金の総額のうち，10年分についてはすでに発生していると考えられる。また，当期末から退職までの期間は30年である。30年後に支払われる退職一時金の見込額の総額のうち，すでに発生している10年分の金額について，期間30年で割り引いて現在価値にしたものが退職給付債務である。

　この考え方を図示すると，図表1-34-1のとおりとなる。

● 図表1-34-1　退職給付債務

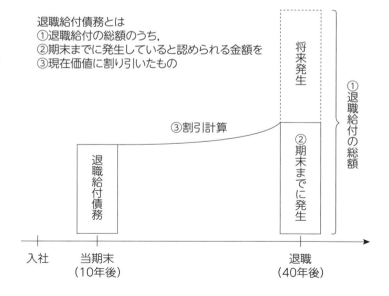

退職給付債務とは
①退職給付の総額のうち，
②期末までに発生していると認められる金額を
③現在価値に割り引いたもの

● 図表1-34-2　年金資産と退職給付債務の関係

▶ 2. 年金資産

　年金資産とは，退職給付の支払のために外部に積み立てられた特定の資産をいう。年金資産は，将来，退職給付を支払うときの原資となるものである。

▶ 3. 退職給付引当金

　年金資産よりも退職給付債務のほうが多い場合は，退職給付の支払原資が不足しているということであり，不足額を**退職給付引当金**として計上する。逆に，年金資産のほうが退職給付債務よりも多いときは，超過額を前払年金費用として資産に計上することになる。

3　退職給付費用とは

　退職給付費用とは，将来の退職給付のうち，当期の負担に属する費用のことである。退職給付費用は，次の算式により求められる。

> **退職給付費用＝勤務費用＋利息費用－期待運用収益**

▶ 1. 勤務費用

　勤務費用とは，当期において，労働の対価として発生したと認められる退職給付のことである。勤務費用は，将来，退職により

見込まれる退職給付の総額のうち，当期の労働の対価として発生したと認められる金額について，割り引いて算出したものである。

▶ 2. 利息費用

　利息費用とは，期首時点の退職給付債務について，期末まで時が経過することにより発生する計算上の利息のことである。

　期首の退職給付債務は，将来，退職により見込まれる退職給付の総額のうち，期首までに発生していると認められる金額について，将来の価値を現在の価値に割り引いて算出している。この割り引かれた退職給付債務については，期首から期末までの1年が経過することにより，逆に割り引いた金額を1年分割り引く前の金額に戻す必要がある。そこで，利息費用については，期首の退職給付債務に割引率を乗じて算出することとされている。

▶ 3. 期待運用収益

　期待運用収益とは，年金資産の運用により生じると期待される計算上の収益のことである。期待運用収益は，期首の年金資産の額に合理的に期待される収益率（長期期待運用収益率）を乗じて算出する。

　2 で説明したとおり，退職給付引当金は，退職給付債務から年金資産を控除して算出される。

重要用語
利息費用

重要用語
期待運用収益

第1編

●図表1-34-3　退職給付費用

年金資産	退職給付債務
期待運用収益	
	勤務費用
	利息費用

（左欄に「退職給付費用」が期待運用収益の下から勤務費用・利息費用にかかる括弧として示されている）

退職給付費用のうち，勤務費用と利息費用は退職給付債務を増加させるものであり，退職給付引当金の増加要因となる。一方，期待運用収益は，年金資産を増加させるものであり，退職給付引当金の減少要因となる。

　したがって，退職給付費用は，勤務費用に利息費用を加え，期待運用収益を差し引くことによって求められる。

4　退職給付費用と退職給付引当金（期末残高）の算出方法

　以下では，試験対策として，退職給付費用と退職給付引当金（期末残高）の算出方法について，具体例を通して見ていこう。

━退職給付費用と退職給付引当金の算出━

　下記の資料から，①当期の退職給付費用，②当期末の退職給付引当金を算出すると，いくらになるか。なお，資料に記載されていない要素については，考慮しないこととする。

期首退職給付引当金	10,000
勤務費用	800
利息費用	150
期待運用収益	200
年金掛金拠出額	350
退職一時金支払額	100

①　当期の退職給付費用

　退職給付費用は，次の算式により求められる。

退職給付費用＝勤務費用＋利息費用－期待運用収益

　勤務費用800＋利息費用150－期待運用収益200＝750

②　当期末の退職給付引当金

　退職給付引当金は，退職給付債務から年金資産を控除して算出

されるため，退職給付債務と年金資産を増減させる取引が，退職給付引当金の増減取引となる。当期の退職給付引当金に関連する会計処理を仕訳で示すと，次のとおりである。

ⓐ　退職給付費用の計上

①で算出した退職給付費用は，当期末の退職給付引当金の増加要因となる。

| （借）退職給付費用 | 750 | （貸）　退職給付引当金 | 750 |

ⓑ　年金掛金の拠出

年金掛金の拠出は，年金資産を増加させることになるため，退職給付引当金の減少要因となる。

| （借）退職給付引当金 | 350 | （貸）　現金預金 | 350 |

ⓒ　退職一時金の支払

退職一時金の支払は，退職給付債務を減少させることになるため，退職給付引当金の減少要因となる。

| （借）退職給付引当金 | 100 | （貸）　現金預金 | 100 |

以上より，退職給付引当金の期末残高は，次のとおり算出される。

期末退職給付引当金
＝期首退職給付引当金＋退職給付費用－年金掛金拠出額－退職一時金支払額

期首退職給付引当金10,000＋退職給付費用750－年金掛金拠出額350－退職一時金支払額100＝10,300

35 | 税効果会計

1 税効果会計とは

　損益計算書の法人税等（法人税，住民税及び事業税）の額は，法人税法上の課税所得をもとに算定された金額である。この課税所得を計算するときの基礎となるのは，企業会計上の利益である。

　しかし，企業会計の利益計算と法人税法の課税所得の計算は，それぞれ算出の目的が異なるため，必ずしも一致するものではない。むしろ，会計上の収益・費用と税務上の収益・費用（税務上は益金・損金という）とを比べると，認識時点などに相違が見られるのが一般的である。

　したがって，損益計算書においては，企業会計のルールによって算出された税引前当期純利益と，法人税法のルールによって算出された法人税等とは，必ずしも合理的に対応するものとはなっていない。

　そこで，会計上は，税引前当期純利益と税金費用を合理的に対応させるために，法人税等の額を期間配分することにより，当期の利益が負担すべき税金費用を算出する手続が行われる。これを税効果会計という。

関連過去問題
- 2023年6月 問24
- 2023年3月 問10, 問23
- 2022年6月 問27
- 2022年3月 問29
- 2021年6月 問24

📖 **重要用語**

税効果会計

2 税効果会計の概要

　以下では，税効果会計を適用したときと適用しなかったときでどのような違いが生じるのかについて，具体例を通して見ていこう。

─税効果会計①─

　下記の資料から，①税効果会計を適用しなかったとき，②税効果会計を適用したときの損益計算書上の当期純利益を算出せよ。

会計上の税引前当期純利益	500
法定実効税率	30%
法人税上の損金不算入額	
賞与引当金繰入額	100

① 税効果会計を適用しなかったとき

　賞与引当金繰入額100については，会計上は当期の費用として処理される。しかし，税務上，賞与は実際に支払った期の費用となるため，賞与引当金繰入額を当期の損金（税務上の費用）として処理することはできない。そのため，この例では，賞与引当金繰入額の分だけ，税務上の利益である課税所得が会計上の利益よりも多くなる。

　課税所得：税引前当期純利益500＋賞与引当金の損金不算入額
　　　　　　100＝600

　法人税等：課税所得600×30％＝180

　当期純利益：税引前当期純利益500－法人税等180＝320

損益計算書

税引前当期純利益	500
法人税等	180
当期純利益	320

税効果会計を適用しない場合には，損益計算書上の税引前当期純利益は500，法人税等は180であり，ここでの法人税等は，税引前当期純利益の36％（＝180÷500）に相当する金額となっている。

　しかし，会計上の税引前当期純利益と法人税等の期間的な対応について考えてみると，税引前当期純利益が500で税率が30％であるなら，本来，会計上の税金費用は150（＝500×30％）となるのが合理的である。

　そこで，税務上の課税所得を基礎とした法人税等の額180を，会計上の理論値である150にするためには，両者の差額30について，ズレを調整する必要がある。このズレを調整して，会計上の税引前当期純利益と法人税等とを合理的に対応させる手続が税効果会計である。

② 　税効果会計を適用したとき

　では，税効果会計を適用すると，どうなるのかを見てみよう。

　上記①では，税務上の法人税等の額が180，会計上の理論値である税金費用は150であり，実際に支払うことになる法人税等のほうが30多くなっている。

　税効果会計では，この差額30を法人税等の前払いに相当するものと考え，損益計算書上は当期の法人税等から30を減額し，貸借対照表上は前払税金30を計上するという処理が行われる。

　この処理では，損益計算書の法人税等の減額は法人税等調整額という科目を，貸借対照表の前払税金の計上は繰延税金資産という科目を使用し，仕訳は次のとおりとなる。

重要用語
繰延税金資産

| （借）　繰延税金資産　　30　　（貸）　法人税等調整額　　30 |

　ここで，税効果会計の適用前の損益計算書と適用後の損益計算書を示すと，図表1-35-1のようになる。

【税効果会計適用前】

税引前当期純利益		500
法人税等	180	
	－	180
当期純利益		320

【税効果会計適用後】

税引前当期純利益		500
法人税等	180	
法人税等調整額	△30	150
当期純利益		350

合理的な対応

　このように，税効果会計を適用し，法人税等調整額を計上することにより，税引前当期純利益500と税金費用150（＝法人税等180－法人税等調整額30）とが，合理的な対応関係となることがわかる。

　次に，翌期において，会社が実際に賞与を支払い，この賞与引当金繰入額100が，税務上の費用（損金）として処理することが認められたときの損益計算書についても，同様に検討してみることとする。

─税効果会計②（翌期の処理）─

　下記の資料から，①税効果会計を適用しなかったとき，②税効果会計を適用したときの損益計算書上の当期純利益を算出せよ。

会計上の税引前当期純利益	500
法定実効税率	30%
法人税上の損金として算入した額	
前期の賞与引当金繰入額	100

① 税効果会計を適用しなかったとき

　会計上，前期に計上した賞与引当金繰入額100は，税務上では

実際に支払った期の費用となるため，賞与を支払った当期に損金（税務上の費用）として処理することができる。そのため，この例では，賞与引当金繰入額の分だけ，税務上の利益である課税所得が，会計上の利益よりも少なくなる。

　　課税所得：税引前当期純利益500－賞与引当金損金算入額100
　　　　　　　＝400

　　法人税等：課税所得400×30％＝120

　　当期純利益：税引前当期純利益500－法人税等120＝380

損益計算書

税引前当期純利益	500
法人税等	120
当期純利益	380

　税効果会計を適用しない場合には，損益計算書上の税引前当期純利益は500，法人税等は120であり，ここでの法人税等は，税引前当期純利益の24％（＝120÷500）に相当する金額となっている。

　先の例題と同様，税引前当期純利益が500で税率が30％であるなら，本来，会計上の税金費用は150（＝500×30％）となるのが合理的であり，やはり，このままでは合理的な対応とはなっていない。

② 税効果会計を適用したとき

　では，税効果会計を適用すると，どうなるのかを見てみよう。

　この例では，税務上の法人税等の額が120，会計上の理論値である税金費用は150であり，実際に支払うことになる法人税等のほうが30少なくなっている。

　税効果会計では，当期の支払額が30少なくなったのは，前期に前払いした法人税等が充当されたからであると考える。

　したがって，税効果会計を適用すると，前期に計上した前払税

●図表1-35-2　税効果会計適用前後の損益計算書

【税効果会計適用前】

税引前当期純利益		500
法人税等	120	
	−	120
当期純利益		380

【税効果会計適用後】

税引前当期純利益		500
法人税等	120	
法人税等調整額	30	150
当期純利益		350

合理的な対応

金（繰延税金資産）30を取り崩し，それを当期の法人税等調整額として加算するという処理が行われる。この仕訳は，次のとおりとなる。

（借）　**法人税等調整額**　　**30**　（貸）　**繰延税金資産**　　**30**

　ここで，税効果会計の適用前の損益計算書と適用後の損益計算書を示すと，図表1-35-2のようになる。

　このように，税効果会計を適用し，法人税等調整額を計上することにより，税引前当期純利益500と税金費用150（＝法人税等120＋法人税等調整額30）とが，合理的な対応関係となる。

　以上，2つの具体例ともに，税効果会計を適用することにより，どちらも損益計算書において，税引前当期純利益と税金費用とが，合理的に対応する結果となっていることがわかる。

3 税効果会計の対象となるものとならないもの

これまで見てきたように，税効果会計は，企業会計における利益の計算と，法人税法にもとづく課税所得の計算との相違から生じる差異について，法人税等の額を調整するものである。

しかし，税効果会計は，税引前当期純利益と課税所得との差異について，すべて調整するわけではない。この差異のなかには，税効果会計の対象となるものとならないものとがある。

税効果会計の対象となるのは，この差異が将来的には解消されるものであり，これを一時差異という。一方，税効果会計の対象とならないものは，差異が永久に解消されないものであり，これを永久差異という。

以下では，それぞれの内容について見ていこう。

▶ 1. 一時差異

重要用語

一時差異

一時差異とは，会計上の収益・費用の帰属年度と，税務上の益金・損金の帰属年度とが異なることによって生じる差異のことである。

たとえば，**2**の具体例①では，賞与引当金繰入額100は，会計上では当期の費用として処理されているが，税務上では当期の損金として処理することが認められないため，課税所得に加算されていた。しかし，具体例②では，翌期に実際に賞与が支払われたときに，税務上も損金として処理することが認められ，その期の課税所得からは減算されている。

すなわち，この差異は，会計上，費用として処理するのは当期であるが，税務上，損金として処理するのは翌期であり，費用処理する年度が異なることによって生じているものである。ただし，どちらも費用処理された時点で差異は解消され，差異自体がなくなることになる。

つまり，一時差異は，将来のある時期になれば解消される差異であり，その意味においては一時的な差異といえる。

　税効果会計は，この一時的な差異について，差異が発生した期間から差異が解消する期間までの間，法人税等の額を期間配分して調整するものである。なお，一時差異の具体例については，**4**で説明する。

▶ **2. 永久差異**

　永久差異とは，会計上の税引前当期純利益の計算においては収益または費用として計上されるが，課税所得の計算上は永久に益金または損金に算入されない差異のことである。

重要用語
永久差異

　永久差異の主な例としては，次のものがある。

---

① 　受取配当金の益金不算入額

② 　交際費の損金算入限度超過額

③ 　損金不算入の罰科金

　永久差異は，一時差異のように，将来のある時期になれば解消されるという差異ではなく，税務上は永久に益金または損金に算入されることがないため，永久に差異のままとなってしまうものである。

　仮に，交際費の損金算入限度超過額に対して税効果を認識し，前払税金（繰延税金資産）を計上したとしても，税務上は永久に損金に算入されることがない。つまり，税効果会計を適用したとしても，資産に計上された前払税金については，永久に取り崩す機会がないということになる。

　したがって，このような永久差異については，税効果会計の対象とはならない。税効果会計の対象となるのは，一時差異のほうである。

●図表1-35-3　一時差異と永久差異

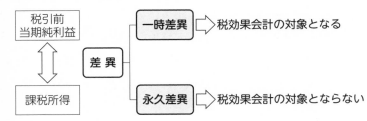

4　将来減算一時差異と将来加算一時差異

　税効果会計の対象となる一時差異には，将来減算一時差異と将来加算一時差異とがある。

▶ **1. 将来減算一時差異**

　将来減算一時差異とは，差異が生じたときは課税所得に加算されるが，将来その差異が解消するときには課税所得から減算されるものである。将来減算一時差異は，将来の法人税等の支払額を減額させる効果をもっている。

　将来減算一時差異の主な例としては，次のものがある。

---

① 繰越欠損金

② 減損損失

③ 貸倒引当金の繰入限度超過額

④ 棚卸資産評価損の損金不算入額

⑤ 減価償却費の損金算入限度超過額

⑥ 未払事業税

⑦ 退職給付引当金

⑧ 賞与引当金

　ここでは，繰越欠損金について説明しておく。

　課税所得がマイナスとなり，税務上の赤字である欠損金が生じ

た場合には，その後の一定の期間内に生じた課税所得とこの欠損金とを相殺し，課税所得を減額することができる。この制度により，将来に繰り越す欠損金を「繰越欠損金」という。

繰越欠損金は，将来，課税所得が発生したときに，所得から欠損金を控除することにより課税所得が減少し，将来の法人税等の支払額を減額させる効果をもっている。繰越欠損金は，厳密な意味では一時差異の定義に該当するものではないが，一時差異と同じ効果があるため，一時差異と同様に取り扱われ，一時差異に準じるものとされている。

税効果会計に係る会計基準では，一時差異と繰越欠損金を総称して「一時差異等」としている。

▶ 2. 将来加算一時差異

将来加算一時差異とは，差異が生じたときは課税所得から減算されるが，将来その差異が解消するときには課税所得に加算されるものである。将来加算一時差異は，将来の法人税等の支払額を増額させる効果をもっている。

日本の税制においては，将来加算一時差異の例は少なく，主な例としては，積立金方式による圧縮積立金，その他有価証券の評価替えによって生じた評価差益がある。

5 税効果会計の会計処理

税効果会計の対象となる一時差異には，将来減算一時差異と将来加算一時差異とがある。税効果会計を適用し，法人税等を期間配分するための調整額は，一時差異に法定実効税率を乗じて算出する。

▶ 1. 将来減算一時差異

将来減算一時差異は，差異が生じた期に課税所得に加算されるため，その分，法人税等を多く支払うことになるが，将来，その

差異が解消する期には課税所得から減算されることになり，支払う法人税等は少なくてすむ。したがって，差異が生じた期に多く支払った法人税等は，差異が解消する期の法人税等を前払いしていたものと考えることができる。

したがって，税効果会計においては，将来減算一時差異に法定実効税率を乗じた額については，前払税金に相当するものとして，貸借対照表上，繰延税金資産という科目で投資その他の資産に計上する。同時に，損益計算書上は，法人税等調整額という科目を使用して，法人税等から減額処理をする。

この仕訳は，次のとおりである。

（借）　繰延税金資産　××　　（貸）　法人税等調整額　××

繰延税金資産＝将来減算一時差異×法定実効税率

▶ **2. 将来加算一時差異**

将来加算一時差異は，差異が生じた期に課税所得から減算されるため，その分，支払う法人税等が少なくてすむが，将来，その差異が解消する期には課税所得に加算されることになり，支払う法人税等は多くなる。よって，差異が生じた期に支払わなくてすんだ法人税等は，本来，支払うべき法人税等ではあるが，将来，この差異が解消するときまで支払を繰り延べ，未払いの状態としていたものと考えることができる。

したがって，税効果会計においては，将来加算一時差異に法定実効税率を乗じた額については，未払税金に相当するものとして，貸借対照表上，繰延税金負債という科目で固定負債に計上する。同時に，損益計算書上は，法人税等調整額という科目を使用して，法人税等に加算処理をする。

この仕訳は，次のとおりである。

📘 重要用語
繰延税金負債

> （借）　法人税等調整額　××　（貸）　繰延税金負債　××

> 繰延税金負債＝将来加算一時差異×法定実効税率

　なお，貸借対照表上，投資その他の資産の繰延税金資産と固定負債の繰延税金負債は，相殺して表示することとされている。

　以下では，税効果会計の具体的な会計処理について，具体例を使って見ていこう。

── 税効果会計 ──

　下記の資料から，税効果会計を適用して損益計算書上の当期純利益を算出すると，いくらになるか。なお，資料に記載のないものについては，考慮する必要はない。

会計上の税引前当期純利益	10,000
法定実効税率	30%
法人税上の損金不算入額	
減価償却費（損金算入限度超過額）	500
交際費（損金不算入額）	50
未払事業税	350
賞与引当金	150

　資料には税引前当期純利益が記載されているため，損益計算書上の当期純利益を算出するためには，確定税額である①法人税等と，税効果会計を適用することによる②法人税等調整額を算出する必要がある。

① 法人税等の算出

　当期の法人税等を算出するためには，まず，課税所得を算出する必要がある。そして，課税所得に税率を乗じたものが，法人税

等の額となる。

　資料のうち，法人税上の損金不算入額の各項目については，すべて当期の損金として処理できないため，課税所得に加算する。

　　課税所得：税引前当期純利益10,000＋減価償却費500＋交際
　　　　　　　費50＋未払事業税350＋賞与引当金150＝11,050
　　法人税等：課税所得11,050×法定実効税率30％＝3,315

② 　法人税等調整額の算出

　資料のうち，法人税上の損金不算入額は，すべて会計上の利益と法人税法上の課税所得との間に生じた差異である。

　これらの差異については，まず，一時差異と永久差異とに区分する必要がある。

　差異のうち，交際費の損金不算入額50は，税務上，永久に損金として処理できない永久差異であるため，税効果の対象とはならない。

　それ以外の減価償却費の損金算入限度超過額500，未払事業税350，賞与引当金150の合計1,000については，当期は法人税法上の損金としては認められないが，将来的にはどこかの時点で損金として認められ，法人税等を減額する効果をもつものである。よって，これらの差異は，将来減算一時差異であり，税効果の対象となる。法人税等の調整額は，次のとおり算出される。

　　将来減算一時差異1,000×法定実効税率30％＝300

　この調整額300については，税効果会計を適用し，法人税の前払いとする処理を行う。すなわち，貸借対照表上は，繰延税金資産として前払税金を計上し，損益計算書上は，法人税等調整額として法人税等から減額する処理を行う。

（借）　繰延税金資産　　　300（貸）　法人税等調整額　　　300

以上より，当期純利益は，次のとおり算出される。

税引前当期純利益10,000 − (法人税等3,315 − 法人税等調整額300) ＝6,985

●税効果会計の対象となるものとならないもの

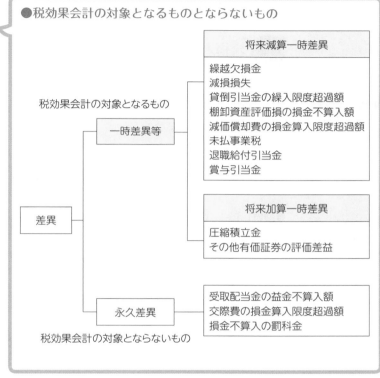

税効果会計の対象となるもの

一時差異等

将来減算一時差異

繰越欠損金
減損損失
貸倒引当金の繰入限度超過額
棚卸資産評価損の損金不算入額
減価償却費の損金算入限度超過額
未払事業税
退職給付引当金
賞与引当金

将来加算一時差異

圧縮積立金
その他有価証券の評価差益

差異

永久差異

受取配当金の益金不算入額
交際費の損金算入限度超過額
損金不算入の罰科金

税効果会計の対象とならないもの

36 | 合併(企業結合)

1 合併とは

合併とは，2つ以上の会社が1つの会社になることをいう。

合併には，吸収合併と新設合併の2種類がある。

吸収合併とは，ある会社が他の会社を吸収し，他の会社を消滅させるものであり，新設合併とは，複数の会社が1つの新会社を設立し，新会社以外の会社を消滅させるものである。

関連過去問題
- 2023年6月 問30
- 2023年3月 問26
- 2022年6月 問30

重要用語
吸収合併

重要用語
新設合併

●図表1-36-1 吸収合併と新設合併

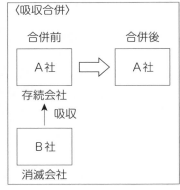

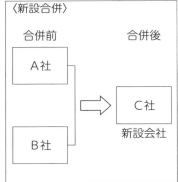

2　合併比率とは

　合併の際には，合併により消滅する会社の株主に対し，存続会社または新設会社の株式が交付される。

　たとえば，Ａ社がＢ社を吸収合併する場合には，消滅会社であるＢ社の株主に対してＡ社の株式が交付される。このときに，Ｂ社の株式１株につき，Ａ社の株式を何株交付するのかという割合のことを合併比率という。

　Ａ社とＢ社の合併比率が0.5に決まれば，Ｂ社の株式を100株保有している株主に対してＡ社の株式が50株（＝100株×0.5）交付されることになる。合併比率が0.5であるということは，消滅会社であるＢ社の株式の１株当たりの価値は，存続会社であるＡ社の株式0.5株に相当するという意味である。

📖重要用語
合併比率

第1編

3　合併比率の算定方法

　吸収合併における合併比率の算式は，次のとおりである。

$$合併比率＝1：\frac{消滅会社の１株当たり企業評価額}{存続会社の１株当たり企業評価額}$$

　企業評価額の算出方法には，複数の方法がある。主なものとしては，純資産価額で企業価値を評価する「純資産価額法」，企業の将来の利益やキャッシュ・フローを見積もり，現在価値に割り引いて評価する「収益還元価値法」や「ＤＣＦ法（Discounted Cash Flow法）」，株式市場における株価で評価する「株式市価法」などの方法がある。実務では，このような財務情報だけではなく，企業のブランド力や市場での競争力など，さまざまな要因を複合的に加味して合併比率が決定されている。

以下では，純資産価額法によって，合併比率を算定する方法について，具体例を通して見ていこう。

―合併比率と交付株式数―

A社はB社を吸収合併することとした。両社の貸借対照表は，下記のとおりである。このケースにおいて，①純資産価額法によるA社対B社の合併比率，および②B社の株主に対して交付されるA社株式の総数を求めよ。

A社貸借対照表			
諸資産 9,300,000	負債	4,500,000
	資本金	500,000
	資本剰余金	500,000
	利益剰余金	3,800,000
9,300,000		9,300,000

発行済株式数　20,000株

B社貸借対照表			
諸資産 4,800,000	負債	3,360,000
	資本金	200,000
	資本剰余金	200,000
	利益剰余金	1,040,000
4,800,000		4,800,000

発行済株式数　8,000株

吸収合併の場合は，消滅会社B社の株主に対して，存続会社A社の株式が交付される。この際に，消滅会社B社の株式1株につき，存続会社A社の株式を何株交付するのかという割合が，合併比率である。

合併比率は，A社とB社の1株当たりの評価額（ここでは1株当たりの純資産価額）によって決まる。そして，合併比率が決まると，消滅会社B社の株主に対して交付されるA社株式の総数が算出される。

交付株式数の算出までの流れは，次のとおりである。

---

① 1株当たり純資産価額の算出

② 合併比率の算出

③ 交付株式数の算出

---

① 1株当たり純資産価額の算出

　純資産価額法により合併比率を算出する場合は，まず，A社の1株当たり純資産価額とB社の1株当たり純資産価額を算出する。

　（A社）

　純資産価額：資本金500,000＋資本剰余金500,000＋利益剰余金3,800,000＝4,800,000

　1株当たり純資産価額：4,800,000÷20,000株＝240

　（B社）

　純資産価額：資本金200,000＋資本剰余金200,000＋利益剰余金1,040,000＝1,440,000

　1株当たり純資産価額：1,440,000÷8,000株＝180

② 合併比率の算出

　次に，A社とB社の1株当たり純資産価額を比較し，A社を1としたときに，B社がいくつとなるのかを算出する。この比率が合併比率となる。

　$$合併比率＝1：\frac{消滅会社の1株当たり企業評価額180}{存続会社の1株当たり企業評価額240}$$

　$$＝1：0.75$$

③ 交付株式数の算出

　交付株式数：消滅会社の株式数8,000株×合併比率0.75
　　　　　　　＝6,000株

●交付株式数の算出

交付株式数＝消滅会社の株式数×合併比率

37 | 1株当たり当期純利益

1 1株当たり当期純利益とは

関連過去問題
📝 2023年6月
問29
📝 2022年6月
問29
📝 2022年3月
問30

📖 重要用語
**1株当たり当期
純利益**

🔍 参照
注記事項については，第1編29を参照。

1株当たり当期純利益は，会社法，金融商品取引法により，注記事項として開示が要求されているものである。

1株当たり当期純利益に関する会計基準では，この開示の目的は，普通株主に関する一会計期間における企業の成果を示し，投資家の的確な投資判断に資する情報を提供することにあるとしている。

普通株主とは，普通株式の所有者，すなわち，株主としての権利内容に制限のない，標準となる株式の所有者のことをいう。

普通株式以外の株式としては，普通株式よりも剰余金の配当を受ける権利が優先的に認められる配当優先株式などがあるが，市場で流通するほとんどの株式は普通株式である。そこで，普通株式の所有者である普通株主に対して企業の成果を示すために，1株当たり当期純利益が開示されている。

2 1株当たり当期純利益の算出方法

発行済株式がすべて普通株式である場合，1株当たり当期純利益の算出方法は，次のとおりである。

$$\text{1株当たり当期純利益} = \frac{\text{当期純利益}}{\text{期中平均発行済株式数} - \text{期中平均自己株式数}}$$

1株当たり当期純利益の算定上，分母の株式数は，期中平均発行済株式数から期中平均自己株式数を控除して算出する。

　普通株式しか発行していない企業では，分子の当期純利益は，すべて普通株主に帰属する利益である。しかし，自己株式は発行会社が自ら所有するものであり，普通株主に帰属しているものではない。そこで，普通株主に関する企業の成果を正しく示すために，普通株主に帰属していない株式数を控除する必要がある。

　また，この算式において，分子の当期純利益は，一会計期間を通しての利益である。一方，分母の普通株式の数は，期中に発行されたり，自己株式の取得や処分が行われたりすることにより，変化することがある。そこで，分母の株式数についても，一時点の株式数を使用するのではなく，一会計期間を通しての平均株式数とすることで，分子と分母の整合性が図られている。

第1編

理解度チェック

　下記の資料から1株当たり当期純利益の額を算出すると，いくらになるか。なお，発行済株式は，すべて普通株式である。

当期純利益	43,365,000円
期末発行済株式数	150,000株
期中平均発行済株式数	125,000株
期末自己株式数	1,200株
期中平均自己株式数	1,100株

解答　350円

　　1株当たり当期純利益の算式は，次のとおりである。

$$1株当たり当期純利益 = \frac{当期純利益}{期中平均発行済株式数 - 期中平均自己株式数}$$
$$= \frac{43,365,000円}{125,000株 - 1,100株}$$
$$= 350円$$

　1株当たり当期純利益を算出するときの分母には，期末の株式数ではなく，期中平均の株式数を使用する。

38 | セグメント情報

1 セグメント情報とは

セグメント情報とは，売上高，利益，資産などの財務情報を，事業の構成単位別に記載した情報のことである。セグメント（segment）とは，部分，区分などを意味する英語である。

事業の構成単位は，企業によって異なるが，具体的な事例として，銀行業では，リテール事業，法人事業，国際事業などに，建設業では，土木事業，建築事業，不動産事業などに，自動車製造業では，自動車事業，金融事業などに区分している例が見受けられる。

2 セグメント情報の開示

セグメント情報は，財務諸表の利用者がセグメント別に企業の過去の業績を理解し，将来のキャッシュ・フローの予測を適切に評価できるようにという目的で，企業が開示するものである。

セグメント情報については，財務諸表等規則などにおいて一定の様式が定められ，財務諸表に注記しなければならないとされている。

セグメント情報の様式は，図表1-38-1のとおりである。

●**図表1-38-1　セグメント情報の様式例**

【報告セグメントごとの売上高, 利益または損失, 資産, 負債その他の項目の金額に関する情報】

	A事業	B事業	C事業	………	その他	合計
売上高						
外部顧客への売上高	×××	×××	×××	×××	×××	×××
セグメント間の 　　内部売上高または振替高	×××	×××	×××	×××	×××	×××
計	×××	×××	×××	×××	×××	×××
セグメント利益または損失(△)	×××	×××	×××	×××	×××	×××
セグメント資産	×××	×××	×××	×××	×××	×××
セグメント負債	×××	×××	×××	×××	×××	×××
その他の項目						
減価償却費	×××	×××	×××	×××	×××	×××
のれんの償却額	×××	×××	×××	×××	×××	×××
受取利息	×××	×××	×××	×××	×××	×××
支払利息	×××	×××	×××	×××	×××	×××
特別利益	×××	×××	×××	×××	×××	×××
（負ののれん発生益）	×××	×××	×××	×××	×××	×××
特別損失	×××	×××	×××	×××	×××	×××
（減損損失）	×××	×××	×××	×××	×××	×××
税金費用	×××	×××	×××	×××	×××	×××
有形固定資産および無形固定 　　資産の増加額	×××	×××	×××	×××	×××	×××
・・・・・・	×××	×××	×××	×××	×××	×××

39 連結財務諸表

1 連結財務諸表とは

連結財務諸表とは，親会社を中心とした複数の企業から構成される企業グループを1つの組織体とみなし，親会社が企業グループ全体の財政状態，経営成績などを明らかにするものである。

会社法では，大会社（資本金5億円以上または負債総額200億円以上の会社）であって，かつ，有価証券報告書の提出義務がある会社については，連結計算書類の作成を義務づけている。

連結計算書類とは，以下のものをいう。

---

① 連結貸借対照表

② 連結損益計算書

③ 連結株主資本等変動計算書

④ 連結個別注記表

また，金融商品取引法の規定にもとづき，有価証券報告書を提出する会社が作成する連結財務諸表は，次のとおりである。

---

① 連結貸借対照表

② 連結損益計算書

③ 連結包括利益計算書

④ 連結株主資本等変動計算書

⑤ 連結キャッシュ・フロー計算書

⑥ 連結附属明細表

関連過去問題
- 2022年3月 問27
- 2021年6月 問29

重要用語
連結財務諸表

2 連結の範囲

▶ **1. 子会社**

連結財務諸表に関する会計基準では，親会社は，原則として，すべての子会社を連結の範囲に含めるとしている。

ここで，親会社とは，他の会社の意思決定機関を支配している会社のことをいい，子会社とは，親会社によって意思決定機関を支配されている会社のことをいう。

「他の会社の意思決定機関を支配している」というのは，たとえば，他の会社の議決権の過半数を所有しているのであれば，それは，株主総会の意思決定を支配しているといえる。また，議決権の過半数を所有していなくても，議決権の所有割合が40％以上あり，その会社の関係者が他の会社の取締役の過半数を占めている場合には，取締役会の意思決定を支配していると考えられる。

このように，子会社であるか否かの判定は，形式的に議決権の所有割合だけで行われるのではなく，実質的な支配関係の有無によって行われる。これを支配力基準という。

▶ **2. 連結の範囲に含めない会社**

連結の範囲に含めない会社の例としては，次のものがある。

---

① 支配が一時的と認められる会社

② 更生会社，破産会社等で，有効な支配従属関係が存在しない会社

子会社であっても，支配が一時的と認められる会社については，連結の範囲には含めない。支配が一時的とは，当期は支配に該当しているものの，前期は支配に該当しておらず，かつ，来期以降も相当の期間にわたって支配に該当しないことが確実に予定されている場合のことをいう。

また，連結財務諸表に関する会計基準では，更生会社，破産会社，その他これに準ずる会社であって，かつ，有効な支配従属関係が存在しないと認められる会社は，子会社には該当しないとしている。意思決定機関も支配していないこのような会社は，もはや継続企業とは認められないからである。よって，これらの会社は，子会社ではないため，連結の範囲には含めないことになる。

3 連結決算日

　連結財務諸表を作成するにあたっては，親会社の決算日が連結決算日となる。

　親会社と子会社の決算日が異なっていても，連結財務諸表は作成しなければならない。子会社の決算日が親会社の決算日と異なる場合には，子会社は，原則として，親会社の決算日にあわせた決算を行う必要がある。

4 連結財務諸表の作成方法

　連結財務諸表は，まずは，親会社と子会社各社の個別財務諸表を単純合算し，そこから親子会社間・子会社間の取引や債権債務を相殺消去するなどの連結修正仕訳を行うことによって作成される。

▶ 1. 個別財務諸表の単純合算

連結財務諸表を作成するには，まずは，親会社と子会社の個別財務諸表（貸借対照表，損益計算書，株主資本等変動計算書）を単純に合算する。

親会社と子会社は，一般に公正妥当と認められる企業会計の基準に準拠して個別財務諸表を作成する必要があり，連結財務諸表は，そのようにして作られた各社の個別財務諸表を基礎として作成される。

仮に，ある会社の財務諸表が，減価償却の過不足等の理由により財政状態や経営成績を適正に示していないのであれば，これを適正に修正してから連結決算を行う必要がある。

▶ 2. 連結修正仕訳

親会社と子会社の個別財務諸表を単純合算した後は，連結財務諸表を作成するにあたって必要となる仕訳を行う。この仕訳を連結修正仕訳という。

連結修正仕訳の主なものとしては，連結会社相互間の取引高の相殺消去，債権・債務の相殺消去がある。

連結財務諸表の作成にあたっては，企業グループ内部の取引はなかったものとみなして消去することにより，企業グループ外部との取引だけが，連結財務諸表に反映されるようにする。これをイメージしたものが，図表1-39-1である。

上記▶ 1. で親会社と子会社の個別財務諸表を単純合算しただけの状態では，親会社から子会社への売上や，子会社の親会社からの仕入など，企業グループ内部における取引が含まれた金額となっている。そこで，こうした取引については，連結修正仕訳によって相殺消去して，連結財務諸表では，企業グループ外部との取引のみを反映させるように処理をしていく。

📘 重要用語
連結修正仕訳

🔍 参 照
連結修正仕訳の詳細については，第1編40を参照。

●図表1-39-1 連結財務諸表

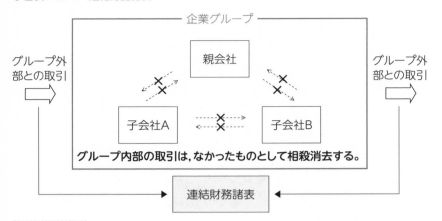

●子会社の判定
　他の会社の意思決定機関を支配しているかで判断。
●連結の範囲に含めない会社
　・支配が一時的と認められる会社
　・有効な支配従属関係が存在しない更生会社
　　等
●連結決算日
　子会社の決算日が，親会社の決算日と異なる場合には，子会社は，親会社の決算日にあわせた決算を行い，連結財務諸表を作成。

40 | 連結修正仕訳

連結修正仕訳について，主なものを示すと，次のとおりである。

① 取引高の相殺消去

② 債権と債務の相殺消去

③ 投資と資本の相殺消去

④ 未実現利益の消去

関連過去問題
- 2023年6月 問20, 問25, 問26
- 2023年3月 問20, 問27, 問28
- 2022年6月 問25
- 2022年3月 問10, 問28
- 2021年6月 問19, 問26

第1編

1 取引高の相殺消去

連結財務諸表を作成するにあたり，連結会社間における取引高は，相殺消去する必要がある。

企業グループを1つの組織体としてみた場合，親会社と子会社との取引や子会社同士の取引は，組織体内部の取引であって，外部との取引ではない。そこで，たとえば，親会社から子会社への売上高と，これに対応する子会社の仕入高がある場合には，連結修正仕訳によって両者を相殺消去する。

● 図表1-40-1 取引高の相殺消去

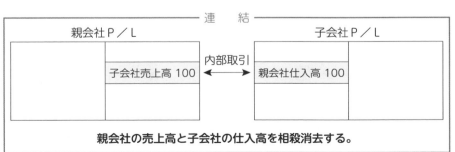

連結
親会社P／L		子会社P／L
	子会社売上高 100 ←内部取引→ 親会社仕入高 100	

親会社の売上高と子会社の仕入高を相殺消去する。

●図表1-40-2　債権と債務の相殺消去

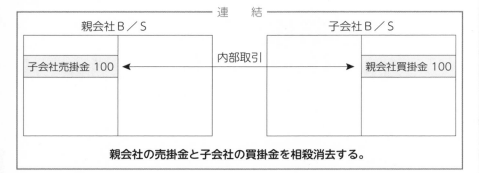

親会社の売掛金と子会社の買掛金を相殺消去する。

2 債権と債務の相殺消去

　連結会社間における債権と債務は，連結外部に対する債権・債務ではなく，連結内部に対するものなので，相殺消去する必要がある。

　これについても**1**と同様，企業グループを１つの組織体としてみた場合，親会社と子会社の債権債務や子会社同士の債権債務は，連結内部に対するものであって，連結外部に対するものではない。そこで，たとえば，親会社の子会社に対する売掛金と，これに対応する子会社の買掛金がある場合には，連結修正仕訳によって両者を相殺消去する。

3 投資と資本の相殺消去

　企業グループを１つの組織体としてみた場合，親会社の子会社に対する投資は，連結グループ内部での資金の移動にすぎない。そこで，親会社の子会社に対する投資と，これに対応する子会社の資本は，連結修正仕訳によって相殺消去する。

　たとえば，親会社が新たに100％子会社を設立し，その投資額が100，子会社の資本金が100であった場合の連結修正仕訳は，

●図表1-40-3　投資と資本の相殺消去

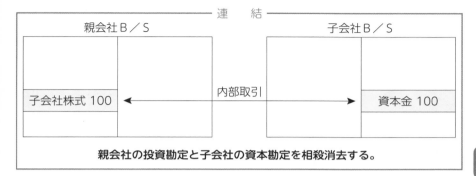

次のとおりである。

| （借）　資本金 | 100 | （貸）　子会社株式 | 100 |

▶ 1. 非支配株主持分

　親会社の子会社に対する持株割合が100％ではない場合は，親会社以外にも株主が存在するということである。この場合の子会社の資本は，その持株割合に応じて，親会社に帰属する部分と親会社以外の株主に帰属する部分とに分けられる。

　親会社は，子会社を支配している株主，すなわち支配株主であるのに対し，親会社以外の株主は，支配株主ではない株主，すなわち非支配株主である。よって，子会社の資本のうち，親会社以外の株主に帰属する部分を，非支配株主持分という。

　非支配株主持分は，親会社の持分である株主資本とは明確に区別する必要があるため，連結貸借対照表上は，純資産の部において，株主資本以外の独立項目として記載される。

　以下では，非支配株主持分がある場合の連結修正仕訳について，具体例を通して見てみよう。

非支配株主持分

　Ｐ社は，Ｓ社株式の70％を2,800で取得した。支配獲得日におけるＳ社の純資産の部は，下記のとおりである。この場合の連結修正仕訳はどうなるか。

> 資本金　2,000　　　資本剰余金　500　　　利益剰余金　1,500

　子会社Ｓ社の資本のうち，親会社に帰属する部分が70％，非支配株主に帰属する部分が30％である。よって，非支配株主持分に相当する額は，次のとおりである。

　(資本金2,000＋資本剰余金500＋利益剰余金1,500)×30％
＝1,200

　投資と資本の相殺消去仕訳（連結修正仕訳）は，次のとおりとなる。

(借)	資本金	2,000	(貸)	子会社株式	2,800
	資本剰余金	500		非支配株主持分	1,200
	利益剰余金	1,500			

　連結修正仕訳では，子会社の資本のうち，親会社に帰属する70％部分については親会社の投資（子会社株式）と相殺され，親会社以外の株主に帰属する30％部分については非支配株主持分に振り替えられる。

▶ 2. のれん

　親会社の子会社に対する投資とこれに対応する子会社の資本とを相殺消去するにあたって差額が生じる場合，その差額が借方に生じたときは「のれん」として，貸方に生じたときは「負ののれん」として処理する。

　のれんは，取得した企業（または事業）の取得原価が，取得し

重要用語
負ののれん

た資産・負債の純額よりも多いときの，その超過額のことである。のれんは，無形固定資産に計上し，20年以内のその効果の及ぶ期間にわたって，定額法等の合理的な方法により規則的に償却する。のれんの当期償却額は，販売費及び一般管理費として処理する。

のれんとは逆に，取得した企業（または事業）の取得原価が，取得した資産・負債の純額よりも少ないときは，負ののれんが生じる。負ののれんは，それが生じた期の特別利益として処理する。

子会社に対する投資額と子会社の資本の額が異なることにより，差額が生じる場合について，具体例を通して見てみよう。

のれん

P社は，S社株式の100％を3,300で取得した。支配獲得日におけるS社の純資産の部は，下記のとおりである。この場合のS社株式取得時ののれんの額を算出すると，いくらになるか。

> 資本金　1,000　　　資本剰余金　500　　　利益剰余金　1,500

子会社S社の純資産のうち，親会社P社の持分に相当する額は，次のとおりである。

（資本金1,000＋資本剰余金500＋利益剰余金1,500）×100％
＝3,000

子会社の純資産のうち，親会社の持分に相当する額は3,000であるが，P社はこれを上回る3,300で取得しており，この差額300がのれんとなる。

親会社の投資額3,300－子会社純資産のうち親会社持分3,000
＝300

投資と資本の相殺消去仕訳（連結修正仕訳）は，次のとおりと

なる。

（借）	資本金	1,000	（貸）	子会社株式	3,300
	資本剰余金	500			
	利益剰余金	1,500			
	のれん	300			

▶ 3. 連結上の資本金

　以上，すべての連結子会社について投資と資本を相殺消去することにより，親会社が貸借対照表に計上している連結子会社の株式と，子会社が貸借対照表に計上している資本金は，すべて相殺消去されることになる。

　これにより，連結修正仕訳後は，親会社の資本金だけが残ることになるため，連結貸借対照表の資本金は，親会社の個別財務諸表の資本金の額と一致する。

4 未実現利益の消去

　連結会社相互間の取引によって取得した棚卸資産，固定資産，その他の資産に含まれる未実現利益は，その全額を消去する必要がある。

　たとえば，親会社が子会社に対して利益を付加して商品を販売している場合，その商品が子会社から連結外部へ販売されていれば，連結上も利益が実現していると考えられるため，未実現利益は生じない。しかし，その商品が子会社の在庫として残っている場合には，その商品は，企業グループの内部で移動しただけの状態にすぎず，親会社が計上した利益は，連結上はいまだ実現していないものと考えられる。

　したがって，子会社が親会社から仕入れた商品のうち，グループ外部へ販売していないものについては，連結修正仕訳によっ

重要用語
未実現利益

●図表1-40-4　未実現利益の消去

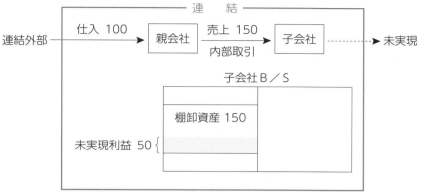

子会社の棚卸資産150のうち，50は親会社が計上した利益である。
連結内部取引によって生じた未実現利益は，消去する必要がある。

て，親会社が付加した利益を消去する必要がある。

　以下では，未実現利益の消去について，具体例を通して見てみよう。

─未実現利益の算定─

　次の子会社の資料から，ケース①とケース②について，連結財務諸表の作成にあたって消去すべき未実現利益の額を算出すると，それぞれいくらになるか。なお，子会社の仕入高と期末商品棚卸高は，すべて親会社からの仕入によるものである。

> 仕入高　26,400　　　期末商品棚卸高　2,200

ケース①　親会社は，粗利率（売上高総利益率）が10％となるように売却価格を設定して子会社に商品を販売している。

ケース②　親会社は，仕入原価に10％の利益を付加して子会社に商品を販売している。

親会社は，子会社に対して商品を販売して利益を得ているが，その商品が決算日に子会社の在庫として残っている場合には，連結決算上は，親会社の付加した利益は実現していないと考えられる。したがって，この在庫金額に含まれる親会社の利益は，未実現利益として消去されなければならない。

　この例においては，子会社の期末商品棚卸高2,200のうち，親会社の付加した利益金額が未実現利益となる。

　＜ケース①＞

　親会社は，粗利率が10％となるように売却価格を設定して子会社に商品を販売している。そして，決算日において，子会社には，親会社からの仕入品2,200が在庫として残っており，このなかには，未実現利益が含まれている。この関係を図示すると，次のとおりである。

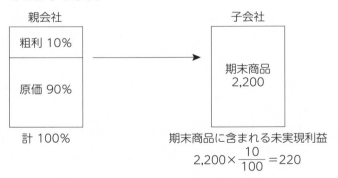

　親会社の粗利率が10％であるため，親会社の売却価格のうち，10％部分が未実現利益となる。

$$未実現利益：2,200 \times \frac{10}{100} = 220$$

　＜ケース②＞

　親会社は，仕入原価に10％の利益を付加して子会社に商品を販売している。そして，ケース①と同様，決算日において，子会

社の期末在庫には未実現利益が含まれている。この関係を図示すると，次のとおりである。

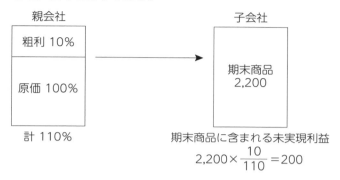

親会社　粗利 10%　原価 100%　計 110%

子会社　期末商品 2,200

期末商品に含まれる未実現利益
$$2,200 \times \frac{10}{110} = 200$$

　親会社の仕入原価を100とすると，親会社は粗利10を付加して，売却価格110で子会社に販売していることになる。よって，親会社の売却価格のうち，110分の10に相当する額が未実現利益となる。

　未実現利益：$2,200 \times \dfrac{10}{110} = 200$

　未実現利益の消去に伴う連結修正仕訳は，次のとおりである。

（借）　売上原価　　×××　　（貸）　棚卸資産　　×××

　この仕訳の意味についてケース①を例にとると，子会社の期末商品棚卸高2,200のうち，220については親会社が付加した利益であり，連結上は，未実現利益として消去し，棚卸資産の金額から減額する必要がある。また，期末商品棚卸高が220多く計上されていることにより，売上原価（＝期首商品棚卸高＋当期商品仕入高－期末商品棚卸高）は逆に220少なく計上されていることになる。よって，連結修正仕訳により，売上原価を増額する処理が必要になる。

○のれん＝投資額－子会社純資産のうち親会社
　　持分
○連結貸借対照表の資本金は，親会社の資本金
　と一致。
○未実現利益は，粗利率または原価への付加率
　により算出。

理解度チェック

下記の資料から連結貸借対照表の資本金の額を算出すると，いくらになるか。

	親会社	子会社
子会社株式	150	－
資本金	1,000	100
資本剰余金	1,000	50
利益剰余金	800	40

解答　連結貸借対照表の資本金　　1,000
　　　親会社の子会社に対する投資と，これに対応する子会社の資本は，連結内部の取引によって生じたものであるため，連結修正仕訳によって，すべて相殺消去される。結果として，連結貸借対照表の資本金の額は，親会社の資本金の額と一致することになる。

41 | 利益操作

1 利益操作とは

利益操作とは，企業が信用維持のために利益を過大に計上したり，あるいは，節税目的のために利益を過小に計上したりすることをいう。

利益を過大に計上するためには，損益計算書において，故意に収益を過大に計上するか，費用を過小に計上すればよい。

逆に，利益を過小に計上するためには，収益を過小に計上するか，費用を過大に計上すればよいことになる。

関連過去問題
2023年3月
問24
2022年6月
問23
2022年3月
問21
2021年6月
問27

2 利益操作による損益計算書と貸借対照表の関係

ここで注意が必要なのは，損益計算書において，収益・費用の過大計上や過小計上が行われるときには，貸借対照表においても，資産・負債の過大計上や過小計上が行われているということである。

これは，複式簿記の原理から説明することが可能である。

企業会計は，複式簿記の原理によって処理されており，借方残高と貸方残高は常に一致していることから，資産，負債，純資産，収益，費用の残高については，常に図表1-41-1の関係が成り立っている。

重要用語
利益操作

● 図表1-41-1　複式簿記の原理

資　産	負　債
	純資産
費　用	収　益

資産 ＋ 費用 ＝ 負債 ＋ 純資産 ＋ 収益

　「資産＋費用＝負債＋純資産＋収益」の算式を変形すると，次の関係が成り立つ。

収益－費用＝資産－（負債＋純資産）

　この算式からわかるように，利益を過大に計上する目的で収益を過大に計上すれば，この算式の左辺の値は大きくなる。そこで，それと同時に資産を過大に計上するか，負債を過小に計上しなければ，左辺と右辺とは一致しないことになる。

　逆に，利益を過小に計上する目的で費用を過大に計上したときは，左辺の値が小さくなるため，資産を過小に計上するか，負債を過大に計上しなければ，左辺と右辺とは一致しない。

　このように，利益操作が行われるときには，損益計算書では収益・費用の過大計上か過小計上が行われており，それと同時に，貸借対照表では資産・負債の過大計上か過小計上が行われていることになる。

　なお，利益を増減させる取引は損益取引であり，純資産を直接増減させる資本取引とは異なるものなので，ここでは，純資産の増減は考慮していない。

3 利益操作の具体例

　このように，利益操作により利益を過大にするためには，損益計算書において，収益の過大計上か費用の過小計上が行われるとともに，貸借対照表においても，資産の過大計上か負債の過小計上が行われている。

　逆に，利益を過小にするためには，損益計算書において，収益の過小計上か費用の過大計上が行われるとともに，貸借対照表においても，資産の過小計上か負債の過大計上が行われている。

　利益操作の類型と損益計算書・貸借対照表との関係を一覧にして示すと，図表1-41-2のとおりとなる。

　利益操作の類型について，それぞれの会計処理は，次のとおりである。

●図表1-41-2　利益操作の類型と損益計算書・貸借対照表との関係

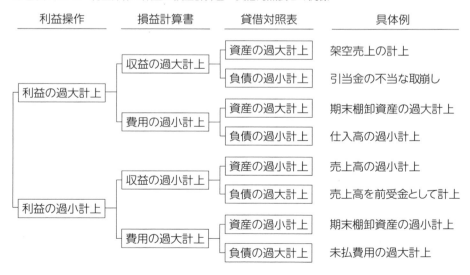

利益操作	損益計算書	貸借対照表	具体例
利益の過大計上	収益の過大計上	資産の過大計上	架空売上の計上
		負債の過小計上	引当金の不当な取崩し
	費用の過小計上	資産の過大計上	期末棚卸資産の過大計上
		負債の過小計上	仕入高の過小計上
利益の過小計上	収益の過小計上	資産の過小計上	売上高の過小計上
		負債の過大計上	売上高を前受金として計上
	費用の過大計上	資産の過小計上	期末棚卸資産の過小計上
		負債の過大計上	未払費用の過大計上

▶ 1. 利益の過大計上

(1) 収益の過大計上と資産の過大計上

（例）架空売上の計上

| (借) 売掛金 | ××× | (貸) 売上高 | ××× |

(2) 収益の過大計上と負債の過小計上

（例）引当金の不当な取崩し

取り崩す必要のない引当金を取り崩して，利益を計上する。

| (借) 引当金 | ××× | (貸) 引当金取崩益 | ××× |

(3) 費用の過小計上と資産の過大計上

（例）期末棚卸資産の過大計上

売上原価の算式（売上原価＝期首棚卸資産＋当期仕入高－期末棚卸資産）より，期末棚卸資産を過大に計上すると，売上原価が過小に計上されることになる。

| (借) 棚卸資産 | ××× | (貸) 売上原価 | ××× |

(4) 費用の過小計上と負債の過小計上

（例）仕入高の過小計上

売上原価の算式（売上原価＝期首棚卸資産＋当期仕入高－期末棚卸資産）より，当期仕入高を過小に計上すると，売上原価が過小に計上されることになる。

| (借) 買掛金 | ××× | (貸) 売上原価
（当期仕入高） | ××× |

▶ 2. 利益の過小計上

(1) **収益の過小計上と資産の過小計上**

（例）売上高の過小計上

| （借）　売上高 | ×××　 | （貸）　売掛金 | ××× |

(2) **収益の過小計上と負債の過大計上**

（例）売上高を前受金として計上

当期の売上高（入金済のもの）を前受金に振り替えて，売上高を過小に計上する。

| （借）　売上高 | ×××　 | （貸）　前受金 | ××× |

(3) **費用の過大計上と資産の過小計上**

（例）期末棚卸資産の過小計上

売上原価の算式（売上原価＝期首棚卸資産＋当期仕入高－期末棚卸資産）より，期末棚卸資産を過小に計上すると，売上原価が過大に計上されることになる。

| （借）　売上原価 | ×××　 | （貸）　棚卸資産 | ××× |

(4) **費用の過大計上と負債の過大計上**

（例）未払費用の過大計上

本来，翌期の費用として処理すべきものを当期の費用（未払費用）としたり，架空の費用を当期の費用（未払費用）として計上したりする。

| （借）　販売費及び一般管理費 | ×××　 | （貸）　未払費用 | ××× |

利益操作と貸借対照表の関係を押さえておこう。

資産の過大計上, 負債の過小計上➡利益の過大計上
資産の過小計上, 負債の過大計上➡利益の過小計上

理解度チェック

利益の過大計上となるものは, 次のうちどれか。

❶ 為替差益の過小計上

❷ 減価償却費の過大計上

❸ 売掛金の過小計上

❹ 未払費用の過大計上

❺ 期末棚卸資産の過大計上

解答 ❺ 利益の過大計上は, 資産の過大計上, 負債の過小計上によって生じ, 利益の過小計上は, 資産の過小計上, 負債の過大計上によって生じる。

❶の為替差益の過小計上は, 収益の過小計上である。

❷の減価償却費の過大計上は, 費用の過大計上である。

❸の売掛金の過小計上は, 売上高を過小に計上していることでもあり, 利益の過小計上となる。

❹の未払費用の過大計上は, その費用を過大に計上していることでもあり, 利益の過小計上となる。

❺の期末棚卸資産の過大計上は, 売上原価の算式から, 売上原価を過小に計上していることでもあり, 利益の過大計上である。

42 | 消費税等

1 消費税とは

消費税とは，物品の購入やサービスの享受といった取引に対して課される税金のことである。

消費税が課税される取引には，あわせて地方消費税も課税され，消費税と地方消費税をあわせて消費税等という。現在の消費税等の税率10％は，消費税率7.8％と地方消費税率2.2％を合計したものである。

消費税等は，事業者が販売する商品やサービスの価格に加えられ，最終的な消費者が支払い，負担することとなるものである。しかし，消費税等を納付するのは，消費税等を受け取った事業者である。このように，税を負担する者と納税する者とが異なる税金を間接税という。

2 消費税等の会計処理

消費税等の処理方法には，税抜方式と税込方式の２つがある。

企業会計においては，税抜方式が原則的な処理方法とされている。

以下では，具体例を使って，税抜方式と税込方式の処理方法について見ていくこととする。

▶ 1. 税抜方式

税抜方式は，取引価格に消費税等を含めず，取引の本体価格と消費税等を区分して，経理処理を行う方法である。

関連過去問題
🖋 2023年３月
　問25
🖋 2021年６月
　問23

📖 重要用語
消費税等

第
1
編

下記の資料から，消費税等の会計処理として，①商品の仕入時，②商品の売上時，③決算時の仕訳を示すとどうなるか。なお，消費税等の税率は10％，会計処理は税抜方式によるものとし，他の取引は行っていないものとする。

商品売上高(税抜金額)	1,000,000
商品仕入高(税抜金額)	700,000

① 商品仕入時

商品仕入700,000に対し，70,000の消費税等が課され，合計770,000を支払うため，仕訳は次のとおりとなる。

（借）仕入	700,000	（貸）買掛金	770,000
仮払消費税等	70,000		

② 商品売上時

商品売上1,000,000に対し，100,000の消費税等が課され，合計1,100,000を受け取るため，仕訳は次のとおりとなる。

（借）売掛金	1,100,000	（貸）売上高	1,000,000
		仮受消費税等	100,000

③ 決算時

決算時においては，仮払消費税等と仮受消費税等とを相殺して，その差額を未払消費税等として処理する。

（借）仮受消費税等	100,000	（貸）仮払消費税等	70,000
		未払消費税等	30,000

なお，仮払消費税等のほうが仮受消費税等よりも多かったときには，その差額は未収消費税等として処理される。

> （借）仮受消費税等　　×××　（貸）仮払消費税等　　×××
> 　　　未収消費税等　　×××

▶ 2. 税込方式

税込方式とは，取引価格に消費税等を含め，取引の本体価格と消費税等を区分せずに，経理処理を行う方法である。

―**消費税等の会計処理（税込方式）**―――――――――――――

下記の資料から，消費税等の会計処理として，①商品の仕入時，②商品の売上時，③決算時の仕訳を示すとどうなるか。なお，消費税等の税率は10%，会計処理は税込方式によるものとし，他の取引は行っていないものとする。

| 商品売上高（税抜金額） | 1,000,000 |
| 商品仕入高（税抜金額） | 700,000 |

今度は，税抜方式と同じ例を使って，税込方式の仕訳を見ていく。

① 商品仕入時

商品仕入700,000に対し，70,000の消費税等が課され，税込金額770,000を支払うことになるため，仕訳は次のとおりとなる。

| （借）仕入 | 770,000 | （貸）買掛金 | 770,000 |

② 商品売上時

商品売上1,000,000に対し，100,000の消費税等が課され，税込金額1,100,000を受け取ることになるため，仕訳は次のとおりとなる。

| （借）売掛金 | 1,100,000 | （貸）売上高 | 1,100,000 |

③ 決算時

決算時においては，消費税等の納付税額を計算して，未払消費税等を計上する。このときの借方科目は，租税公課という勘定科目を使用する。租税公課は，費用として処理する。

(借) 租税公課	30,000	(貸) 未払消費税等	30,000

納付税額：1,000,000×10％－700,000×10％＝30,000

なお，消費税等の税額計算をした結果，税金が還付されることになった場合は，未収消費税等を計上し，貸方科目は雑収入として処理する。

(借) 未収消費税等	×××	(貸) 雑収入	×××

3 貸借対照表の未払消費税等

以下では，試験対策として，貸借対照表の未払消費税等の算出方法について，具体例を通して見て行こう。

─未払消費税等の算出─

下記の資料から，消費税等の処理を行った場合，期末における貸借対照表上の未払消費税等はいくらになるか。なお，消費税等の税率は10％とし，記載のない事項については考慮する必要はない。

課税売上高	2,500,000
課税仕入高	1,500,000
中間納付税額（仮払金として処理）	40,000

課税売上高とは，消費税等を受け取った取引の合計額（税抜金額）であり，課税仕入高とは，消費税等を支払った取引の合計額

（税抜金額）である。

　消費税等の確定税額は，基本的には，課税売上高に対する消費税等の額から，課税仕入高に対する消費税等の額を控除して算出される。ただし，中間納付として，すでに納付済みの額がある場合には，算出した確定税額から中間納付額を差し引いた金額が納付すべき税額であり，これが期末の未払消費税等の金額となる。

> **未払消費税等の額＝課税売上高×税率－課税仕入高×税率**
> **　　　　　　　　　－中間納付税額**

　未払消費税等の額：2,500,000×10％－1,500,000×10％
　　　　　　　　　　－40,000＝60,000

　これを会計上の視点から見てみると，本問では，期末までの処理として，課税売上高2,500,000に対する消費税等の額250,000（＝2,500,000×10％）は，仮受消費税等として貸借対照表に計上されている。一方，課税仕入高1,500,000に対する消費税等の額は，仮払消費税等150,000（＝1,500,000×10％）として貸借対照表に計上されている。また，消費税等の中間納付税額40,000は，仮払金として貸借対照表に計上されている。

　決算時には，仮払消費税等150,000，仮払金40,000と仮受消費税等250,000を相殺し，差額60,000については，未払消費税等として貸借対照表に計上することになる。

　これを仕訳で示すと，次のとおりとなる。

（借）仮受消費税等	250,000	（貸）仮払消費税等	150,000
		仮払金	40,000
		未払消費税等	60,000

43 電子記録債権・債務

1 電子記録債権・債務とは

電子記録債権は，事業者の資金調達の円滑化を図ることを目的として，電子記録債権法により創設された，従来の売上債権とは異なる金銭債権である。

電子記録債権は，電子記録債権法の規定により，電子債権記録機関が作成する記録原簿への電子記録を要件として発生する（または譲渡される）。この電子記録債権に対する相手方の金銭債務が，電子記録債務である。

2 制度創設の背景

電子記録債権が創設される以前から，売上債権を活用した資金調達の手法としては，売掛金や受取手形を譲渡する方法が利用されていた。

しかし，売掛金の譲渡においては，その債権が本当に存在しているのか，その債権は誰に帰属しているのかの確認に手間とコストを要するというデメリットがあった。また，実務上は，事業者の悪意等により，売掛金を二重に譲渡して資金化するといった問題も見受けられていた。

一方，受取手形については，手形が紙媒体であることから，企業事務のＩＴ化が進む環境下においても，依然として，その発行，搬送，保管といった事務手続にコストを要するものとなっている。それに加え，印紙税というコストが追加的に発生し，紛失

関連過去問題
2023年3月
問6

重要用語
電子記録債権

重要用語
電子記録債務

や盗難のリスクもあるといった問題もあるため，手形の利用自体が減ってきているという状況にあった。

そこで，こうした売掛金や受取手形のデメリットを解消して，事業者の資金調達の円滑化を図るため，従来の売上債権とは異なるタイプの金銭債権として創設されたのが，電子記録債権である。

3 電子記録債権・債務の会計処理

電子記録債権は，手形債権とは異なる側面があるものの，手形債権に代わるものとして機能することが想定されている。そこで，会計処理上は，手形債権に準じて取り扱うこととされている。

具体的な会計処理は，次のとおりである。

▶ 1. 債権者

(1) 売掛金につき，電子記録債権が発生したとき

（借）電子記録債権	100	（貸）売掛金	100

(2) 電子記録債権の期日が到来し，入金したとき

（借）現金預金	100	（貸）電子記録債権	100

(3) 電子記録債権を譲渡したとき

債権者が，入金期日の前に電子記録債権100を譲渡し，割引料等3を差し引いた残金97が入金されたとき

（借）現金預金	97	（貸）電子記録債権	100
電子記録債権売却損	3		

▶ 2. 債務者

(1) 買掛金につき，電子記録債務が発生したとき

(借) 買掛金	100	(貸) 電子記録債務	100

(2) 電子記録債務の期日が到来し，支払をしたとき

(借) 電子記録債務	100	(貸) 現金預金	100

(3) 債権者が電子記録債権を譲渡したとき

　電子記録債務の相手方である債権者が，電子記録債権を譲渡したとしても，債務者の側で，会計上の取引が生じるわけではない。債務者は，期日が来たら支払うだけであり，この点は，債権譲渡によって変わるものではない。したがって，債務者のほうでは，会計処理は不要となる。

仕訳なし

財務分析

1 | 総資本経常利益率

　財務分析とは，財務諸表を中心とした企業の財務資料を分析することにより，財務面から企業の実態を把握しようとするものである。

関連過去問題
- 2023年6月問31
- 2023年3月問31
- 2022年6月問31
- 2022年3月問31
- 2021年6月問31

　財務分析の手法は，一般的に，収益性分析，安全性分析，生産性分析，成長性分析の4つに分けられる。本書では，成長性分析を除いた分析手法について説明している。

1 総資本経常利益率とは

📖 重要用語
総資本経常利益率

　総資本経常利益率とは，事業に投下されたすべての資本（総資本）から，どれだけの経常利益を得ることができたかを示す指標である。総資本経常利益率は，次の算式により求められる。

$$総資本経常利益率(\%) = \frac{経常利益}{総資本} \times 100$$

$$総資本 = 負債＋純資産（＝資産合計額）$$

　総資本経常利益率の算定上，分母に使用する総資本とは，貸借対照表の負債および純資産の合計額，または資産の合計額のことである。また，分子には，特別損益を含まない，経常利益を使用する。これは，多額のリストラ費用や土地の売却益など，臨時的かつ異常な損益として計上された特別損益の影響を取り除き，正常な収益力を判断するためである。

　このように，貸借対照表の総資本と損益計算書の経常利益から算出される総資本経常利益率は，企業の総合的な収益性を判断す

る指標といわれている。

　総資本経常利益率が高いほど，収益性は高いと判断される。

2　総資本経常利益率の分解

　総資本経常利益率は，その算式の分子と分母に「売上高」を掛けることにより，次のように展開することができる。

$$
総資本経常利益率 = \frac{経常利益}{売上高} \times \frac{売上高}{総資本}
$$
$$
= 売上高経常利益率 \times 総資本回転率
$$

　このように，総資本経常利益率は，売上高経常利益率と総資本回転率を掛けたものとなっている。

　売上高経常利益率とは，売上高に対する経常利益の割合を示す指標である。また，総資本回転率とは，総資本の何倍の売上高をあげることができたか，すなわち，その期間の売上高によって総資本が何回転しているかを示す指標である。総資本回転率は，事業に投下した資本をいかに有効に利用して売上高を生み出したかという，資本の利用効率を示している指標といえる。

　売上高経常利益率も総資本回転率も，高いほど総資本経常利益率は上昇することとなり，企業の総合的な収益性も高くなる。

3　総合的な収益性の分析

　企業の総合的な収益性の分析は，次のように行う。

---
① 　総資本経常利益率の推移を把握する
② 　売上高経常利益率と総資本回転率の推移を把握する

▶ 1. 総資本経常利益率の推移

　まずは，総資本経常利益率の推移を把握する。たとえば，ある

２期間を比較して，総資本経常利益率が上昇していれば，総合的な収益性は向上しているといえるし，逆に，総資本経常利益率が低下していれば，総合的な収益性は悪化しているといえる。

> 総資本経常利益率が上昇→総合的な収益性が向上
> 総資本経常利益率が低下→総合的な収益性が悪化

▶ ２. 売上高経常利益率と総資本回転率の推移

次に，総資本経常利益率が売上高経常利益率と総資本回転率に分解できることを利用し，売上高経常利益率と総資本回転率の推移を把握する。総合的な収益性の向上または悪化の原因が，売上高経常利益率と総資本回転率の上昇または低下のどちらにあるのか，あるいは両方にあるのかを分析する。

そして，この後は，売上高経常利益率と総資本回転率の上昇または低下の原因をさらに詳細に分析していくという流れになる。

以下では，具体例を使って，総合的な収益性を分析してみよう。

🔍 参照

売上高経常利益率の詳細分析については第2編2を，総資本回転率の詳細分析については第2編3を参照。

―**総合的な収益性の推移**―――――――――――

下記の資料から，総合的な収益性の推移を考察しなさい。

	前期	当期
売上高	105,000	100,000
経常利益	2,100	4,000
総資本	35,000	50,000

① 総資本経常利益率の算定

前期：$\dfrac{\text{経常利益}2,100}{\text{総資本}35,000} \times 100 = 6.0\%$

当期：$\dfrac{\text{経常利益}4,000}{\text{総資本}50,000} \times 100 = 8.0\%$

② 売上高経常利益率の算定

前期：$\dfrac{経常利益2,100}{売上高105,000} \times 100 = 2.0\%$

当期：$\dfrac{経常利益4,000}{売上高100,000} \times 100 = 4.0\%$

③ 総資本回転率の算定

前期：$\dfrac{売上高105,000}{総資本35,000} = 3.0回$

当期：$\dfrac{売上高100,000}{総資本50,000} = 2.0回$

以上をまとめると，結果は次のとおりである。

	前期	当期	比較
① 総資本経常利益率（％）	6.0	8.0	上昇
② 売上高経常利益率（％）	2.0	4.0	上昇
③ 総資本回転率（回）	3.0	2.0	低下

　前期と当期を比べると，①総資本経常利益率は6.0％から8.0％へ上昇しており，総合的な収益性は向上していると判断できる。

　また，①総資本経常利益率を②売上高経常利益率と③総資本回転率に分解してみると，②売上高経常利益率は2.0％から4.0％へ上昇し，③総資本回転率は3.0回転から2.0回転へと低下していることがわかる。

　したがって，③総資本回転率は低下しているが，②売上高経常利益率が上昇しているため，結果として，①総資本経常利益率は上昇し，総合的な収益性が向上しているといえる。

補足

まず，総資本経常利益率の推移により，総合的な収益性が向上したのか悪化したのかを把握する。次に，売上高経常利益率と総資本回転率の推移により，総合的な収益性の変化の原因を把握する。

下記の資料から総合的な収益性の推移を考察した記述として，正しいものはどれか。

	前期	当期
売上高	15,000	20,000
経常利益	900	1,000
負債	6,000	5,500
純資産	4,000	4,500

❶ 売上高経常利益率は低下したが，総資本回転率は上昇したため，総合的な収益性は向上した。

❷ 総資本回転率は低下したが，売上高経常利益率は上昇したため，総合的な収益性は向上した。

❸ 売上高経常利益率も総資本回転率も，ともに上昇したため，総合的な収益性は向上した。

❹ 売上高経常利益率は上昇したが，総資本回転率は低下したため，総合的な収益性は悪化した。

❺ 総資本回転率は上昇したが，売上高経常利益率は低下したため，総合的な収益性は悪化した。

解答 ❶

(1) 総資本経常利益率の算定

前期：$\dfrac{900}{6,000+4,000}\times100=9.0\%$　　当期：$\dfrac{1,000}{5,500+4,500}\times100=10.0\%$

(2) 売上高経常利益率の算定

前期：$\dfrac{900}{15,000}\times100=6.0\%$　　当期：$\dfrac{1,000}{20,000}\times100=5.0\%$

(3) 総資本回転率の算定

前期：$\dfrac{15,000}{6,000+4,000}=1.5$回　　当期：$\dfrac{20,000}{5,500+4,500}=2.0$回

以上をまとめると，結果は次のとおりである。

	前期	当期	比較
(1) 総資本経常利益率(%)	9.0	10.0	上昇
(2) 売上高経常利益率(%)	6.0	5.0	低下
(3) 総資本回転率(回)	1.5	2.0	上昇

よって，売上高経常利益率は低下したが，総資本回転率が上昇したため，総資本経常利益率は上昇し，総合的な収益性は向上したと判断できる。

2 | 売上高経常利益率

1 売上高経常利益率の分析

第2編1では，総合的な収益性を分析するために，総資本経常利益率を算出し，それを売上高経常利益率と総資本回転率とに分解して，収益性の向上または悪化の原因を把握した。

関連過去問題
- 2023年6月 問32
- 2023年3月 問32
- 2022年6月 問32
- 2022年3月 問32，問33
- 2021年6月 問32，問33

> **総資本経常利益率＝売上高経常利益率×総資本回転率**
>
> $$\frac{経常利益}{総資本} = \frac{経常利益}{売上高} \times \frac{売上高}{総資本}$$

ここでは，売上高経常利益率について，さらに中身を詳細に分析していくこととする。

📖 **重要用語**
売上高経常利益率

売上高経常利益率の詳細を分析するためには，損益計算書の構造から入っていくと，分析の対象が明確になる。すなわち，損益計算書において，経常利益を算定するまでには，上から売上高，売上原価，売上総利益，販売費及び一般管理費，営業利益，営業外収益，営業外費用が構成要素となっている。

そこで，売上高経常利益率の詳細を分析するためには，まずは，売上高に対する比率として，①売上原価，②売上総利益，③販売費及び一般管理費，④営業利益の割合を見ていく。

また，営業外収益と営業外費用については，企業によって中身が大きく変わってくるが，一般的には，売上原価や販売費及び一般管理費に比べて金額が小さくなることから，重要性は低くなると考えられる。よって，この部分は，借入金が多い会社などで必

第2編

●図表2-2-1　損益計算書の構造と分析指標

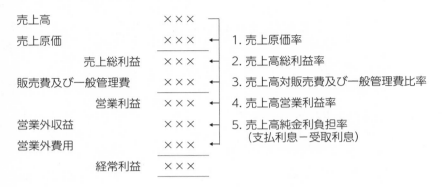

要に応じて，⑤純金利（支払利息－受取利息）の占める割合を分析する。

▶ 1. 売上原価率

売上原価率とは，売上高に対して売上原価の占める割合のことである。

$$売上原価率（\%）= \frac{売上原価}{売上高} \times 100$$

▶ 2. 売上高総利益率

売上高総利益率とは，売上高に対して売上総利益の占める割合のことである。

$$売上高総利益率（\%）= \frac{売上総利益}{売上高} \times 100$$

▶ 3. 売上高対販売費及び一般管理費比率

売上高対販売費及び一般管理費比率とは，売上高に対して販売費及び一般管理費の占める割合のことである。

$$\text{売上高対販売費及び} \atop \text{一般管理費比率(\%)} = \frac{\text{販売費及び一般管理費}}{\text{売上高}} \times 100$$

▶ 4. 売上高営業利益率

売上高営業利益率とは, 売上高に対して営業利益の占める割合のことである。

重要用語
売上高営業利益率

$$\text{売上高営業利益率(\%)} = \frac{\text{営業利益}}{\text{売上高}} \times 100$$

▶ 5. 売上高純金利負担率

売上高純金利負担率とは, 売上高に対して金融費用の占める割合のことである。

重要用語
売上高純金利負担率

$$\text{売上高純金利負担率(\%)} = \frac{\text{支払利息} - \text{受取利息}}{\text{売上高}} \times 100$$

売上高経常利益率の分析方法の全体像を示すと, 図表2-2-2のとおりである。

●図表2-2-2 売上高経常利益率の分析

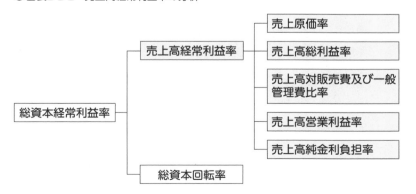

2 比較百分率損益計算書の作成

　ここまでは，売上高経常利益率の中身を詳細に分析するために，損益計算書を使って，売上高総利益率や売上高営業利益率などの比率を算出する方法について説明してきた。これらの比率については，売上高を100とした**比較百分率損益計算書**を作成し，期間比較を行うと分析しやすくなる。それについて，具体例を通して見ていこう。

重要用語
比較百分率損益
計算書

─比較百分率損益計算書の作成─

　下記の損益計算書から，比較百分率損益計算書を作成しなさい。

	前期	当期
売上高	22,800	24,500
売上原価	17,784	18,620
売上総利益	5,016	5,880
販売費及び一般管理費	4,104	4,655
営業利益	912	1,225
営業外収益	228	245
営業外費用	456	490
経常利益	684	980

　百分率損益計算書とは，売上高を100としたときの損益計算書である。たとえば，前期の売上高を100とすると，前期の売上原価は78.0（＝売上原価17,784÷売上高22,800×100），売上総利益は22.0（＝売上総利益5,016÷売上高22,800×100）と算出される。

　このようにして，損益計算書の数値を置き換え，比較百分率損益計算書を作成すると，次のとおりとなる。

	前期	当期
売上高	100.0	100.0
売上原価	78.0	76.0
売上総利益	22.0	24.0
販売費及び一般管理費	18.0	19.0
営業利益	4.0	5.0
営業外収益	1.0	1.0
営業外費用	2.0	2.0
経常利益	3.0	4.0

　比較百分率損益計算書では，売上原価の数値は「売上原価÷売上高×100」として算出され，これは，そのまま売上原価率の数値を示している。以下同様に，売上総利益の数値は売上高総利益率，販売費及び一般管理費の数値は売上高対販売費及び一般管理費比率，営業利益の数値は売上高営業利益率，経常利益の数値は売上高経常利益率の数値を示している。

　したがって，前期と当期を比較した百分率損益計算書では，その数値を使って，売上原価率や売上高総利益率，売上高営業利益率などの期間比較ができることになる。

　また，比較百分率損益計算書は，損益計算書の数値が小さくなり，単純化されるため，売上高の桁数が多い大企業の分析や，規模の異なる企業の比較分析にも便利である。

　有価証券報告書では，前期と当期の2期間の損益計算書を比較する形式で記載し，金額とともに百分比も記載することとなっている。

下記の資料から売上高利益率の推移を考察した記述として，正しいものはどれか。

	前期	当期
売上高	368,500	398,400
売上原価	276,375	278,880
販売費及び一般管理費	73,700	87,648
営業外収益（受取利息）	3,685	3,984
営業外費用（支払利息）	7,370	11,952

❶ 売上原価率は上昇したが，売上高総利益率は低下した。

❷ 売上高総利益率は上昇したが，売上高営業利益率は低下した。

❸ 売上高対販売費及び一般管理費比率が低下し，売上高営業利益率は上昇した。

❹ 売上高営業利益率は上昇したが，売上高経常利益率は低下した。

❺ 売上高純金利負担率は上昇したが，売上高経常利益率も上昇した。

解答 ❺ 売上高から経常利益までの損益計算書を作成すると，次のとおりである。

	前期	当期
売上高	368,500	398,400
売上原価	276,375	278,880
売上総利益	92,125	119,520
販売費及び一般管理費	73,700	87,648
営業利益	18,425	31,872
営業外収益	3,685	3,984
営業外費用	7,370	11,952
経常利益	14,740	23,904

これより，売上高を100とした比較百分率損益計算書を作成し，前期と当期の比較を行うと，結果は次のとおりである。

	前期	当期	比較
売上高	100.0	100.0	－
売上原価	75.0	70.0	低下↘
売上総利益	25.0	30.0	上昇↗
販売費及び一般管理費	20.0	22.0	上昇↗
営業利益	5.0	8.0	上昇↗
営業外収益	1.0	1.0	－
営業外費用	2.0	3.0	上昇↗
経常利益	4.0	6.0	上昇↗
売上高純金利負担率	1.0	2.0	上昇↗

3 総資本回転率

1 総資本回転率

　総合的な収益性を分析するためには，総資本経常利益率を算出し，それを売上高経常利益率と総資本回転率とに分解して，収益性の向上または悪化の原因を把握すると説明した。

$$
\text{総資本経常利益率} = \text{売上高経常利益率} \times \text{総資本回転率}
$$

$$
\frac{\text{経常利益}}{\text{総資本}} = \frac{\text{経常利益}}{\text{売上高}} \times \frac{\text{売上高}}{\text{総資本}}
$$

　この計算式からわかるように，企業の総合的な収益性を示す総資本経常利益率を向上させるためには，売上高経常利益率と総資本回転率をともに高める必要がある。ここでは，後者の総資本回転率について，中身を詳細に分析していくこととする。

　総資本回転率を上昇させるためには，分子の売上高を大きくするか，分母の総資本を小さくすることが必要である。すなわち，総資本回転率を高めるということは，最小限のインプット（資本の投入量）で，最大限のアウトプット（売上高）を得るようにすること，つまり，資本の利用効率を高めることである。

　逆に，総資本回転率が低下する原因となるのは，分子の売上高の減少と分母の総資本の増加である。総資本の増加をもたらすものとしては，受取手形のサイトの長期化，売掛金の回収遅延，不良在庫の増加，過剰な設備投資などが例としてあげられる。

　これらは，資産を増加させるものであるが，売上高の増加につ

関連過去問題
- 2023年6月 問35
- 2022年6月 問33
- 2022年3月 問35

 重要用語
総資本回転率

第2編

ながるものではなく，結果的に総資本回転率を低下させることになる。

2　回転率と回転期間

実務上，総資本回転率の分析では，回転率よりも，回転期間という指標を使うことが多いので，両者の関係について説明しておく。

回転率と回転期間の算式は，それぞれ次のとおりである。

$$回転率 = \frac{年間売上高}{投下資本} \qquad 回転期間 = \frac{投下資本}{平均月商}$$

回転率は，年間の売上高が，売上債権，棚卸資産，固定資産などの資産（投下資本）の何倍あるかを示す指標であり，言い換えると，1年間の売上によって，それらの資産が何回転したかを表している。

一方，回転期間は，売上債権，棚卸資産，固定資産などの資産（投下資本）が平均月商の何倍あるかを示す指標であり，言い換えると，それらの資産の残高が平均月商の何ヵ月分あるのかを表すものである。

回転率と回転期間は，売上高について，年間売上高を使うか，平均月商（年間売上高÷12）を使うかの違いはあるものの，基本的には，分子と分母を逆にしただけのものである。

ここで，回転率の算式と回転期間の算式を掛けると，次のようになる。

$$回転率 \times 回転期間 = \frac{年間売上高}{投下資本} \times \frac{投下資本}{年間売上高 \div 12} = 12 より，$$

$$回転率 \times 回転期間 = 12 \quad または \quad 回転期間 = \frac{12}{回転率}$$

　ここからは，回転率と回転期間は逆数の関係にあり，反比例することがわかる。すなわち，回転率が大きくなると回転期間は小さくなり，回転率が小さくなると回転期間は大きくなる。これは，回転期間が短縮化すると回転率は上昇（向上）し，逆に，回転期間が長期化すると回転率は低下（悪化）することを意味している。回転率は，その数値が高いほど投下資本の運用効率がよく，回転期間は，その数値が低いほど投下資本の運用効率がよいということである。

　また，実務上は，回転率よりも回転期間のほうがよく使われている。

　たとえば，売上債権の回転率が6回転，売上債権の回転期間が2ヵ月であったとする。この場合，実務では，回転期間と同じ意味で，売上債権が平均月商の2ヵ月分あるという言い方をすることが多い。このほうが，まだ現金化されていない売上債権が平均月商の2ヵ月分残っているという意味が直接的に伝わってくるため，実務担当者にとっては，回転率よりもわかりやすい指標となっている。

3 　総資本回転率の分析

　総資本はさまざまなものから構成されるため，分析の対象も多くのものがあるが，一般的にその対象となるのは，売上債権，棚卸資産，固定資産，仕入債務である。

　ここで，総資本経常利益率の分析の全体像を示しておくと，図表2-3-1のとおりである。

Ｑ 参照

売上債権の分析については第2編4を，棚卸資産の分析については第2編5を参照。

●図表2-3-1　総資本経常利益率の分析（全体像）

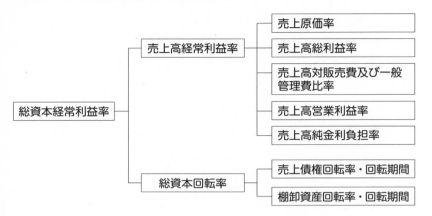

●総資本回転率の分析

$$総資本回転率 = \frac{売上高}{総資本}$$

○売上高の増加，総資本の減少⇒総資本回転率の上昇

○売上高の減少，総資本の増加⇒総資本回転率の減少

理解度チェック

総資本回転率が上昇する要因となるものは，次のうちどれか。

❶　売上高の減少

❷　受取手形のサイトの長期化

❸　売掛金の回収遅延

❹　不良在庫の処分

❺　設備投資の増加

解答　❹　不良在庫の処分は，総資本の減少につながるため，総資本回転率の上昇要因となる。

4 | 売上債権回転率・回転期間

1 売上債権回転率とは

売上債権回転率とは，1年間の売上高が売上債権の何倍あるかを示す指標である。売上債権回転率の算式は，次のとおりである。

$$
売上債権回転率（回）= \frac{年間売上高}{売上債権}
$$

$$
= \frac{平均月商 \times 12}{受取手形＋売掛金}
$$

売上債権とは，受取手形と売掛金の合計額であり，平均月商とは，1ヵ月当たりの売上高のことである。

売上債権回転率は，1年間の売上によって売上債権が何回転したかを表すものである。たとえば，売上債権回転率が4回であったとする。これは，1年間の売上高が売上債権残高の4倍あるということであり，その時点の売上債権残高が1年間の売上によって4回転しているということである。

売上債権が回転しているというのは，売上債権が回収されるサイクルを意味している。回転数が多ければ，売上債権が回収されて現金化されるサイクルが早いということである。資金繰りの観点からは，売上債権回転率は高いほうが望ましい。

関連過去問題
- 2023年6月 問34
- 2023年3月 問39
- 2022年6月 問33
- 2022年3月 問34
- 2021年6月 問40

第2編

 重要用語
売上債権回転率

！注意
売上債権回転率は，分子に年間売上高を使用する。

2 売上債権回転期間とは

重要用語
売上債権回転期間

売上債権回転期間とは，売上債権の残高が平均月商の何ヵ月分あるかを示す指標である。売上債権回転期間の算式は，次のとおりである。

$$売上債権回転期間（月）= \frac{売上債権}{平均月商}$$

$$= \frac{受取手形＋売掛金}{年間売上高÷12}$$

注意
売上債権回転期間は，分母に1ヵ月分の売上高を使用する。

売上債権回転期間は，売上債権がおおよそどのくらいの期間で回収されるかを表すものである。すなわち，売上債権回転期間が短ければ，売上代金の回収が早く行われていることを意味し，回転期間が長ければ，売上代金の回収に時間がかかっていることを意味している。

売上債権回転期間が長く，売上代金の回収に時間がかかるということは，その間は，会社の資金繰りを圧迫することになるため，売上債権回転期間は短いほうが望ましいといえる。

3 売上債権回転期間が長期化する要因

計算式からわかるように，売上債権回転期間は，分子の売上債権が増加するか，分母の平均月商（売上高）が減少することによって数値が上昇し，長期化することになる。

売上代金の回収が遅れ，売上債権が増加しているときには，売上債権回転期間は長期化することになるが，その要因には，次のようなものがある。

① 売掛金の回収遅延

② 受取手形サイトの長期化

③ 現金売上から掛売上への変更の増加

④ 売上代金の手形回収割合の増加

⑤ 売上代金の現金回収割合の減少

　このほかにも，長期化の原因が，不良債権の発生や取引先への無理な押込み販売，架空売上の計上であることもありうるので，売上債権回転期間が長期化した原因の分析は，特に慎重に行う必要がある。

理解度チェック

　下記の資料から，売上債権回転期間を算出すると，いくらになるか。

年間売上高	12,000	現金預金	1,500
受取手形	600	売掛金	2,400
前渡金	150	棚卸資産	1,200
支払手形	800	買掛金	1,600

解答　3.0ヵ月

$$\text{売上債権回転期間} = \frac{\text{売上債権}}{\text{平均月商}}$$

$$= \frac{\text{受取手形} + \text{売掛金}}{\text{年間売上高} \div 12}$$

$$= \frac{600 + 2,400}{12,000 \div 12}$$

　売上債権回転期間は，売上債権残高が平均月商の何ヵ月分あるかを表す指標である。よって，算出する際には，分母に1ヵ月分の売上高，すなわち，平均月商を使用する。

5 | 棚卸資産回転率・回転期間

1 棚卸資産回転率とは

棚卸資産回転率とは，1年間の売上高が棚卸資産の何倍あるかを示す指標である。棚卸資産回転率の算式は，次のとおりである。

関連過去問題
📝2023年3月
問39
📝2022年6月
問33
📝2021年6月
問34, 問40

📖 重要用語
棚卸資産回転率

$$棚卸資産回転率（回）＝\frac{年間売上高}{棚卸資産}$$

$$＝\frac{平均月商×12}{棚卸資産}$$

棚卸資産回転率は，1年間の売上によって棚卸資産の残高が何回転したかを表しており，言い換えれば，その時点の棚卸資産の残高が1年間で何回販売されたかということを示している。

棚卸資産回転率が高ければ，それだけ棚卸資産が販売されるサイクルが早いということであり，結果として，現金化されるのも早いことになる。資金繰りの観点からは，棚卸資産回転率は高いほうがよい。ただし，業種・業態によっては，必ずしも棚卸資産回転率が高いほうがよいとは限らない場合もあることには留意が必要である。

📖 重要用語
棚卸資産回転期間

2 棚卸資産回転期間とは

棚卸資産回転期間とは，棚卸資産の残高が平均月商の何ヵ月分あるかを示す指標である。棚卸資産回転期間の算式は，次のとお

りである。

$$\text{棚卸資産回転期間（月）} = \frac{\text{棚卸資産}}{\text{平均月商}}$$

$$= \frac{\text{棚卸資産}}{\text{年間売上高} \div 12}$$

棚卸資産の残高が平均月商の何ヵ月分あるかというのは，言い換えれば，その棚卸資産が何ヵ月で販売されるかということであり，その棚卸資産の保有期間が何ヵ月かということである。すなわち，棚卸資産回転期間が2ヵ月であるとしたら，平均すると，その棚卸資産は2ヵ月で販売されるということであり，棚卸資産の保有期間は2ヵ月ということでもある。

棚卸資産回転期間は，短いほど棚卸資産の保有期間が短く，資金化が早く行われることを，反対に，長いほど棚卸資産の保有期間が長く，資金化に時間がかかることを意味している。資金効率の観点からみると，棚卸資産回転期間は短いほうがよい。

ただし，業種・業態によっては，必ずしも棚卸資産回転期間が短いほどよいというものではない。たとえば，製造業では，ある程度の余裕をもって原材料を保有していないと生産活動にロスが生じてしまうことがあるし，小売業では，売れ筋商品の品切れにより販売の機会を失ってしまうこともある。

棚卸資産については，必要以上に回転期間を短くするよりも，その企業にとって適正な水準を維持することができているかが重要である。

3 棚卸資産回転期間が長期化する要因

棚卸資産回転期間は，計算式からわかるように，分子の棚卸資産が増加するか，あるいは，分母の平均月商（売上高）が減少す

補足

ここでは棚卸資産回転期間の算定上，分母として平均月商を使用しているが，売上高に含まれる粗利の影響を取り除き，回転期間を厳密に算定するために，1ヵ月当たりの売上原価を使用することもある。

注意

棚卸資産回転期間が短期化→棚卸資産回転率が向上
棚卸資産回転期間が長期化→棚卸資産回転率が悪化

第2編

ることによって，数値が上昇し，長期化することになる。逆に，分子の棚卸資産を小さくし，分母の売上高を大きくすれば，棚卸資産回転期間は短期化する。

棚卸資産の増加によって，棚卸資産回転期間が長期化する要因としては，次のようなものがあげられる。

---

① 販売計画以上の過剰仕入，過剰生産
② 製造期間の長期化
③ 商品返品率の上昇
④ 受注生産から見込生産への変更

これ以外にも，不良在庫の発生や製造工程でのトラブル，架空在庫の計上（粉飾）が棚卸資産回転期間の長期化の原因となることもありうるので，棚卸資産が長期化した原因の分析は，慎重に行う必要がある。

4 棚卸資産回転期間と棚卸資産回転率の関係

第2編3で説明したとおり，回転期間と回転率は逆数の関係にあるため，棚卸資産回転期間の値が小さくなると，棚卸資産回転率の値は大きくなる。逆に，棚卸資産回転期間の値が大きくなると，棚卸資産回転率の値は小さくなる。言い換えると，棚卸資産回転期間が短くなると棚卸資産回転率は向上するし，棚卸資産回転期間が長くなると棚卸資産回転率は悪化するという関係が成り立っている。

以上，ここまで総資本経常利益率を売上高経常利益率と総資本回転率とに分解し，それぞれの内容について検討してきた。

もう一度，総資本経常利益率の分析の全体像を第2編3の図表2-3-1で確認しておこう。

下記の資料から当期の棚卸資産回転期間と棚卸資産回転率を考察した記述として，正しいものはどれか。

	前期	当期
年間売上高	8,400	9,600
棚卸資産	1,400	2,400

❶ 棚卸資産回転期間は短期化し，棚卸資産回転率は向上した。

❷ 棚卸資産回転期間は長期化し，棚卸資産回転率は向上した。

❸ 棚卸資産回転期間は短期化し，棚卸資産回転率は悪化した。

❹ 棚卸資産回転期間は長期化し，棚卸資産回転率は悪化した。

❺ 棚卸資産回転期間も棚卸資産回転率も前期と変わらない。

解答 ❹

(1) 棚卸資産回転期間の算定

$$棚卸資産回転期間(月) = \frac{棚卸資産}{平均月商} = \frac{棚卸資産}{年間売上高 \div 12}$$

前期：$1,400 \div (8,400 \div 12) = 2.0$ヵ月

当期：$2,400 \div (9,600 \div 12) = 3.0$ヵ月

(2) 棚卸資産回転率の算定

$$棚卸資産回転率(回) = \frac{年間売上高}{棚卸資産}$$

前期：$8,400 \div 1,400 = 6.0$回

当期：$9,600 \div 2,400 = 4.0$回

以上をまとめると，次のとおりである。

	前期	当期	比較
(1)棚卸資産回転期間(月)	2.0	3.0	長期化
(2)棚卸資産回転率(回)	6.0	4.0	悪化

ここからは，棚卸資産回転期間は長期化し，棚卸資産回転率は悪化していることがわかる。

なお，棚卸資産回転期間と棚卸資産回転率は逆数の関係にあるため，棚卸資産回転期間の値が小さくなると，棚卸資産回転率の値は大きくなる。すなわち，棚卸資産回転期間が短くなると，棚卸資産回転率は向上する。逆に，棚卸資産回転期間の値が大きくなると，棚卸資産回転率の値は小さくなる。すなわち，棚卸資産回転期間が長くなると，棚卸資産回転率は悪化する。

よって，問題文の❷と❸が正解として成り立つことはない。

6 | 損益分岐点分析

1 損益分岐点分析とは

関連過去問題
/ 2023年6月
問37
/ 2023年3月
問37
/ 2022年6月
問34, 問39
/ 2022年3月
問38
/ 2021年6月
問36

損益分岐点とは，売上高と費用が一致し，利益もでなければ損失もでない，利益と損失の境界となる分岐点のことである。すなわち，損益分岐点においては，「売上高－費用＝0」または「売上高＝費用」の関係が成り立っている。この損益分岐点における売上高を損益分岐点売上高という。

損益分岐点では，売上高－費用＝0となる。

基本的には，企業の売上高が損益分岐点売上高を上回れば利益が生じ，損益分岐点売上高を下回れば損失が生じることになる。利潤を追求する企業にとって，損益分岐点売上高を上回る売上をあげることは，必須の課題である。

📖 **重要用語**

損益分岐点分析

また，**損益分岐点分析**によって算出される損益分岐点売上高は，赤字企業からすると，あとどれだけ売上を増やせば黒字に転換できるかの指標となる。逆に黒字企業からすると，どれだけ売上が減れば赤字に転落してしまうかの指標にもなる。

さらに，損益分岐点分析では，目標利益を達成するための売上高を算定したり，会社経営の安全性などを把握したりすることもできる。

損益分岐点分析は，このような分析を行う収益性分析の1つである。以下では，損益分岐点分析を行ううえで基本となる事項について説明していく。

2 変動費と固定費

損益分岐点分析においては，費用は，変動費と固定費に区分する必要がある。

費用＝変動費＋固定費

変動費とは，売上高の増減に比例して発生する費用のことである。すなわち，変動費は，売上高が増加すれば，金額が増加し，逆に，売上高が減少すれば，金額が減少する費用のことである。変動費の例としては，製品の材料費，買入部品費，外注加工費や商品の売上原価などがあげられる。

一方，固定費とは，売上高の増減とは関係なく発生する費用のことである。固定費の例としては，役員報酬，管理部門の人件費，減価償却費，租税公課，地代家賃などがあげられる。

変動費と固定費について，売上高との関係をそれぞれ図示すると，図表2-6-1のようになる。

補足

現実問題として，費用を変動費と固定費とに完全に分けることは困難なので，実務上は，簡便的な方法として，勘定科目ごとに変動費と固定費に区分していく方法（費目別精査法）が使われている。

重要用語
変動費

重要用語
固定費

第2編

●図表2-6-1　変動費と固定費

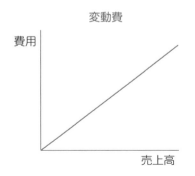

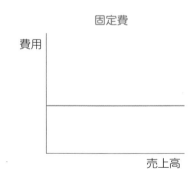

● 図表2-6-2　財務分析（損益分岐点分析）と財務会計の費用と利益

	財務分析	財務会計
売上高	変動費	変動費
	限界利益	固定費
		利益

財務分析：売上高−変動費＝限界利益

財務会計：売上高−（変動費＋固定費）＝利益

3　限界利益

重要用語

限界利益

　損益分岐点分析においては，限界利益という概念を使用する。限界利益とは，売上高から変動費を差し引いたものである。

限界利益＝売上高−変動費

　限界利益は，損益計算書に計上される財務会計上の利益ではなく，財務分析で使用する利益である。損益計算書では，費用は変動費と固定費に分けることなく，利益が算出されるが，損益分岐点分析においては，費用は変動費と固定費に分けられ，限界利益が算出される。この関係を図示すると，図表2-6-2のとおりである。

4　変動費比率と限界利益率

重要用語

変動費比率

重要用語

限界利益率

　このように，損益分岐点分析においては，売上高は変動費と限界利益の2つに分けられ，売上高に対する変動費の割合を変動費比率，売上高に対する限界利益の割合を限界利益率という。

$$変動費比率 = \frac{変動費}{売上高} \qquad 限界利益率 = \frac{限界利益}{売上高}$$

　変動費比率と限界利益率の関係については，売上高から変動費を差し引いたものが限界利益であり，変動費と限界利益の合計は売上高になることから，下記のように，変動費比率と限界利益率の合計は必ず1になる。

$$変動費比率＋限界利益率 = \frac{変動費}{売上高} + \frac{限界利益}{売上高} = \frac{売上高}{売上高} = 1$$

限界利益率＝1－変動費比率

5　損益分岐点図表

　損益分岐点分析における売上高と費用の関係をグラフに示すと，図表2-6-3のとおりである。このグラフは，損益分岐点図表と呼ばれている。

　このグラフにおいて，売上高と総費用線とが交わる点が損益分岐点である。すなわち，損益分岐点においては，売上高と総費用（変動費＋固定費）が一致しており，利益も損失も生じていない状態となっている。

　売上高が損益分岐点を超えれば，売上高が総費用を上回るため利益が生じることになり，逆に売上高が損益分岐点を下回れば，総費用のほうが売上高を上回るため損失が生じることが，グラフからも理解できるはずである。

● 図表2-6-3　損益分岐点図表

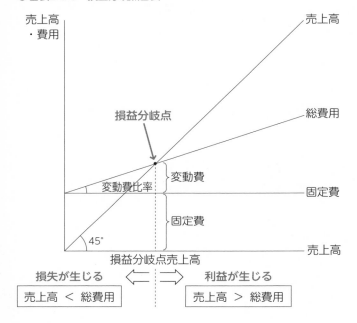

（グラフの説明）

① 横軸は売上高，縦軸は売上高と費用を示している。

② 売上高線の傾きは45度（＝１）である。つまり，売上高は，縦軸の金額と横軸の金額が一致している。

③ 総費用線は，変動費と固定費の合計である。変動費の傾きは変動費比率（＝変動費÷売上高）であり，固定費を切片としている。

直近5回の出題頻度 ★☆☆☆☆

7 損益分岐点売上高

1 損益分岐点売上高における限界利益と固定費の関係

第２編６で触れたとおり，損益分岐点とは，売上高と費用が一致し，利益もでなければ損失もでない点である。すなわち，損益分岐点においては，「売上高－費用＝０」の関係が成り立っている。よって，損益分岐点売上高における費用と利益の関係を図示すると，図表2-7-1のとおりとなる。

この図からもわかるように，**損益分岐点売上高**においては，「限界利益＝固定費」の関係が成り立っている。

損益分岐点売上高は，利益も損失も生じない売上高であり，それは，限界利益がちょうど固定費を回収した時点の売上高，すな

関連過去問題
2023年６月 問37

重要用語
損益分岐点売上高

●図表2-7-1　損益分岐点売上高の費用構造

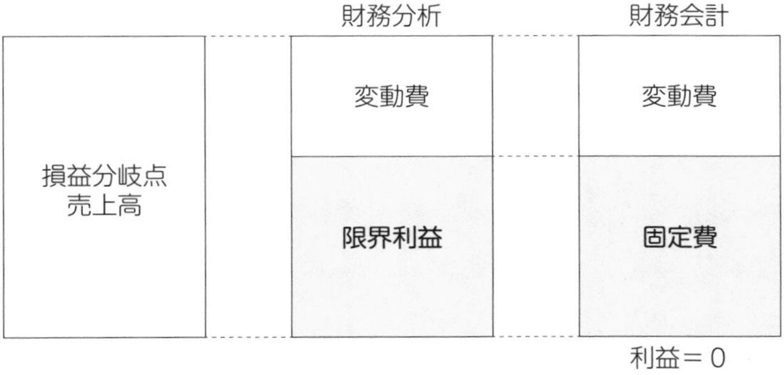

財務分析：損益分岐点売上高＝変動費＋限界利益

財務会計：損益分岐点売上高＝変動費＋固定費

わち，限界利益が固定費を上回りも下回りもしない時点の売上高のことである。よって，損益分岐点売上高においては，限界利益と固定費が一致することになる。

> 損益分岐点売上高では，限界利益＝固定費が成り立つ。

売上高が損益分岐点売上高を上回り，利益が発生しているというのは，限界利益がすべての固定費を回収したうえで，さらに限界利益が生じている状態のことである。言い換えると，限界利益が固定費を上回っている状態である。逆に，損失が発生しているというのは，限界利益によって固定費を回収できていない状態のことであり，それは，限界利益が固定費を下回っている状態ということになる。

2 損益分岐点売上高の算出

損益分岐点売上高をＳとしたときの費用構造を図示すると，図表2-7-2のとおりである。

損益分岐点では，「限界利益＝固定費」の関係が成り立つから，損益分岐点売上高は，次のとおり算出される。

●図表2-7-2 損益分岐点売上高をＳとしたときの費用構造

	財務分析	財務会計
損益分岐点売上高 S	変動費 S×変動費比率	変動費
	限界利益 S×限界利益率	固定費

利益＝0

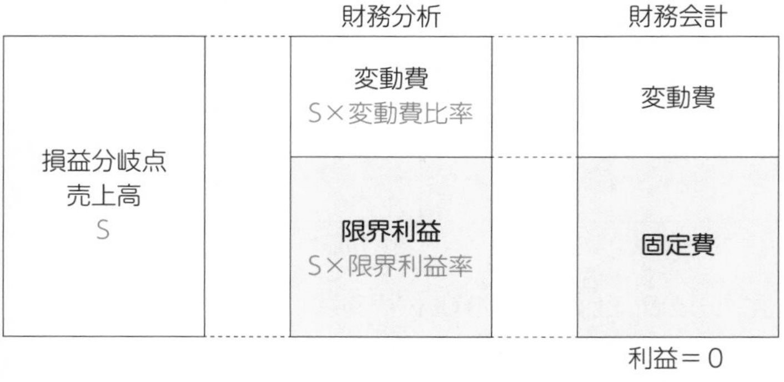

限界利益＝損益分岐点売上高×限界利益率

損益分岐点売上高×限界利益率＝固定費　より,

$$損益分岐点売上高 = \frac{固定費}{限界利益率} = \frac{固定費}{1-変動費比率}$$

（注）限界利益率＝1－変動費比率

　また,　損益分岐点においては,「損益分岐点売上高－（変動費
＋固定費）＝0」の関係が成り立つから,　損益分岐点売上高をS
とし,　下記のように一次方程式として解いても,　同じ算式が導き
出せる。

　S－（S×変動費比率＋固定費）＝0

　S－S×変動費比率－固定費＝0

　S×（1－変動費比率）＝固定費

「1－変動費比率＝限界利益率」より,

　S×限界利益率＝固定費

∴ S＝固定費÷限界利益率

●損益分岐点売上高の算出

$$損益分岐点売上高 = \frac{固定費}{限界利益率}$$

　損益分岐点では,　限界利益＝固定費の関係が
成り立つ。

　限界利益＝損益分岐点売上高×限界利益率
より,　損益分岐点では,　損益分岐点売上高×限
界利益率＝固定費となる。

下記の資料から損益分岐点売上高を算出すると，いくらになるか。

売上高　180,000　　変動費　117,000　　固定費　52,500

解答　150,000

損益分岐点売上高をSとしたときの費用と利益の関係を図示すると，次のとおりである。

	財務分析	財務会計
損益分岐点 売上高 S	変動費 S×65%	変動費
	限界利益 S×35%	固定費 52,500

利益＝0

損益分岐点売上高においては，「限界利益＝固定費」の関係が成り立つから，「損益分岐点売上高×限界利益率＝固定費」となる。

「限界利益率＝(180,000−117,000)÷180,000＝35%」より，損益分岐点では，「S×35%＝52,500」となり，損益分岐点売上高Sは，150,000と算出される。

$$損益分岐点売上高＝\frac{固定費}{限界利益率}＝\frac{52,500}{35\%}＝150,000$$

また，損益分岐点では，「損益分岐点売上高−(変動費＋固定費)＝0」が成り立つことから，下記のように解いてもよい。

変動費＝損益分岐点売上高×変動費比率
変動費比率＝117,000÷180,000＝0.65より，
　S−(S×0.65+52,500)＝0
　S−(0.65S+52,500)＝0
　0.35S＝52,500　∴S＝150,000

8 | 目標売上高

損益分岐点分析の考え方を応用すると，目標売上高を算出することができる。これまで使用してきた損益分岐点売上高における費用と利益の関係図を目標売上高にあてはめてみると，図表2-8-1のとおりとなる。

損益分岐点売上高において，「限界利益＝固定費」の関係が成り立っていたように，目標売上高においては，「限界利益＝固定費＋目標利益」の関係が成り立っている。この関係を利用して，目標売上高の算式を示すと，次のとおりとなる。

限界利益＝固定費＋目標利益，

限界利益＝目標売上高×限界利益率より，

目標売上高×限界利益率＝固定費＋目標利益

$$目標売上高 = \frac{固定費 + 目標利益}{限界利益率}$$

関連過去問題
- 2023年6月 問38
- 2021年6月 問39

📖 **重要用語**
目標売上高

第2編

● 図表2-8-1　目標売上高の費用と利益

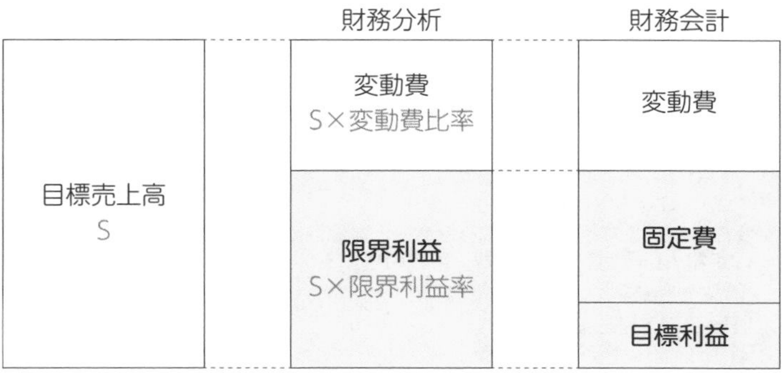

目標売上高 S	財務分析	財務会計
	変動費 S×変動費比率	変動費
	限界利益 S×限界利益率	固定費
		目標利益

つまり，限界利益率（または変動費比率），固定費，目標利益がわかっていれば，その目標利益を達成する売上高も算出できるというわけである。

　下記の資料から，来期の目標利益を達成するために必要な売上高を算出すると，いくらになるか。

当期の売上高	400,000
当期の変動費比率	45%
当期の固定費	180,000
来期に増加が予測される固定費	20,000
来期の目標利益	75,000

解答　500,000
目標売上高における費用と利益の関係を図示すると，次のとおりである。

	財務分析	財務会計
目標売上高 S	変動費 S×45%	変動費
	限界利益 S×55%	固定費 180,000+20,000
		目標利益 75,000

（解き方①）　目標売上高においては，「限界利益＝固定費＋目標利益」が成り立つ。
限界利益＝目標売上高×限界利益率
限界利益率＝1－変動費比率＝1－45％＝55％より，
S×0.55＝(180,000＋20,000)＋75,000
S＝275,000÷0.55　∴S＝500,000
（解き方②）　目標売上高Sにおいては，「目標売上高－(変動費＋固定費)＝目標利益」の関係が成り立つことから，下記のように解いてもよい。
S－(S×0.45＋180,000＋20,000)＝75,000
0.55S＝275,000　∴S＝500,000
（解き方③）　公式にあてはめて解くと，次のとおりとなる。

$$目標売上高＝\frac{固定費＋目標利益}{限界利益率}＝\frac{固定費＋目標利益}{1－変動費比率}$$
$$＝\frac{180,000＋20,000＋75,000}{1－0.45}＝500,000$$

9 | 損益分岐点比率と安全余裕率

1 損益分岐点比率と安全余裕率

損益分岐点比率とは，現在の売上高に対して，損益分岐点売上高がどのくらいの割合を占めているかを表す指標である。損益分岐点比率の算式は，次のとおりである。

$$損益分岐点比率（\%）＝\frac{損益分岐点売上高}{現在の売上高}×100$$

一方，**安全余裕率**とは，現在の売上高のうち，損益分岐点売上高を超える部分がどのくらいの割合を占めているかを表す指標である。安全余裕率の算式は，次のとおりである。

$$安全余裕率（\%）＝\frac{現在の売上高－損益分岐点売上高}{現在の売上高}×100$$

2 損益分岐点比率と安全余裕率の関係

損益分岐点比率と安全余裕率は，現在の売上高を損益分岐点売上高の占める割合とそれを超える部分が占める割合とに2分したものである。

図表2-9-1からも分かるように，損益分岐点比率と安全余裕率の2つを合計すると100%になる。

損益分岐点比率＋安全余裕率＝100%

関連過去問題
🖉 2022年3月
問39

📖 重要用語
損益分岐点比率

📖 重要用語
安全余裕率

第2編

●図表2-9-1　損益分岐点比率と安全余裕率の関係

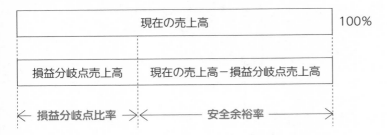

　　つまり，この２つの指標は，損益分岐点比率が高いと安全余裕率は低くなり，逆に，損益分岐点比率が低いと安全余裕率は高くなるという関係にある。

　　現在の売上高は，損益分岐点売上高を超えて大きくなるほど，利益は大きくなり，安全余裕率の数値は高くなる。つまり，安全余裕率の数値は高いほど，企業の収益体質がよいことを意味している。逆にこれは，損益分岐点比率が低いほど，企業の収益体質がよいということでもある。

　　たとえば，安全余裕率が10％（損益分岐点比率が90％）の会社は，売上高が10％減少してしまうと利益がなくなり，それ以上に売上高が減少すると損失が発生する。一方で，安全余裕率が20％（損益分岐点比率が80％）の会社は，売上高が20％減少するまでは利益を確保できることになる。つまり，安全余裕率が高いということは，経営環境が悪化して売上高が減少したとしても，赤字になるまでの余裕が大きいことを意味している。

　　したがって，安全余裕率が高く損益分岐点比率が低いと企業の収益性は高く，逆に，安全余裕率が低く損益分岐点比率が高いと企業の収益性は低いといえる。

3 損益分岐点比率・安全余裕率と限界利益

次に，損益分岐点比率と安全余裕率の関係について，限界利益の視点から見てみよう。損益分岐点比率と安全余裕率の算式を展開していくと，次のとおりとなる。

$$損益分岐点比率＝\frac{損益分岐点売上高}{売上高}×100$$

$$損益分岐点売上高＝\frac{固定費}{限界利益率}\quad より，$$

$$損益分岐点比率＝\frac{固定費}{限界利益率}×\frac{1}{売上高}×100$$

$$＝\frac{固定費}{売上高×限界利益率}×100$$

$$＝\frac{固定費}{限界利益}×100$$

また，安全余裕率＝1－損益分岐点比率より，

$$安全余裕率＝\left(1－\frac{固定費}{限界利益}\right)×100$$

$$＝\frac{限界利益－固定費}{限界利益}×100$$

$$＝\frac{利益（財務会計）}{限界利益}×100$$

以上より，

$$損益分岐点比率＝\frac{固定費}{限界利益}×100$$

$$安全余裕率＝\frac{利益（財務会計）}{限界利益}×100$$

これを見ると，損益分岐点比率は，限界利益に対する固定費の

● 図表2-9-2　損益分岐点比率・安全余裕率と限界利益の関係

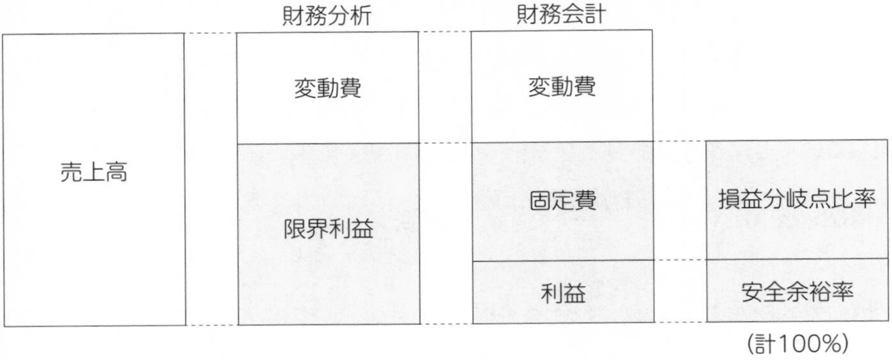

割合を示しており，安全余裕率は，限界利益に対する財務会計の利益の割合を示していることがわかる。この関係を図示すると，図表2-9-2のとおりである。

　ここでは，売上高から変動費を引いたものが，限界利益であり，限界利益から固定費を引いたものが，財務会計上の利益である。よって，限界利益は，固定費と財務会計上の利益に分けられることになる。前述の算式で示したように，損益分岐点比率は限界利益に対する固定費の割合であり，安全余裕率は限界利益に対する財務会計の利益の割合である。ということは，損益分岐点比率と安全余裕率は，限界利益を固定費と財務会計上の利益の割合で2分した比率ということができる。

　ここで，これまで出てきた指標と限界利益との関係をまとめておくと，次のとおりである。

---

　①　損益分岐点売上高：限界利益＝固定費

　②　目標売上高：限界利益＝固定費＋目標利益

　③　損益分岐点比率：固定費÷限界利益×100

　④　安全余裕率：（限界利益－固定費）÷限界利益×100

4　変動費比率と固定費の変動による影響

　ここでは，変動費比率や固定費が変動した場合，損益分岐点比率と安全余裕率はどのように変化するのかを考えてみよう。

▶ 1．変動費比率の変動

　売上高と固定費が一定のときに変動費比率が上昇すると，「変動費比率＋限界利益率＝1」の関係から，限界利益率は低下することになる。限界利益率が低下すると，固定費を回収するための売上高をより多く必要とすることになるので，損益分岐点売上高はその分だけ大きくなる。したがって，変動費比率が上昇すると，損益分岐点売上高が大きくなるため，損益分岐点比率は上昇し，安全余裕率は低下することになる。

　逆に，変動費比率が低下すると，限界利益率は上昇する。限界利益率が上昇すれば，固定費を回収するための売上高が少なくて済むことになり，その分だけ損益分岐点売上高は小さくなる。したがって，変動費比率が低下すると，損益分岐点売上高が小さくなるため，損益分岐点比率は低下し，安全余裕率は上昇する。

変動費比率の上昇→損益分岐点比率の上昇＝安全余裕率の低下
変動費比率の低下→損益分岐点比率の低下＝安全余裕率の上昇

▶ 2．固定費の変動

　売上高と変動費比率・限界利益率が一定のときに固定費が増加すると，今までよりも固定費を回収するための売上高を多く必要とすることになるから，その分だけ損益分岐点売上高は大きくなる。よって，固定費が増加すると，損益分岐点売上高が大きくなるため，損益分岐点比率は上昇し，安全余裕率は低下する。

　逆に，固定費が減少すると，今までよりも固定費を回収するための売上高が少なくて済むことになり，その分だけ損益分岐点売

上高は小さくなる。よって，固定費が減少すると，損益分岐点売上高が小さくなるため，損益分岐点比率は低下し，安全余裕率は上昇することになる。

> 固定費の増加→損益分岐点比率の上昇＝安全余裕率の低下
> 固定費の減少→損益分岐点比率の低下＝安全余裕率の上昇

　以上の内容について別の見方をすると，変動費比率の上昇と固定費の増加は，ともにコストの増加をもたらすものであり，コストが増加すれば，その分，安全度合い（安全余裕率）が低下する。**2**で示したように「損益分岐点比率＋安全余裕率＝1」の関係から，安全余裕率の低下は，同時に損益分岐点比率の上昇を意味している。したがって，コストの増加は，安全余裕率の低下をもたらすと同時に，損益分岐点比率の上昇につながる。逆に，コストが減少すれば，安全余裕率は高まると同時に，損益分岐点比率が低下することになる。

　以上より，試験対策としては，変動費比率や固定費の変動によってコストが増えれば，安全余裕率が低下して損益分岐点比率は上昇する，逆にコストが減れば，安全余裕率は上昇して損益分岐点比率は低下する，と考えておけばよい。

●変動費比率と固定費の変動
　コストの増加→安全余裕率の低下＝損益分岐点比率の上昇
　コストの減少→安全余裕率の上昇＝損益分岐点比率の低下

下記の資料から❶損益分岐点比率と❷安全余裕率を算出すると，いくらになるか。

> 売上高　50,000　　　変動費　17,000　　　固定費　27,720

解答　❶84%　　❷16%

これらのデータから，限界利益と財務会計上の固定費・利益，損益分岐点比率と安全余裕率との関係を図示すると，次のとおりである。

	財務分析	財務会計	
売上高 50,000	変動費 17,000	変動費 17,000	
	限界利益 33,000	固定費 27,720	損益分岐点比率84%
		利益 5,280	安全余裕率 16%

（計100%）

限界利益：売上高50,000－変動費17,000＝33,000
利益：売上高50,000－変動費17,000－固定費27,720＝5,280

損益分岐点比率と安全余裕率は，限界利益を固定費と財務会計上の利益の割合で2分した比率である。すなわち，損益分岐点比率は，限界利益に対する固定費の割合であり，安全余裕率は，限界利益に対する財務会計上の利益の割合である。したがって，

損益分岐点比率：$\dfrac{固定費27,720}{限界利益33,000} \times 100 = 84\%$

安全余裕率：$\dfrac{利益（財務会計）5,280}{限界利益33,000} \times 100 = 16\%$

（安全余裕率＝1－損益分岐点比率＝1－84%＝16%でもよい）

別の解き方として，損益分岐点売上高を算出してから，損益分岐点比率を算出する場合は，次のとおりとなる。

損益分岐点売上高をSとすれば，

$S - (S \times \dfrac{17,000}{50,000} + 27,720) = 0$　より，

$S - (0.34S + 27,720) = 0,$　$0.66S = 27,720,$　$S = 42,000,$　よって，

損益分岐点比率：$\dfrac{42,000}{50,000} \times 100 = 84\%$

安全余裕率：1－84%＝16%

第2編

10 | 売上総利益の増減分析

売上総利益の増減分析は，来期に予想される販売数量，販売単価などの情報を利用して，来期の売上総利益を予想する手法である。

売上総利益は，売上高から売上原価を差し引いたものであるから，来期の予想売上総利益は，来期の予想売上高と来期の予想売上原価とを算出して求めることになる。

売上高は，単純化すると「売上高＝販売数量×販売単価」として表されることから，来期の予想売上高は，来期に予想される販売数量と販売単価を掛けて求めることができる。同様に，売上原価は「売上原価＝販売数量×仕入単価」となることから，来期の予想売上原価は，来期に予想される販売数量と仕入単価を掛けて求められる。これを算式にして表すと，次のとおりである。

> **来期売上高＝来期の予想販売数量×来期の予想販売単価**
> **来期売上原価＝来期の予想販売数量×来期の予想仕入単価**
> **来期売上総利益＝来期売上高－来期売上原価**

以下では，具体例を使って，来期の売上総利益を算出してみよう。

─予想売上総利益の額の算出─

下記の資料から，来期の予想売上総利益の額を算出すると，いくらになるか。なお，販売商品は1種類のみであり，取扱商品の構成については変更がないものとする。

関連過去問題
- 2023年3月 問34
- 2022年6月 問37

重要用語
売上総利益の増減分析

当期の実績		来期の予想	
売上高	1,000,000	販売単価	5%上昇
売上原価	800,000	販売数量	10%上昇
売上総利益	200,000	仕入単価	3%低下

当期の販売単価をP，販売数量をQ，仕入単価をCとすると，

当期売上高　　　P×Q＝1,000,000

当期売上原価　　C×Q＝800,000

来期の予想販売単価，販売数量，仕入単価は，次のとおりである。

来期の販売単価　P×（1＋0.05）

来期の販売数量　Q×（1＋0.10）

来期の仕入単価　C×（1－0.03）

よって，来期の予想売上高と予想売上原価から，来期の予想売上総利益を算出すると，次のとおりである。

来期売上高　　　P×（1＋0.05）×Q×（1＋0.10）

　　　　　　　　＝P×Q×（1＋0.05）×（1＋0.10）

　　　　　　　　＝1,000,000×1.155＝1,155,000

来期売上原価　　C×（1－0.03）×Q×（1＋0.10）

　　　　　　　　＝C×Q×（1－0.03））×（1＋0.10）

　　　　　　　　＝800,000×1.067＝853,600

来期売上総利益　1,155,000－853,600＝301,400

ここで，来期の予想売上高と予想売上原価の算式を整理すると，次のとおりとなる。

来期の予想売上高
＝当期売上高×(1±販売単価増減率)×(1±販売数量増減率)
来期の予想売上原価
＝当期売上原価×(1±仕入単価増減率)×(1±販売数量増減率)

この算式を使って，来期の予想売上総利益を算出すると，次のとおりとなる。

来期売上高：1,000,000×（1＋0.10）×（1＋0.05）＝1,155,000

来期売上原価：800,000×（1＋0.10）×（1－0.03）＝853,600

来期売上総利益：1,155,000－853,600＝301,400

来期売上高

　＝当期売上高×（1±販売数量増減率）

　　×（1±販売単価増減率）

来期売上原価

　＝当期売上原価×（1±販売数量増減率）

　　×（1±仕入単価増減率）

理解度チェック

下記の資料から来期の予想売上総利益の額を算出すると，いくらになるか。なお，販売商品は1種類のみであり，取扱商品の構成については変更がないものとする。

当期の実績		来期の予想	
売上高	600,000	販売単価	3％上昇
売上原価	480,000	販売数量	5％上昇
		仕入単価	2％低下

解答　154,980

来期の予想売上高＝当期売上高×(1±販売単価増減率)×(1±販売数量増減率)

600,000×(1＋0.03)×(1＋0.05)＝648,900

来期の予想売上原価＝当期売上原価×(1±仕入単価増減率)×(1±販売数量増減率)

480,000×(1－0.02)×(1＋0.05)＝493,920

来期売上総利益

648,900－493,920＝154,980

11 | 生産性分析

1 生産性とは

生産性とは，企業が経営資源であるヒト，モノ，カネといった生産要素を投入することによって，経営活動の成果として，どれだけ生産物が産出されたかを示したものである。生産性の算式は，次のとおりである。

$$生産性 = \frac{生産物の産出量}{生産要素の投入量}$$

生産性は，経営資源である生産要素の投入というインプットから，どれだけ生産物というアウトプットを生み出しているのか，言い換えると，インプットとアウトプットの割合を示した指標である。

企業の経営活動において重要な生産要素は，やはり「ヒト」である。そこで，生産性分析では，計算式の分母であるインプットとして，労働力を表す従業員数が使われることが多い。また，計算式の分子であるアウトプットとしては，通常，「付加価値額」という概念が使用される。

インプットとして従業員数，アウトプットとして付加価値額を使用して企業の生産性をみる指標が，**3**で説明する労働生産性である。

関連過去問題
✏2023年6月
問40
✏2023年3月
問38
✏2022年6月
問36
✏2022年3月
問37

 重要用語
生産性

第2編

2 付加価値とは

重要用語

付加価値

付加価値とは，企業が新しく生み出した価値のことをいう。

この付加価値を金額で示したものが，付加価値額である。付加価値額の算出方法にはさまざまなものがあり，算出者によって金額も異なるものとなっている。

補足

付加価値額の計算方法として，代表的なものに日銀方式があり，算出方法は次のとおりである。
付加価値額＝経常利益＋人件費＋減価償却費＋賃借料＋金融費用＋租税公課

ここでは，もっとも簡便的な算出方法について，考え方を説明しておく。

企業の経営活動というのは，外部から購入したものに新たな価値を加え，それを販売することによって，利益を獲得していくものである。そこで，付加価値額とは，売上高から外部購入額を差し引いたものであるとする考え方がある。

この考え方によれば，小売業では，付加価値額とは売上高から売上原価を差し引いたもの，すなわち，売上総利益（粗利）が付加価値額となる。また，建設業を例にとれば，完成工事高から材料費，外注費などの外部購入額を差し引いた金額が，付加価値額として算出されることになる。

なお，財務3級試験では，売上高と付加価値率が与えられ，以下の算式により，付加価値額を算出するケースが多い。ここで，付加価値率とは，売上高に占める付加価値の割合をいう。

付加価値額＝売上高×付加価値率

3 労働生産性

労働生産性とは，従業員1人当たりの付加価値額のことである。労働生産性の算式は，次のとおりである。

$$労働生産性 = \frac{付加価値額}{従業員数}$$

労働生産性は，従業員1人当たりにつき，どれだけ付加価値を生み出しているかを示すものであるから，数値が高いほど生産性が高いといえる。逆にこの数値が低ければ，従業員の労働力から十分な付加価値が得られていないということであり，生産性が低いことを示している。

4 労働分配率

労働分配率とは，企業が獲得した付加価値から，どれだけ人件費に配分されたかを示す指標である。労働分配率の算式は，次のとおりである。

$$労働分配率（\%） = \frac{人件費}{付加価値額} \times 100$$

労働分配率は，企業の経営活動から得られた成果である付加価値が，労働力の提供者である従業員に適正に分配されているかを分析する指標である。

労働分配率は，企業にとって高いほどよいというものでもなければ，低いほどよいというものでもない。

付加価値から人件費への分配割合を多くして労働分配率を高くすれば，従業員にとっては満足度の高い結果とはなるものの，企業にとっては利益を圧迫する要因となってしまう。

逆に，人件費への分配を少なくして労働分配率を低くすれば，企業にとってはコストダウンにつながるが，従業員にとってはモチベーションの低下につながることもある。結果的に，それが優秀な人材の流出を引き起こし，企業経営にとって悪影響を及ぼす可能性もある。

したがって，労働分配率については，同業他社との比較や業界平均との比較などから，適正な水準といえるかどうかを検討する必要がある。

●図表2-11-1　労働生産性と労働分配率

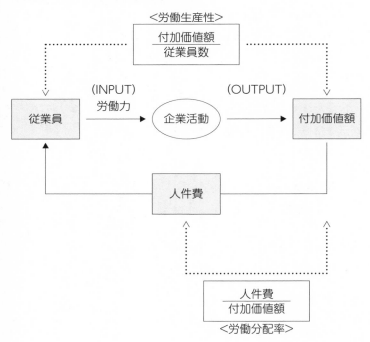

●労働生産性と労働分配率

$$労働生産性 = \frac{付加価値額}{従業員数} \qquad 労働分配率 = \frac{人件費}{付加価値額} \times 100$$

付加価値額＝売上高×付加価値率

理解度チェック

下記の資料から❶労働生産性と❷労働分配率を算出すると，いくらになるか。

売上高	25,000
人件費	5,000
従業員数	250名
付加価値率	40.0%

解答　❶　労働生産性　　40
　　　❷　労働分配率　　50%

$$労働生産性 = \frac{付加価値額}{従業員数}$$
$$= \frac{売上高×付加価値率}{従業員数}$$
$$= \frac{25,000×40.0\%}{250}$$
$$= 40$$

$$労働分配率 = \frac{人件費}{付加価値額} \times 100$$
$$= \frac{人件費}{売上高×付加価値率} \times 100$$
$$= \frac{5,000}{25,000×40.0\%} \times 100$$
$$= 50\%$$

12 | 労働生産性の分析

1 労働生産性の様々な構成要素

労働生産性の算式については，下記で示すように，分子と分母に売上高や有形固定資産を掛けることによって，さまざまな構成要素に分解することができる。こうして，労働生産性を複数の要素に分けることによって，労働生産性の高い原因や低い原因を分析することが可能になる。

関連過去問題
- 2023年6月
  問39
- 2022年6月
  問35
- 2021年6月
  問38

$$労働生産性 = \frac{付加価値額}{従業員数}$$

▶ 1. 式の分子と分母に「売上高」を掛ける

労働生産性の算式の分子と分母に「売上高」を掛けると，算式は次のようになる。

$$労働生産性 = \frac{売上高}{従業員数} \times \frac{付加価値額}{売上高}$$

$$= 従業員1人当たり売上高 \times 付加価値率$$

これは，労働生産性を「売上高」との関係から分析しているものである。

このように，労働生産性は，「従業員1人当たり売上高」と「付加価値率」とを掛けたものとなっている。これは，「従業員1人当たり売上高」と「付加価値率」が，労働生産性の構成要因となっているということである。

この算式から，労働生産性を高めるためには，「従業員1人当たり売上高」を高め，「付加価値率」を高めることが必要であることがわかる。

▶ 2. 式の分子と分母に「有形固定資産」を掛ける

労働生産性の算式の分子と分母に「有形固定資産」を掛けると，算式は次のようになる。

$$労働生産性 = \frac{有形固定資産}{従業員数} \times \frac{付加価値額}{有形固定資産}$$

$$= 労働装備率 \times 設備生産性$$

これは，労働生産性を「有形固定資産」との関係から分析しているものである。

ここで，労働装備率とは，従業員1人当たりの有形固定資産の額のことをいう。すなわち，労働装備率とは，労働者1人当たりに対して，どれだけ設備が装備されているかを示す指標である。

また，設備生産性とは，付加価値額が有形固定資産の何倍あるかを示す指標である。これは，インプットである有形固定資産という設備投資からアウトプットである付加価値がどれだけ生み出されているかという，設備投資の生産性を表すものである。

この算式からは，労働生産性が「労働装備率」と「設備生産性」とを掛けたものであり，「労働装備率」と「設備生産性」は，労働生産性の構成要素となっていることがわかる。

つまり，労働生産性を高めるためには，「労働装備率」を高め，「設備生産性」を高めることが必要であるということである。

▶ 3. 式の分子と分母に「売上高」と「有形固定資産」を掛ける

労働生産性の算式の分子と分母に「売上高」と「有形固定資産」を掛けると，算式は次のようになる（▶ 2. の算式の設備生産性（＝付加価値額÷有形固定資産）の分子と分母に「売上高」

📖 重要用語
労働装備率

📖 重要用語
設備生産性

を掛けても同じ結果となる）。

$$労働生産性 = \frac{有形固定資産}{従業員数} \times \frac{売上高}{有形固定資産} \times \frac{付加価値額}{売上高}$$

$$= 労働装備率 \times 有形固定資産回転率 \times 付加価値率$$

重要用語
有形固定資産回転率

ここで，有形固定資産回転率とは，売上高が有形固定資産の何倍あるか，すなわち，売上により有形固定資産が何回転しているかを示す指標である。これは，有形固定資産がどれだけ有効に利用されているかという，有形固定資産の利用効率を表すものである。

この算式からは，労働生産性は，「労働装備率」と「有形固定資産回転率」と「付加価値率」とを掛けたものであり，それぞれが労働生産性の構成要因となっていることがわかる。

つまり，労働生産性を高めるためには，「労働装備率」，「有形固定資産回転率」，「付加価値率」をそれぞれ高めることが必要となってくる。

以上，▶ 1. ～▶ 3. においては，労働生産性の算式を複数の構成要素に分解し，分析する方法について見てきた。これらの労働生産性の算式については，労働生産性の算出方法として試験で問われることが多いので，次頁にそのイメージを整理しておいた。

算式の覚え方として，まずは労働生産性の算式（＝付加価値額÷従業員数）の分子「付加価値額」と分母「従業員数」の間に，①「売上高」，②「有形固定資産」，③「売上高」と「有形固定資産」をはさみこみ，式を展開していくことができるようにしておくとよい。

●労働生産性の算式

① 式の分子と分母に「売上高」を掛けます

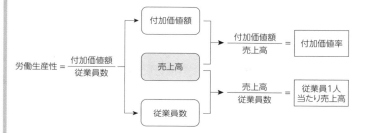

② 式の分子と分母に「有形固定資産」を掛けます

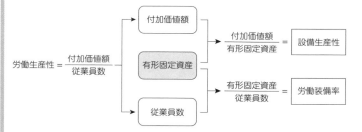

③ 式の分子と分母に「売上高」と「有形固定資産」を掛けます

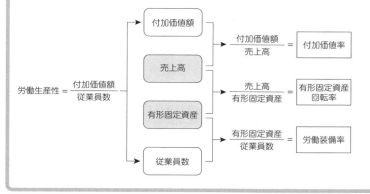

2 労働生産性と労働分配率

労働生産性と労働分配率については，両者を掛け合わせると，下記のように従業員1人当たりの人件費が算出される。

$$労働生産性 \times 労働分配率 = \frac{付加価値額}{従業員数} \times \frac{人件費}{付加価値額}$$

$$= \frac{人件費}{従業員数}$$

$$= 従業員1人当たりの人件費$$

この関係から，労働生産性は，従業員1人当たりの人件費を労働分配率で割ることによって求めることも可能である。

$$労働生産性 = \frac{従業員1人当たりの人件費}{労働分配率}$$

従業員1人当たりの人件費を付加価値額に占める人件費の割合（労働分配率）で割ることによって，従業員1人当たりの付加価値額（労働生産性）が算出されることになる。

この算式についても，労働生産性の算出方法の1つとして試験で問われることがあるので，押さえておこう。

3 労働生産性の向上策

ここまで見てきたように，労働生産性の算式については，さまざまな構成要素に分解することができ，そして，労働生産性を向上させるためには，それらの構成要素の数値を高めればよいことがわかった。

すなわち，労働生産性を高めるためには，従業員1人当たり売上高，付加価値率，労働装備率，設備生産性，有形固定資産回転

率を高めればよいということになる。

　また，労働生産性は，従業員1人当たりの付加価値額を示した指標であるから，基本的には，従業員を増やすことなく付加価値額を高めることができれば，労働生産性は向上する。

　たとえば，商品販売業においては，利幅の低い商品に代えて利幅の高い商品を販売することによって付加価値額を高めれば，労働生産性は高まることになる。また，製造業においては，製造工程での加工の度合いを上げることにより製品の付加価値を高めることができれば，結果として付加価値額は増加し，労働生産性が向上することになる。

理解度チェック

　労働生産性の算出方法に関する記述について，誤っているものはどれか。

❶ 労働生産性は，付加価値額を従業員数で除して算出する。

❷ 労働生産性は，付加価値率に従業員1人当たりの売上高を乗じて算出する。

❸ 労働生産性は，労働装備率に設備生産性を乗じて算出する。

❹ 労働生産性は，付加価値率に労働装備率と有形固定資産回転率とを乗じて算出する。

❺ 労働生産性は，従業員1人当たりの人件費に労働分配率を乗じて算出する。

解答　❺　「労働生産性＝付加価値額÷従業員数」の算式の，分子と分母に売上高に掛ける，分子と分母に有形固定資産を掛ける，分子と分母に売上高と有形固定資産を掛けることにより展開してみよう。

　　　また，労働生産性と労働分配率を掛けたものが，従業員1人当たりの人件費となることから，労働生産性は，従業員1人当たりの人件費を労働分配率で除して求められることも併せて押さえておこう。

　　　なお，労働装備率とは，従業員1人当たりの有形固定資産額のことであり，労働者1人当たりに対して，どれだけ設備が装備されているかを示す指標である。労働装備率の算式（労働装備率＝有形固定資産÷従業員数）についても，再度確認しておこう。

13 | 流動比率・当座比率

1 流動比率

流動比率とは，流動負債に対する支払手段として，流動資産がどれだけあるかを示した指標である。流動比率の算式は，次のとおりである。

関連過去問題
- 2023年6月 問41
- 2023年3月 問40
- 2022年6月 問38
- 2021年6月 問37, 問40

📖 重要用語

流動比率

$$流動比率（\%）= \frac{流動資産}{流動負債} \times 100$$

貸借対照表

〈流動比率〉

流動資産とは，原則として，1年以内に現金化される資産のことであり，流動負債とは，原則として，1年以内に支払期限が到来する負債のことである。つまり，流動比率は，1年以内に支払期限が到来する負債の支払手段として，1年以内に現金化される資産がどれだけあるかを示している。

言い換えると，流動比率とは，1年以内に現金化される資産で，1年以内に支払期限が到来する負債を返済できるかどうかをみるための指標，すなわち，企業の短期の支払能力をみるための

指標といえる。

　流動比率は，一般的にその数値が高いほど短期の支払能力には問題がなく，安全性が高いといえる。逆に，流動比率の数値が低く100%を下回っている場合は，短期の支払能力に問題がある可能性も高いため，企業の資金繰り等の状況に留意が必要である。

2　当座比率

　当座比率とは，流動負債に対する支払手段として，当座資産がどれだけあるかを示した指標である。当座資産とは，流動資産から棚卸資産を差し引いたものをいう。当座比率の算式は，次のとおりである。

$$当座比率（\%）= \frac{当座資産}{流動負債} \times 100$$

$$= \frac{流動資産 - 棚卸資産}{流動負債} \times 100$$

貸借対照表

〈当座比率〉

　当座比率も流動比率と同様に，1年以内に支払期限が到来する負債を返済できるかどうかをみるための指標であり，企業の短期の支払能力をみるための指標である。

　当座比率が流動比率と異なるのは，流動資産から棚卸資産を差し引く点である。棚卸資産は，実際に販売できるかが必ずしも確

📖 重要用語
当座比率

📝 補足
貸借対照表を利用した分析は，一時点における会社のストックにもとづく分析であり，静態的分析と呼ばれている。これに対し，損益計算書やキャッシュ・フロー計算書のように，一定期間における会社のフローにもとづく分析は，動態的分析と呼ばれている。

第2編

実ではなく，販売されなければ現金化もされないものである。つまり，棚卸資産があるからといって，支払手段が確保されているとは限らないわけである。

そこで，流動資産から棚卸資産を控除し，流動比率よりも換金性の高い資産で短期の支払能力をみようとする指標が，当座比率である。

当座比率も流動比率と同様に，その数値が高いほど短期の支払能力には問題がなく，安全性が高いといえる。

3 流動比率と当座比率の関係

流動比率と当座比率は，どちらも1年以内に支払期限が到来する流動負債を返済できるかどうか，すなわち，企業の短期の支払能力をみるための指標である。

流動比率は，流動負債に対する支払手段として，分子に棚卸資産を含んでいるが，当座比率は，分子に棚卸資産を含まないことから，棚卸資産がある会社では，流動比率よりも当座比率のほうが低い数値となる。つまり，当座比率は，流動比率よりも企業の安全性を厳しく評価する指標であり，流動比率の補完比率として用いられるものである。

流動比率と当座比率の関係をまとめると，次のとおりである。

---

① 流動比率も当座比率も，短期の支払能力をみるための指標

② 流動比率が100％未満なら，短期的な支払能力に注意が必要

③ 当座比率は，流動比率の補完比率として使用

④ 当座比率は，流動比率よりも数値が低く，企業の安全性を厳しく評価するための指標

●図表2-13-1 流動比率と当座比率

貸借対照表

| 流動資産 | 流動負債 |
| | |

〈流動比率〉

貸借対照表

流動資産 {

| 当座資産 | 流動負債 |
| 棚卸資産 | |

〈当座比率〉

　流動比率と当座比率の関係を図示すると，図表2-13-1のとおりである。

理解度チェック

　下記の資料から同業種であるA社，B社，C社の短期的な安全性を考察した記述として，誤っているものはどれか。

	A社	B社	C社
流動比率	93%	110%	120%
当座比率	80%	90%	95%

① B社とC社は，流動資産が流動負債よりも多い。

② 3社ともに，当座資産が流動負債よりも少ない。

③ A社はB社に比べ，流動負債に対する当座資産の割合が低い。

④ 3社の中で，C社がもっとも短期的な支払能力が高い。

⑤ 3社ともに，流動比率と当座比率が高い水準にあり，短期的な支払能力に注意する必要はない。

解答　⑤　A社は，流動比率が100%を下回っているため，短期的な支払能力に注意が必要である。

14 | 固定比率・固定長期適合率

1 固定比率

固定比率とは，固定資産への投資が，自己資本でどの程度まかなわれているのかを示した指標である。固定比率の算式は，次のとおりである。

$$固定比率（\%）= \frac{固定資産}{自己資本} \times 100$$

貸借対照表

〈固定比率〉

関連過去問題
- 2023年6月 問42
- 2023年3月 問43
- 2022年6月 問40, 問43
- 2021年6月 問40, 問44

📖 重要用語

固定比率

自己資本は，基本的には株主から調達した資金であり，負債とは異なり，返済する必要のないものである。固定資産への投資については，この返済する必要がない資金，すなわち，自己資本でまかなうことができれば，資金調達の観点からは最も理想的である。

そこで，固定資産への投資が，自己資本でどの程度まかなわれているのかをみるための指標が，固定比率である。

固定比率は，固定資産への投資が，すべて自己資本でまかなわ

れている状態，すなわち，自己資本よりも固定資産が少ない状態が理想的である。固定比率は，低いほうが安全性は高く，100%以下であることが望ましい。しかし，設備投資に対する資金を金融機関から長期借入金で調達することの多い日本では，固定比率が100%以下である企業はあまり多くはない。そこで考え出されたのが，**2**の固定長期適合率という指標である。

2 固定長期適合率

固定長期適合率とは，固定資産への投資が，自己資本と固定負債により，どの程度まかなわれているのかを示した指標である。固定長期適合率の算式は，次のとおりである。

重要用語
固定長期適合率

$$固定長期適合率（\%）= \frac{固定資産}{自己資本＋固定負債} \times 100$$

貸借対照表

流動資産	流動負債
固定資産	固定負債
	自己資本（純資産）

〈固定長期適合率〉

日本では，金融機関からの長期借入金によって設備投資の資金を調達する企業が多く，自己資本だけで固定資産の調達資金をカバーしている企業，すなわち，固定比率が100%以下である企業は多くない。

そこで，こうした実情を考慮して，固定資産の調達資金については，返済の必要のない自己資本と長期にわたって返済すればよい固定負債によってまかなわれていればよいとして考え出された

指標が，固定長期適合率である。

　つまり，固定比率が100％を超えていたとしても固定長期適合率が100％以下であれば，固定資産への投資について，資金調達の観点からは問題がなく，安全性は高いと判断することが可能になる。

　固定長期適合率は，固定比率と同様に，その数値が低いほど安全性が高いといえる。

3　長期的な安全性をみるための指標

　固定資産への投資というのは金額が多額となるのが通常であり，固定資産は耐用年数の長いものが多いことから，投下資金の回収には長期間を要するのが一般的である。

　このような固定資産への投資資金を短期間で返済しなければならない資金でまかなうと，事業で投下資金を回収する前に調達資金の返済期限が到来することとなり，資金繰りが圧迫されることになる。そこで，資金調達の安全性の観点からは，固定資産への投資は，返済の必要のない資金である自己資本と，長期にわたって返済すればよい固定負債によってまかなわれていることが望ましい。

●図表2-14-1　固定比率と固定長期適合率

固定比率と固定長期適合率は，長期資金の運用（固定資産）と長期資金の調達（自己資本と固定負債）のバランスから，長期の安全性をみるための指標ということができる。

4　固定長期適合率と流動比率の関係

　2で述べたとおり，長期資金の安全性の観点からは，固定長期適合率は100％以下であることが望ましい。

　固定長期適合率が100％を超えている状態は，固定資産への投資資金が，自己資本と固定負債とではまかないきれていないということになる。これは，固定資産の一部については，1年以内に支払期限が到来する流動負債によってまかなっていることを意味している。この状態は，投下資金の回収に長期間を要する固定資産の原資として，短期間で返済しなければならない資金を充当していることなので，長期資金の安全性には問題があるといえる。

　さらに，図表2-14-2をみるとわかるように，固定長期適合率が100％超であるということは，実は流動比率が100％未満であるということでもある。

　つまり，固定長期適合率が100％超であれば，流動比率は100％未満であり，これは，長期的にみても，短期的にみても，企業の支払能力に問題がある可能性が高いということである。

●図表2-14-2　固定長期適合率と流動比率の関係

貸借対照表

流動資産	流動負債
固定資産	固定負債
	自己資本 （純資産）

流動資産＜流動負債

固定資産＞固定負債＋自己資本

よって，資金調達の安全性の観点からは，固定長期適合率が100%以下であること，言い換えれば，流動比率が100%以上であることが望ましいといえる。

●固定比率と固定長期適合率

$$固定比率 = \frac{固定資産}{自己資本} \times 100$$

$$固定長期適合率 = \frac{固定資産}{自己資本＋固定負債} \times 100$$

○固定比率も固定長期適合率も，長期の支払能力をみるための指標です。

○固定長期適合率が100%超なら，長期的な支払能力に注意が必要です。

理解度チェック

下記の貸借対照表から❶固定比率と❷固定長期適合率を算出すると，いくらになるか。

貸借対照表

資産		負債・純資産	
流動資産	397	流動負債	250
固定資産		固定負債	325
有形固定資産	240		
無形固定資産	10		
投資その他の資産	100	純資産	
繰延資産	3	株主資本	175
合計	750	合計	750

解答　❶　固定比率　　　200%
　　　❷　固定長期適合率　70%

固定比率：$\dfrac{240+10+100}{175} \times 100 = 200\%$

固定長期適合率：$\dfrac{240+10+100}{175+325} \times 100 = 70\%$

15 | 自己資本比率・負債比率

1 自己資本比率

　自己資本比率とは，総資産に対して自己資本がどれだけあるかを割合で示した指標である。自己資本比率の算式は，次のとおりである。

関連過去問題
2023年3月
問35

📖 重要用語
自己資本比率

第2編

$$自己資本比率（\%）= \frac{自己資本}{総資産} \times 100$$

$$自己資本 = 純資産 - 株式引受権 - 新株予約権$$

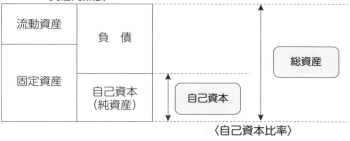

貸借対照表

流動資産	負　債
固定資産	自己資本（純資産）

総資産

自己資本

〈自己資本比率〉

　資金調達の観点からみると，総資産は，返済義務のある負債（他人資本）と返済義務のない自己資本とに区分される。自己資本比率は，企業が調達したすべての資金，すなわち，総資産のうち，返済の必要のない資金である自己資本がどれだけ占めているかを示したものである。

　自己資本比率が高いということは，返済の必要がない自己資本によって資金調達が多く行われているということであり，逆に，

自己資本比率が低いということは，返済義務のある負債によって資金調達が多く行われているということである。自己資本比率が高いほど財務体質は強く，財務の安全性も高いと判断され，逆に，自己資本比率が低いほど財務体質は弱く，財務の安全性も低いと判断されることになる。

このように，自己資本比率は，企業の財務体質の強弱を判断する指標として利用されている。

2 負債比率

重要用語

負債比率

負債比率とは，負債が自己資本の何倍あるかを示した指標である。負債比率の算式は，次のとおりである。

$$負債比率（\%） = \frac{負債}{自己資本} \times 100$$

$$自己資本 = 純資産 - 株式引受権 - 新株予約権$$

貸借対照表

〈負債比率〉

1でみたように，資金調達の安全性は，返済義務のある負債が少なく，返済義務のない自己資本が多いほうがよい。

つまり，負債比率の算式でいうと，分子が少なく，分母が多いほうがよいわけだから，この比率は，自己資本比率とは逆に，数値が低いほど財務体質は強く，財務の安全性も高いと判断されることになる。

注意
負債比率は，総資産に占める負債の割合を示したものではなく，負債が自己資本の何倍あるかを表す指標である。負債比率の計算式では，分母が総資産ではなく自己資本となっていることに注意しよう。

自己資本比率と負債比率は，どちらも企業の財務体質の強弱を判断する指標であるが，自己資本比率は高いほうが財務体質が強く，財務の安全性が高いと判断される。逆に，負債比率は低いほうが財務体質が強く，財務の安全性が高いと判断されることに注意する必要がある。

●自己資本比率と負債比率

$$自己資本比率 = \frac{自己資本}{総資産} \times 100$$

$$負債比率 = \frac{負債}{自己資本} \times 100$$

○自己資本＝純資産－株式引受権－新株予約権

○自己資本比率は大きいほうが，負債比率は小さいほうが，財務体質が強く，安全性が高いことを押さえておこう。

下記の資料から同業種であるＡ社とＢ社の長期的な安全性を考察した記述として，誤っているものはどれか。

	Ａ社	Ｂ社
自己資本比率	30%	40%
固定長期適合率	80%	90%
固定比率	200%	150%

❶ Ｂ社はＡ社に比べ，自己資本比率が上回っており，自己資本の充実が図られている。

❷ Ａ社もＢ社も，固定長期適合率が100%を下回っているので，健全な資金繰りによる固定資産投資が行われている。

❸ Ａ社はＢ社に比べ，自己資本比率が低いが，固定長期適合率の観点からは，Ｂ社より安全性が高いといえる。

❹ Ａ社もＢ社も，固定比率が100%を上回っていることから，固定負債を上回る固定資産投資が行われている。

❺ Ａ社はＢ社に比べ，固定資産投資を長期借入金等の固定負債でカバーしている割合が高いといえる。

解答 ❹ 固定比率が100%を上回っているということは，固定資産への投資額が自己資本の額を上回っているということを意味しており，固定負債の額を上回る固定資産投資が行われていることを意味しているわけではない。

$$固定比率＝\frac{固定資産}{自己資本}×100$$

$$固定長期適合率＝\frac{固定資産}{自己資本＋固定負債}×100$$

$$自己資本比率＝\frac{自己資本}{総資産}×100$$

Ａ社もＢ社も，固定比率が100%を上回っているということは，固定資産への投資額が，自己資本の額を上回っているということである。つまり，これは，固定資産への投資資金が，自己資本だけではまかないきれていないということであり，足りない分は，長期借入金等の固定負債によってカバーすることが必要な状態であることを意味している。

Ａ社はＢ社に比べ，固定比率が大きいことから，固定負債によってカバーしなければならない割合も，それだけ大きくなっていると推測できる。

16 資金運用表

1 資金運用表とは

資金運用表とは，資金の動きを「固定資金」，「運転資金」，「財務資金」の3つに区分して，各資金の「運用」状況と「調達」状況を示し，それぞれの過不足を明らかにしたものである。

資金の区分については，一般的に，「財務資金」とは短期の資金である現金預金，短期借入金，割引手形のことであり，「固定資金」とは長期の資金，「運転資金」とは「財務資金」を除いた短期の資金のことである。

資金運用表の記載例を示すと，図表2-16-1のとおりである。

関連過去問題
2023年3月
問41
2022年6月
問44
2021年6月
問43

重要用語
資金運用表

第2編

●図表2-16-1 資金運用表の記載例

資金運用表

	資金の運用		資金の調達	
固定資金	法人税等支払額	15	税引前当期純利益	40
	配当金支払額	10	減価償却費	25
	固定資産投資額	80	長期借入金増加	22
			固定資金不足	18
	合計	105	合計	105
運転資金	売上債権増加	50	仕入債務増加	64
	棚卸資産増加	24	運転資金不足	10
	合計	74	合計	74
財務資金	固定資金不足	18	短期借入金増加	12
	運転資金不足	10	割引手形増加	10
			現金預金減少	6
	合計	28	合計	28

資金運用表は，基本的には，貸借対照表の増減を利用して，「資金の調達」と「資金の運用」の観点から資金の動きを分析するものである。

　もともと，貸借対照表というのは，負債の部と純資産の部は「資金の調達源泉」を表したものであり，資産の部は「資金の運用状況」を表したものとして見ることができる。ただし，貸借対照表の示す資金の調達と運用というのは，あくまでも一時点における結果，すなわち，期末日などの残高を示しているにすぎない。そこで，2期間の貸借対照表を使用して各科目の増減額を算出し，その動きを資金調達の増減と資金運用の増減とみることで資金の動きをとらえようとするのが，資金運用表である。

2　資金運用表の見方

　ここでは，図表2-16-1を使って，資金運用表の見方について説明していく。

▶ 1. 固定資金の部

　固定資金の部には，長期資金の運用状況と調達状況が記載される。貸借対照表の科目でいうと，主として，固定資産・固定負債の増減と利益剰余金の増減である。ただし，ここでは，固定資産の増減額，利益剰余金の増減額などのように，貸借対照表の科目をそのまま使った記載はしない。税引前当期純利益，固定資産投資額など，具体的な内訳項目を明示することにより，資金の動きがわかりやすく，分析もしやすい表示となっている。

　固定資金の部を分析するうえでポイントとなるのは，次の点である。

(1)　**固定資産投資は，留保利益と減価償却費の範囲内で行われているか**

　固定資産投資が，当期の留保利益と減価償却費の範囲内ででき

ているということは，長期の資金を調達せずに自己資金で投資ができているということになる。設備投資の額にもよるが，固定資産投資は，留保利益と減価償却費の範囲内で行われていることが望ましい。

　ここで留保利益とは，税引前当期純利益から社外流出額である法人税等支払額と配当金支払額とを控除した額である。

　記載例の固定資金の部を見てみると，固定資産投資80は，留保利益15（＝税引前当期純利益40－法人税等支払額15－配当金支払額10）と減価償却費25の合計40の範囲内ではまかないきれていない。そこで，差額40については，長期の資金を調達する必要がある。

　しかし，調達できた資金は長期借入金22だけであり，残りの18については，固定資金の不足となっている。

⑵　**固定資金の不足があれば，それは不健全な資金繰りである**

　資金運用表において，固定資金とは，長期の資金を意味しているため，固定資金の不足というのは，長期の資金が不足しているということである。資金運用表の資金は，長期の資金（固定資金）と短期の資金（運転資金か財務資金）しかないため，長期の資金の不足を補うためには，短期の資金を充当するほかない。

　これは，投下資金の回収に長期間を要する固定資産の原資として，短期間で返済しなければならない資金を使用することを意味している。この状態では，長期にわたって投下資金を回収する前に，短期の資金の返済期限が到来することになるため，資金繰りが圧迫される可能性が高い。したがって，資金繰りとしては，不健全な状態にあるといえる。

▶　2. 運転資金の部

　記載例では，売上債権の増加50と棚卸資産の増加24が，仕入債務の増加64を上回り，運転資金の不足が10生じている。

もっとも，運転資金の場合は，不足が生じていたとしても，必ずしも資金繰りが不健全であるとは限らない。

　たとえば，企業努力により期末近くに多額の売上を計上することができたが，その入金は翌期となるため，期末の時点では，資金運用表上，運転資金の不足が生じているというケースがあったとする。こうしたケースでは，翌期に期日通りの入金があれば，運転資金の不足は解消されることも多い。つまり，この運転資金の不足は，売上代金の決済条件より，当初から想定される一過性のものである。運転資金の不足があるからといって，その時点の資金繰りが不健全だということにはならない。

　運転資金が不足しているケースでは，売上債権や棚卸資産の回転期間を分析するなど他の分析も行ったうえで，問題がないかどうかを検討するとよい。

▶ **3. 財務資金の部**

　資金運用表では，財務資金の部を見ると，資金の動きの全体像を把握することができる。

　記載例では，長期の資金である固定資金が18不足し，短期の資金である運転資金が10不足している。そして，これらの資金の不足28については，短期借入金の増加12，割引手形の増加10，現金預金の減少6でまかなっていることがわかる。

　短期の資金である運転資金の不足を，短期借入金や割引手形によってまかなうことについては，必ずしも問題があるわけではない。しかし，長期の資金である固定資金の不足を，短期の資金でまかなうことについては，資金繰りの観点からは不健全な状態にあるといえる。

法人税等支払額と固定資産投資額の算出

　財務3級試験では，比較貸借対照表と付属資料が与えられ，そこから資金運用表上の「法人税等支払額」と「固定資産投資額」を算出する問題が出題されることが多い。

　固定資金の部の項目のなかでも，法人税等支払額と固定資産投資額については，未払法人税等の増減額や固定資産の増減額と単純に一致するものではなく，増減額をそのまま使うことはできない。そこで，損益計算書の情報も加え，別途算出する必要がある。

　ここでは例題を使って，法人税等支払額と固定資産投資額の算出方法について説明していく。

―法人税等支払額と固定資産投資額の算出―――――――――

　下記の資料から，当期の資金運用表における①法人税等支払額と②固定資産投資額を算出すると，いくらになるか。

	前期	当期
貸借対照表		
固定資産	5,000	5,500
未払法人税等	100	200
損益計算書		
減価償却費	300	350
法人税等	150	250

① 法人税等支払額の算出

　法人税等支払額の算出は，未払法人税等の勘定図を使って考えるとわかりやすい。

　未払法人税等の増加要因となるのは，当期に計上した損益計算書の法人税等の額であり，減少要因となるのは，当期に支払った法人税等の額である。これを仕訳で示すと，次のとおりである。

| （借）法人税等 | ××× | （貸）未払法人税等 | ××× |
| （借）未払法人税等 | ××× | （貸）現金預金 | ××× |

　未払法人税等の期末残高は，期首の残高に，当期に計上した損益計算書の法人税等を加算し，当期に支払った法人税等の額を減算したものとなっている。この関係の勘定図と算式を示すと，次のとおりとなる。

未払法人税等

| 〈減少〉 法人税等支払額 150 （逆算） | 期首残高 100 |
| 期末残高 200 | 〈増加〉 法人税等 250 |

未払法人税等の期末残高
＝未払法人税等の期首残高＋当期の法人税等－法人税等支払額

　したがって，当期の法人税等支払額は，次の算式で算出される。

法人税等支払額＝未払法人税等の期首残高＋当期の法人税等
－未払法人税等の期末残高

　法人税等支払額：100＋250－200＝150

② 　固定資産投資額の算出

　同様に，固定資産投資額の算出についても，固定資産の勘定図を使って考えてみる。

　固定資産勘定の増加要因となるのは，固定資産への投資額であり，減少要因となるのは，減価償却費である（ここでは，除却や売却による減少は考慮しないものとする）。これを仕訳で示すと，次のとおりである。

（借）固定資産（投資額）×××　　（貸）現金預金　×××
（借）減価償却費　　　　　×××　　（貸）固定資産　×××

　固定資産の期末残高は，期首の残高に，当期の固定資産への投資額を加算し，当期に計上した減価償却費を減算したものとなっている。この関係の勘定図と算式を示すと，次のとおりとなる。

固定資産

期首残高 5,000	〈減少〉 減価償却費 350
〈増加〉 固定資産投資額 850	
（逆算）	期末残高 5,500

　期末の固定資産残高

＝期首の固定資産残高＋固定資産投資額－当期の減価償却費

　したがって，当期の固定資産投資額は，次のとおり算出される。

固定資産投資額＝期末の固定資産残高＋当期の減価償却費 　　　　　　　－期首の固定資産残高

固定資産投資額：5,500＋350－5,000＝850

●資金運用表

法人税等支払額
＝未払法人税等の期首残高＋当期の法人税等
　－未払法人税等の期末残高

固定資産投資額
＝期末の固定資産残高＋当期の減価償却費
　－期首の固定資産残高

下記の比較貸借対照表と付属資料から，資金運用表における当期の❶法人税等支払額と❷固定資産投資額を算出すると，いくらになるか。

比較貸借対照表

資産	前期	当期	負債・純資産	前期	当期
現金預金	150	175	仕入債務	260	270
売上債権	350	380	短期借入金	180	185
棚卸資産	175	185	未払法人税等	10	25
有形固定資産	250	380	長期借入金	350	500
無形固定資産	75	80	純資産	200	220
合計	1,000	1,200	合計	1,000	1,200

〈付属資料〉

	前期	当期
売上高	1,600	1,800
税引前当期純利益	60	80
法人税等	18	30
株主配当金	10	10
減価償却費	20	25

解答　❶　法人税等支払額　　15
　　　　　❷　固定資産投資額　　160

　　　法人税等支払額＝前期末の未払法人税等残高＋当期の法人税等－当期末の未払法
　　　　　　　　　　　人税等残高
　　　　　　　　　　＝10＋30－25＝15
　　　固定資産投資額＝当期末の固定資産残高＋当期の減価償却費－前期末の固定資産
　　　　　　　　　　＝（380＋80）＋25－（250＋75）＝160

未払法人税等

〈減少〉 法人税等支払額 15	期首残高 　　　　　10
	〈増加〉 法人税等 （逆算）　　　30
期末残高 　　25	

固定資産

期首残高 　　　　　325	〈減少〉 減価償却費 　　　　　25
〈増加〉 固定資産投資額 160	
	期末残高 （逆算）　　　460

　ここでは，無形固定資産を加えるのを忘れないようにしよう。

17 | 資金移動表

1 資金移動表とは

資金移動表とは，資金の動きを「経常収支」，「固定収支」，「財務収支」の３つに区分して，それぞれの収入と支出を明らかにしたものである。

資金移動表は，当期の損益計算書をベースとして，前期と当期の貸借対照表の増減額を加減算することによって作成される。損益計算書と貸借対照表との関連で見た場合，経常収支，固定収支，財務収支に記載される内容は，おおむね図表2-17-1のとおりであり，資金移動表の記載例を示すと，図表2-17-2のとおりである。

関連過去問題
- 2023年6月 問44
- 2022年6月 問46
- 2021年6月 問46

📖 **重要用語**
資金移動表

第2編

● 図表2-17-1　資金移動表の各収支の記載内容

収支	損益計算書	貸借対照表
経常収支	売上高, 売上原価, 販売費及び一般管理費, 営業外収益, 営業外費用	流動資産・流動負債の増減(現金預金, 短期借入金, 割引手形を除く)
固定収支	特別利益, 特別損失	固定資産・固定負債・純資産の増減(長期借入金を除く)
財務収支	なし	現金預金・借入金(長期・短期)・割引手形の増減

● 図表2-17-2　資金移動表の記載例

資金移動表

	支　出			収　入		
経常収支	仕入支出			売上収入		
	売上原価	×××		売上高	×××	
	棚卸資産増減	×××		売上債権増減	△××××	×××
	仕入債務増減	△××××	×××	営業外収入		
	営業費支出			営業外収益	×××	×××
	販管費	×××				
	減価償却費	△××××				
	諸引当金増減	△××××	×××			
	営業外支出					
	営業外費用	×××	×××			
	経常支出合計		×××			
	経常収入超過		×××			
	合　計		×××	経常収入合計		×××
固定収支	特別支出			特別収入		
	特別損失	×××	×××	特別利益	×××	×××
	利益処分					
	配当金支払	×××	×××			
	税金支出					
	未払法人税等	×××	×××			
	固定資産投資		×××	固定支出超過		×××
	固定支出合計		×××	合　計		×××
財務収支	固定支出超過		×××	経常収入超過		×××
	短期借入金減少		×××	長期借入金増加		×××
	割引手形減少		×××	現金預金増加		×××
	合　計		×××	合　計		×××

2 資金移動表のポイント

現在では，資金移動表が作成されることはほとんどなく，それに代わるものとして，キャッシュ・フロー計算書が作成されている。以下では，試験対策として，資金移動表のポイントに絞って説明していく。

▶ 1. 経常収支尻はプラスとなっているか

資金移動表では，経常収支の部において，経常収入と経常支出の差額である経常収支尻がプラスかマイナスかを見ることが重要である。

経常収支尻については，経常収入のほうが大きければ「経常収入超過」として，逆に，経常支出のほうが大きければ「経常支出超過」として，経常収支の部に記載されている。

財務分析においては，損益計算書で経常利益が生じていても，経常収支尻はマイナスとなっていることが起こりうる。損益計算書上の利益というのは，基本的には発生主義によって計上されているため，利益が出ているからといって，必ずしも資金的な裏付けがあるとは限らないからである。

そこで，資金繰りの観点からは，経常収支尻がプラスとなっているかを確認することが必要である。資金移動表では，経常収支の部が経常収入超過であること，すなわち，経常収支尻がプラスであることが，最も重要なポイントである。

▶ 2. 経常収支比率は100％を超えているか

経常収支比率とは，経常支出に対する経常収入の割合を示したものである。経常収支比率の算式は，次のとおりである。

$$経常収支比率(\%) = \frac{経常収入}{経常支出} \times 100$$

📖 重要用語
経常収支尻

📖 重要用語
経常収支比率

第2編

経常収支比率は，経常収支の良否の度合いを見るための指標
で，この数値が高いほど経常収支が良好であることを示してい
る。

　経常収支比率は，経常収入が経常支出を上回る（経常収入超過
である）ときは100％を上回り，逆に経常支出が経常収入を上回
る（経常支出超過である）ときは100％を下回る。

　資金移動表の分析では，経常収支比率が100％を超えていれ
ば，経常収支尻がプラスで，経常収入超過となっていることにな
るため，資金繰りも順調と判断ができる。

●資金移動表
　経常収支がプラスなら，資金繰りは順調であ
ることを忘れずに。

$$経常収支比率 = \frac{経常収入}{経常支出} \times 100$$

下記の資金移動表の経常収支の部を考察した結果として，誤っているものはどれか。

資金移動表「経常収支の部」

支出			収入		
仕入支出			売上収入		
売上原価	9,000		売上高	15,000	
棚卸資産増減	300		売上債権増減	△200	14,800
仕入債務増減	△120	9,180	営業外収入		
営業費支出			営業外収益	50	50
販管費	4,500				
減価償却費	△450				
諸引当金増減	△80	3,970			
営業外支出					
営業外費用	350	350			
経常支出合計		13,500			
[　　　　]		1,350			
合計		14,850	経常収入合計		14,850

❶ 損益計算書の売上総利益は，6,000と推定される。

❷ 売上高経常利益率は，8％と推定される。

❸ 経常収支比率は，90.9％である。

❹ 経常収支尻は，1,350の収入超過である。

❺ 経常収入が経常支出を上回り，資金繰りは順調である。

解答 ❸

❶ 売上総利益：売上高15,000－売上原価9,000＝6,000

❷ 経常利益：売上高15,000－売上原価9,000－販管費4,500＋営業外収益50
　　　　　　－営業外費用350＝1,200

売上高経常利益率：$\dfrac{1,200}{15,000} \times 100 = 8\%$

❸ 経常収支比率：$\dfrac{経常収入14,850}{経常支出13,500} \times 100 = 110\%$

❹ 経常収支尻：経常収入14,850－経常支出13,500＝1,350
　　資金移動表の支出の[　]には，「経常収入超過」と記載される。

❺ 上記❸❹より，経常収入が経常支出を上回っているため，資金繰りは順調であることがわかる。

第2編

18 | 資金繰表

1 資金繰表とは

　資金繰表とは，売掛金の回収額や買掛金の支払額といった収入と支出の内訳を項目別に整理して記載し，一定期間の現金の動きを示した一覧表のことである。資金繰表を作成する主な目的は，近い将来のうち，いつの時点で現金がどれくらい不足するのか，すなわち，現金の過不足状態を事前に把握することにある。

　資金繰表は，本来，企業が日常の資金管理のために，内部資料にもとづいて独自に作成するものであり，特に定まった様式というものがあるわけではない。一例として，資金繰表の記載例を示すと，図表2-18-1のとおりである。

2 整合性の検証

　資金繰表は，企業が内部資料にもとづいて独自に作成したものであるため，入手した資金繰表については，まず，正しく作成されているかを確かめることが必要である。具体的には，受取手形や売掛金などの主要な項目について，資金繰表から理論的に残高を算出してみて，実際の貸借対照表の勘定残高と一致しているかどうかを確かめる方法がある。

関連過去問題
- 2023年3月
  問47
- 2022年3月
  問45，問47
- 2021年6月
  問45

重要用語

資金繰表

●図表2-18-1　資金繰表の記載例

資金繰表

		2月	3月(予定)
前月より繰越①		×××	×××
収入	売掛金回収	×××	×××
	(手形回収)	(×××)	(×××)
	手形取立	×××	×××
	手形割引	×××	×××
	(割引落込)	(×××)	(×××)
	計②	×××	×××
支出	買掛金支払	×××	×××
	(手形振出)	(×××)	(×××)
	手形決済	×××	×××
	人件費	×××	×××
	諸経費	×××	×××
	設備支出	×××	×××
	計③	×××	×××
差引過不足(①+②-③)		×××	×××
財務収支	借入金	×××	×××
	借入金返済	×××	×××
翌月へ繰越		×××	×××

　以下では，試験対策として，資金繰表から勘定残高を算出する方法について，具体例を用いて説明していく。

▶ 1. 売掛金残高

─売掛金残高の算出─

　下記の資金繰表（抜粋）から，3月末の売掛金残高を算出すると，いくらになるか。

資金繰表

		2月	3月
売上高		1,500	1,800
収入	現金売上	200	300
	売掛金回収	500	700
	（手形回収）	（400）	（600）
	手形取立	350	550
	手形割引	150	250
	（割引落込）	（100）	（180）
	計	1,200	1,800

（注）1月末売掛金残高　3,000

　売掛金の月末残高は，次のとおり算出される。

> **売掛金月末残高＝月初売掛金残高＋当月掛売上高－当月回収額**
> **　当月掛売上高＝売上高－現金売上高**
> **　当月回収額＝売掛金回収高＋手形回収高**

　売掛金の増加要因となるのは，当月の掛売上の金額である。財務3級試験の資料では，収入の欄に「現金売上」が記載されていることが多い。この場合は，資料の「売上高」の金額には，現金売上も含まれていることになる。したがって，掛売上の金額は，「売上高」の金額から「現金売上」の金額を差し引いて算出する。一方，売掛金の減少要因となるのは，売掛金の回収額であり，これは，現金による回収額と手形による回収額である。これらについて，資金繰表では，「売掛金回収」，「手形回収」として記載されている。

売掛金の残高を勘定図で示すと，次のとおりである。

２月末売掛金残高

１月末売掛金残高3,000＋（売上高1,500－現金売上高200）
－（売掛金回収高500＋手形回収高400）＝3,400

３月末売掛金残高

２月末売掛金残高3,400＋（売上高1,800－現金売上高300）
－（売掛金回収高700＋手形回収高600）＝3,600

▶ 2. 買掛金残高

──**買掛金残高の算出**────────────────

下記の資金繰表（抜粋）から，３月末の買掛金残高を算出すると，いくらになるか。

資金繰表

		２月	３月
売上高		1,000	1,600
仕入高		500	800
支出	買掛金支払	250	400
	（手形振出）	（350）	（200）
	手形決済	150	180
	人件費	80	85
	諸経費	20	35
	計	500	700

（注）１月末買掛金残高　1,500

買掛金の月末残高は，次のとおり算出される。

> **買掛金月末残高＝月初買掛金残高＋当月仕入高－当月支払額**
> **当月支払額＝買掛金支払高＋手形振出高**

　買掛金の増加要因となるのは，当月の仕入高の金額である。一方，買掛金の減少要因となるのは，買掛金の現金による支払額と手形の振出しによる支払額であり，これらについて，資金繰表では，「買掛金支払」，「手形振出」として記載されている。

　買掛金の残高を勘定図で示すと，次のとおりである。

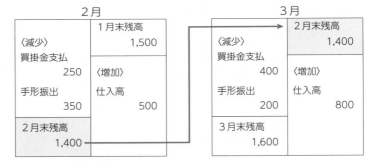

　2月末買掛金残高

　1月末買掛金残高1,500＋仕入高500－（買掛金支払高250＋手形振出高350）＝1,400

　3月末買掛金残高

　2月末買掛金残高1,400＋仕入高800－（買掛金支払高400＋手形振出高200）＝1,600

―**手形残高の算出**―

　下記の資金繰表から，3月末の①手持受取手形，②支払手形，
③割引手形の残高を算出すると，いくらになるか。

資金繰表

		2月	3月
前月より繰越①		90	80
収入	売掛金回収	230	280
	（手形回収）	(350)	(370)
	手形取立	180	190
	手形割引	160	210
	（割引落込）	(150)	(140)
	計②	570	680
支出	買掛金支払	170	220
	（手形振出）	(260)	(240)
	手形決済	270	290
	人件費	80	85
	諸経費	50	60
	設備支出	200	5
	計③	770	660
差引過不足（①＋②－③）		△110	100
財務収支	借入金	200	0
	借入金返済	10	15
翌月へ繰越		80	85

（注）1月末の勘定残高
　　　手持受取手形　300　　支払手形　250　　割引手形　100

① 　手持受取手形の残高

　手持受取手形の月末残高は，次のように算出する。

> **受取手形月末残高＝月初受取手形残高＋手形回収－手形取立**
> **－手形割引**

受取手形の残高が増加するのは，売掛金を手形により回収した

ときであり，資金繰表においては，「手形回収」として記載されている。また，受取手形の残高が減少するのは，取立または割引により手形が現金化されたときであり，資金繰表では，「手形取立」，「手形割引」として記載されている。

　資金繰表で，「手形回収」が括弧書きで記載されているのは，実際に収入として現金が増加しているわけではないからである。つまり，この時点では，売掛金を手形で回収しただけであり，手形が現金化されているわけではない。この「手形回収」は，受取手形の状況を把握するために付記されている情報である。

　手持受取手形の残高を勘定図で示すと，次のとおりである。

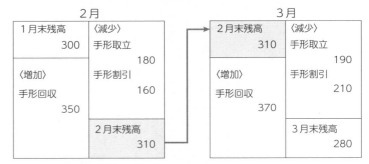

　　2月末手持受取手形残高

　　1月末手持受取手形残高300＋手形回収350－手形取立180－手形割引160＝310

　　3月末手持受取手形残高

　　2月末手持受取手形残高310＋手形回収370－手形取立190－手形割引210＝280

②　支払手形の残高

　　支払手形の月末残高は，次のように算出する。

> **支払手形月末残高＝月初支払手形残高＋手形振出－手形決済**

　　支払手形の残高が増加するのは，買掛金の支払のため手形を振

り出したときであり，資金繰表においては，「手形振出」として記載されている。また，支払手形が減少するのは，手形が決済されて支払が行われたときであり，資金繰表では，「手形決済」として記載されている。

　「手形振出」についても，手形を振り出しただけでは，実際に現金が減少するわけではないため，受取手形の「手形回収」と同様に，資金繰表では括弧書きで記載されることになる。

　支払手形の残高を勘定図で示すと，次のとおりである。

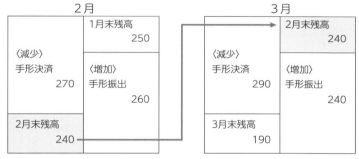

　2月末支払手形残高

　1月末支払手形残高250＋手形振出260－手形決済270
＝240

　3月末支払手形残高

　2月末支払手形残高240＋手形振出240－手形決済290
＝190

③　割引手形の残高

　割引手形の月末残高は，次のように算出する。

割引手形月末残高＝月初割引手形残高＋手形割引－割引落込

　割引手形の残高が増加するのは，手形を割り引いて資金化したときであり，資金繰表においては，「手形割引」として記載されている。一方，割引手形の残高が減少するのは，割り引いた手形

が期日を迎えて決済されたときである。これを割引手形の落込みといい，資金繰表では，「割引落込」として記載されている。「割引落込」は，手形を振り出した企業の決済であり，手形を割り引いた企業の現金が動くわけではないため，資金繰表では括弧書きで記載されている。

　割引手形は，その手形が振出人により決済されるまでは，割り引いた企業が手形裏書人としてのリスクを負うことになる。そこで，まだ落込みのない割引手形については，残高を把握しておく必要があり，資金繰表でこのような記載がなされている。

　割引手形の残高を勘定図で示すと，次のとおりである。

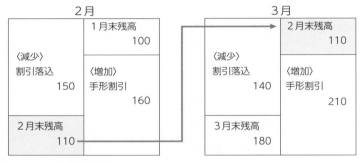

　2月末割引手形残高

　1月末割引手形残高100＋手形割引160－割引落込150
＝110

　3月末割引手形残高

　2月末割引手形残高110＋手形割引210－割引落込140
＝180

3　手形回収割合と手形支払割合

　資金繰表の分析において，資金繰表から，手形回収割合と手形支払割合を算出することがある。これらの算式を示すと，次のとおりである。

$$手形回収割合（\%）= \frac{手形回収額}{売掛金回収額＋手形回収額} \times 100$$

$$手形支払割合（\%）= \frac{手形振出額}{買掛金支払額＋手形振出額} \times 100$$

　企業によっては，手形の決済条件の変更等により，資金繰りに悪影響を与えていることがある。手形回収割合と手形支払割合は，資金繰表から算出することが可能なため，資金繰表の分析において，これらの割合が大きく変化していないかを確かめておくとよい。

●資金繰り表から，以下の残高を算出できるか，例題で再度，勘定図を確認してみよう。
①売掛金残高，②買掛金残高，③手持受取手形残高，④割引手形残高，⑤支払手形残高

●売掛金の手形回収割合

$$手形回収割合 = \frac{手形回収額}{売掛金回収額＋手形回収額} \times 100$$

●買掛金の手形支払割合

$$手形支払割合 = \frac{手形振出額}{買掛金支払額＋手形振出額} \times 100$$

第2編

下記の資金繰表（抜粋）から3月末の❶売掛金残高と❷買掛金残高を算出すると，いくらになるか。

資金繰表

		2月	3月
売上高		800	900
仕入高		630	760
収入	現金売上	100	150
	売掛金回収	250	300
	（手形回収）	(350)	(400)
	手形取立	190	200
	手形割引	160	130
	（割引落込）	(150)	(160)
	計	700	780
支出	買掛金支払	180	185
	（手形振出）	(350)	(375)
	手形決済	270	280
	人件費	80	90
	諸経費	50	60
	計	580	615

（注）1月末売掛金残高1,100　　1月末買掛金残高800

解答
❶　3月末売掛金残高　1,250
❷　3月末買掛金残高　1,100
❶　2月末売掛金残高：1月末売掛金残高1,100＋（売上高800－現金売上高100）
　　　　　　　　　　　－（売掛金回収250＋手形回収高350）＝1,200
　　3月末売掛金残高：2月末売掛金残高1,200＋（売上高900－現金売上高150）
　　　　　　　　　　　－（売掛金回収300＋手形回収高400）＝1,250
❷　2月末買掛金残高：1月末買掛金残高800＋仕入高630
　　　　　　　　　　　－（買掛金支払高180＋手形振出高350）＝900
　　3月末買掛金残高：2月末買掛金残高900＋仕入高760
　　　　　　　　　　　－（買掛金支払高185＋手形振出高375）＝1,100

19 | キャッシュ・フロー計算書

1 キャッシュ・フロー計算書とは

キャッシュ・フロー計算書とは，一会計期間におけるキャッシュ・フローの状況を報告するために作成される計算書である。キャッシュ・フロー計算書は，損益計算書と貸借対照表と同様に，財務諸表の1つとして位置づけられている。

ただし，キャッシュ・フロー計算書の作成が義務づけられているのは，上場会社など，金融商品取引法の規定により有価証券報告書を提出している会社に限られている。会社法上は，キャッシュ・フロー計算書は，計算書類に含まれていないため，作成が義務づけられているわけではない。

2 キャッシュとは

キャッシュ・フロー計算書におけるキャッシュとは，現金及び現金同等物をいう。現金及び現金同等物は，貸借対照表における現金預金とは範囲が異なっている。

現金及び現金同等物のうち，現金とは，手許現金と要求払預金のことをいう。要求払預金には，当座預金，普通預金，通知預金といった預入期間の定めのない預金が含まれる。

また，現金同等物とは，容易に換金可能であり，かつ，価値の変動について僅少なリスクしか負わない短期投資のことをいう。具体的には，取得日から満期日（または償還日）までの期間が，3ヵ月以内の定期預金，譲渡性預金，コマーシャル・ペーパー，

関連過去問題
/ 2023年6月
問47，問49
/ 2023年3月
問45
/ 2022年6月
問43，問48
/ 2022年3月
問48，問50
/ 2021年6月
問49

📖 **重要用語**
キャッシュ・フロー計算書

📖 **重要用語**
現金及び現金同等物

第2編

公社債投資信託などが含まれる。

ここで短期というのは，3ヵ月以内のことを意味している。例えば，同じ定期預金であっても，預入期間が3ヵ月以内の場合には現金同等物となり，3ヵ月を超える場合には短期投資とはみなされず，現金同等物には含まれないことになるため，注意が必要である。

また，市場性のある株式のように，容易に換金可能ではあっても，価値の変動リスクが僅少とはいえないものも，現金同等物には含まれない。

3 キャッシュ・フロー計算書の表示区分

キャッシュ・フロー計算書では，一会計期間におけるキャッシュ・フローの状況を「営業活動によるキャッシュ・フロー」，「投資活動によるキャッシュ・フロー」，「財務活動によるキャッシュ・フロー」の3つに区分して表示する。

▶ 1. 営業活動によるキャッシュ・フロー

営業活動によるキャッシュ・フローは，企業の本業である主たる営業活動から，どの程度の資金を獲得したかを示す主要な情報である。

営業活動によるキャッシュ・フローの区分には，主として，損益計算書における営業損益計算の対象となった取引によるキャッシュ・フローが記載される。すなわち，売上高，売上原価，販売費及び一般管理費に含まれる取引から生じるキャッシュ・フローが，この区分に記載されることになる。

また，以下で述べる投資活動と財務活動以外の取引から生じたキャッシュ・フローについても，この区分に記載される。具体的な例としては，災害に伴う保険金収入，損害賠償金の支払，巨額の特別退職金の支給などがあげられる。

▶ 2. 投資活動によるキャッシュ・フロー

投資活動によるキャッシュ・フローは，将来の利益獲得のためあるいは資金運用のために，どの程度の資金を投資し，回収したかを示す情報である。

投資活動によるキャッシュ・フローの区分には，主として，有形・無形固定資産の取得と売却，有価証券・投資有価証券の取得と売却，資金の貸付，貸付金の回収などによる収入と支出が記載される。

▶ 3. 財務活動によるキャッシュ・フロー

財務活動によるキャッシュ・フローは，企業が営業活動と投資活動を行うために，どの程度の資金を調達し，返済したかを示す情報である。

具体的には，資金の借入と返済，社債の発行と償還，株式の発行と自己株式の取得，配当金の支払などが記載される。自己株式の取得と配当金の支払は，株主に対する資金の返済と考えられるため，この区分に記載されことになる。

キャッシュ・フロー計算書の様式を示すと，図表2-19-1のとおりである。

重要用語
投資活動による
キャッシュ・フ
ロー

重要用語
財務活動による
キャッシュ・フ
ロー

第2編

●キャッシュ・フロー計算書のキャッシュとは
①現金，②現金同等物
　現金同等物とは，容易に換金可能であり，かつ，価値の変動について僅少なリスクしか負わない短期（3ヵ月以内）の投資のこと。

● 図表2-19-1　キャッシュ・フロー計算書の様式（直接法）

Ⅰ　営業活動によるキャッシュ・フロー	
営業収入	×××
原材料又は商品の仕入支出	－×××
人件費支出	－×××
その他の営業支出	－×××
小計	×××
利息及び配当金の受取額	×××
利息の支払額	－×××
損害賠償金の支払額	－×××
………	×××
法人税等の支払額	－×××
営業活動によるキャッシュ・フロー	×××
Ⅱ　投資活動によるキャッシュ・フロー	
有価証券の取得による支出	－×××
有価証券の売却による収入	×××
有形固定資産の取得による支出	－×××
有形固定資産の売却による収入	×××
投資有価証券の取得による支出	－×××
投資有価証券の売却による収入	×××
貸付けによる支出	－×××
貸付金の回収による収入	×××
………	×××
投資活動によるキャッシュ・フロー	×××
Ⅲ　財務活動によるキャッシュ・フロー	
短期借入れによる収入	×××
短期借入金の返済による支出	－×××
長期借入れによる収入	×××
長期借入金の返済による支出	－×××
社債の発行による収入	×××
社債の償還による支出	－×××
株式の発行による収入	×××
自己株式の取得による支出	－×××
親会社による配当金の支払額	－×××
非支配株主への配当金の支払額	－×××
………	×××
財務活動によるキャッシュ・フロー	×××
Ⅳ　現金及び現金同等物に係る換算差額	×××
Ⅴ　現金及び現金同等物の増減額	×××
Ⅵ　現金及び現金同等物の期首残高	×××
Ⅶ　現金及び現金同等物の期末残高	×××

20 | 営業活動による キャッシュ・フロー

キャッシュ・フロー計算書では，一会計期間におけるキャッシュ・フローを「営業活動によるキャッシュ・フロー」，「投資活動によるキャッシュ・フロー」，「財務活動によるキャッシュ・フロー」の3つの活動に区分して表示する。

これらのうち「営業活動によるキャッシュ・フロー」については，直接法と間接法という2つの表示方法があり，企業は，いずれかの方法を選択してキャッシュ・フロー計算書を作成することになる。

ここで，直接法とは，営業収入や仕入支出など，主要な取引ごとに収入額と支出額を総額で表示する方法であり，間接法とは，税金等調整前当期純利益に必要な調整項目を加減して表示する方法である。

以下では，直接法と間接法について，それぞれ具体的な内容を見ていくこととする。

関連過去問題
📝 2023年6月
問48
📝 2023年3月
問50
📝 2022年6月
問49
📝 2022年3月
問49
📝 2021年6月
問50

第2編

1 営業活動によるキャッシュ・フロー（直接法）

▶ 1. 直接法による表示

直接法は，営業収入や仕入支出など，主要な取引ごとに収入額と支出額を総額で表示する方法である。直接法によって営業活動によるキャッシュ・フロー表示した場合の様式は，図表2-20-1のとおりである。

📖 重要用語

直接法

●図表2-20-1　営業活動によるキャッシュ・フロー（直接法）

```
Ⅰ　営業活動によるキャッシュ・フロー
        営業収入                              ×××
        原材料又は商品の仕入支出              －×××
        人件費支出                           －×××
        その他の営業支出                     －×××
            小計                             ×××
        利息及び配当金の受取額               ×××
        利息の支払額                         －×××
        損害賠償金の支払額                   －×××
        ……………                            ×××
        法人税等の支払額                     －×××
    営業活動によるキャッシュ・フロー         ×××
```

▶ 2. 直接法によるキャッシュ・フローの算出

　以下では，具体例を使って，直接法による「営業活動による
キャッシュ・フロー」の額の算出方法について説明していく。

―**直接法による営業キャッシュ・フローの額の算出**―――――

　下記の資料からキャッシュ・フロー計算書（直接法）における
「営業活動によるキャッシュ・フロー」の額を算出すると，いく
らになるか。

項目	前期末	当期末	増減
売上債権	10,000	15,000	5,000
棚卸資産	1,500	2,000	500
仕入債務	5,000	7,500	2,500
未払給与	350	400	50

売上高	50,000	減価償却費	1,500
売上原価	25,000	その他の営業支出	2,250
人件費	4,800	当期純利益	9,500

　直接法による「営業活動によるキャッシュ・フロー」は，基本

的には，営業収入の額から営業支出の額を差し引いて求められる。この問題において，営業収入の額は，売上から得られた入金額であり，営業支出の額は，棚卸資産の仕入に伴って支出した金額，人件費の支出額，その他の営業支出額を合計したものである。なお，減価償却費は，キャッシュ・アウトが発生しない費用項目のため，営業支出の額には含まれない。

　以上より，ここでの営業活動によるキャッシュ・フローは，次の算式により求められる。

> **営業活動によるキャッシュ・フロー**
> **＝①営業収入－②仕入支出－③人件費支出－④その他の営業支出**

① 　営業収入

　営業収入の額は，売上によって得られた入金額であり，これは，売上債権の回収額である。売上債権の回収額を算出するため，売上債権の勘定図を示すと，次のとおりである。

売上債権

期首残高 10,000	〈減少〉 回収額
〈増加〉 売上高 50,000	＝営業収入 45,000 （逆算）
	期末残高 15,000

　この企業が当期に回収する売上債権の対象となるのは，前期から繰り越した売上債権の期首残高と当期の売上によって生じた売上債権である。これらの売上債権のうち，期末時点で未回収として翌期に繰り越した残高以外のものは当期に回収されたと考えると，売上債権の回収額は，次の算式により求められる。

　売上債権の期首残高10,000＋当期の売上高50,000－売上債権の期末残高15,000＝45,000

② 仕入支出

仕入支出の額は，棚卸資産の仕入によって生じた支出額であり，仕入債務の支払額にあたる。この企業が当期に支払う対象となる仕入債務の額は，前期から繰り越した仕入債務と当期の仕入によって生じた仕入債務である。このうち，期末時点で未払いとなっており，翌期に繰り越した残高以外のものは，当期に支払われたと考えると，仕入債務の支払額は，次の算式により求められる。

> **仕入債務の支払額**
> **＝仕入債務期首残高＋当期仕入高－仕入債務期末残高**

このように，仕入債務の支払額を算出するためには，当期の仕入高がわからなければならないが，問題文中には明示されていない。よって，仕入に伴う支出額を算出するためには，まずは当期の仕入高を算出する必要がある。当期の仕入高は，売上原価の算式を使って，次のように算出する。

売上原価＝期首棚卸資産残高＋当期仕入高－期末棚卸資産残高より，

> **当期仕入高**
> **＝売上原価＋期末棚卸資産残高－期首棚卸資産残高**

以上をまとめると，仕入支出の額を算出するためには，まず当期の仕入高を算出し，次に仕入債務の支払額を算出する，というように２段階の計算を行う。この流れを勘定図で示すと，次のとおりである。

仕入債務

〈減少〉	期首残高
支払額	5,000
＝仕入支出	〈増加〉
23,000	仕入高
（逆算）	25,500
期末残高	
7,500	

売上原価

期首棚卸資産	
1,500	売上原価
仕入高	25,000
25,500	
（逆算）	期末棚卸資産
	2,000

当期仕入高：売上原価25,000＋期末棚卸資産残高2,000－期首棚卸資産残高1,500＝25,500

仕入債務の支払額：仕入債務期首残高5,000＋当期仕入高25,500－仕入債務期末残高7,500＝23,000

③　人件費支出

　人件費については，資料に「未払給与」の残高が記載されているため，損益計算書上の人件費4,800が，そのままキャッシュ・フロー計算書上の支出額となるわけではない。

　人件費の支出額についても，損益計算書の人件費の金額と未払人件費の金額から算出できる。未払人件費の勘定図を示すと，次のとおりである。

未払人件費

〈減少〉	期首残高
支払額	350
＝人件費支出	〈増加〉
4,750	人件費
（逆算）	4,800
期末残高	
400	

人件費支出額：人件費4,800＋未払人件費期首残高350－未払人件費期末残高400＝4,750

④　その他の営業支出

その他の営業支出については，資料の数値をそのまま使えばよい。

その他の営業支出：2,250

以上より，営業活動によるキャッシュ・フローは次のとおりとなる。

①	営業収入	45,000
②	仕入支出	△23,000
③	人件費支出	△4,750
④	その他の営業支出	△2,250
	計	15,000

2　営業活動によるキャッシュ・フロー（間接法）

▶ 1. 間接法による表示

これまで見てきたように，直接法は，営業収入や仕入支出など，主要な取引ごとに収入額と支出額を総額で表示する方法である。一方，**間接法**は，税引前当期純利益（連結財務諸表では「税金等調整前当期純利益」）に必要な調整項目を加減して表示する方法である。

間接法によって営業活動によるキャッシュ・フロー表示した場合の様式は，図表2-20-2のとおりである。

📖 重要用語
間接法

●図表2-20-2　営業活動によるキャッシュ・フロー計算書の様式（間接法）

I　営業活動によるキャッシュ・フロー	
税引前当期純利益	×××
減価償却費	×××
受取利息及び受取配当金	－×××
支払利息	×××
売上債権の増加額	－×××
棚卸資産の減少額	×××
仕入債務の減少額	－×××
……………	×××
小計	×××
利息及び配当金の受取額	×××
利息の支払額	－×××
……………	×××
法人税等の支払額	－×××
営業活動によるキャッシュ・フロー	×××

▶ 2. 間接法によるキャッシュ・フローの算出

　財務3級試験では，直接法だけではなく，間接法によっても，営業活動によるキャッシュ・フローを算出する問題が出題されることがある。そこで，ここでも，具体例を使って，算出方法について説明していく。

──**間接法によるキャッシュ・フローの額の算出**──────

　下記の資料からキャッシュ・フロー計算書（間接法）における「営業活動によるキャッシュ・フロー」の額を算出すると，いくらになるか。

税引前当期純利益	1,000	減価償却費	700
売上債権の増加額	40	支払利息	15
棚卸資産の増加額	100	利息の支払額	25
仕入債務の増加額	200	法人税等の支払額	250

営業活動によるキャッシュ・フロー（間接法）は，次のとおり算出される。

税引前当期純利益	1,000	
減価償却費	700	ⓐ
支払利息	15	ⓑ
売上債権の増加額	△40	ⓒ
棚卸資産の増加額	△100	ⓓ
仕入債務の増加額	200	ⓔ
小計	1,775	
利息の支払額	△25	ⓕ
法人税等の支払額	△250	ⓖ
合計	1,500	

① 減価償却費の調整

間接法は，損益計算書の税引前当期純利益からスタートし，それに必要な調整項目を加減して，営業活動によるキャッシュ・フローの額を算出していく方法である。

減価償却費は，損益計算書で税引前当期純利益を算定するにあたり，費用または原価として利益からマイナスする形で計上されている。しかし，キャッシュ・フローの視点から見ると，減価償却費は資金の流出を伴わない項目である。したがって，損益計算書では，税引前当期純利益の算定上，マイナスしていた減価償却費について，キャッシュ・フロー計算書では，加算して戻す（解答ⓐ）という処理を行うことになる。

② 支払利息の調整

損益計算書に記載されている支払利息や受取利息の金額は，発生主義により計上されたものであり，現金主義による金額，すなわち，実際に支払った金額や受け取った金額と一致しているとは限らない。そこで，キャッシュ・フロー計算書では，損益計算書に計上した発生主義の金額を，現金主義による金額に修正するという処理を行う。

支払利息については，損益計算書では，税引前当期純利益の算定上，営業外費用としてマイナスされているが，キャッシュ・フロー計算書では，いったん全額を加算して，なかった状態にする（解答ⓑ）。そのうえで，小計欄の下で，現金主義による支払額を全額減算して（解答ⓕ），キャッシュ・フローベースの支払額に置き換えるという作業を行う。

③　売上債権

キャッシュ・フロー計算書上，売上から得られた収入額というのは，売上債権の回収額であり，これは，直接法であっても間接法であっても同じである。直接法と同様に，売上債権の回収額は次のとおり算出される。

売上債権

期首残高	〈減少〉 回収額
〈増加〉 売上高	＝営業収入
	期末残高

売上債権の回収額＝期首残高＋売上高－期末残高
**　　　　　　　　＝売上高－（期末残高－期首残高）**
**　　　　　　　　＝売上高－売上債権の増加額**

この算式から，間接法において売上債権の回収額を示すためには，「売上高－売上債権の増加額」の金額が反映されればよいことになる。

損益計算書では，税引前当期純利益の算定過程において売上高が計上されており，この金額は，すでにキャッシュ・フロー計算書の税引前当期純利益の額に反映されている。したがって，間接法では，残りの売上債権の増加額をマイナスするという処理を加

えることになる（解答Ⓒ）。間接法で売上債権の増加額をマイナスするのは，税引前当期純利益の算定上，すでに計上されている売上高を売上債権の回収額に置き換えるための調整である。

④　棚卸資産，仕入債務

間接法では，売上高と同様に，売上原価についても仕入債務の支払額に置き換えるという調整が行われる。キャッシュ・フロー計算書上，仕入債務の支払額は，直接法でも間接法でも同じであり，次のとおり算出される。

仕入債務		売上原価	
〈減少〉 支払額 ＝仕入支出	期首残高	期首棚卸資産	売上原価
	〈増加〉 当期仕入高	当期仕入高	
期末残高			期末棚卸資産

> **仕入債務の支払額**
> ＝期首仕入債務＋当期仕入高−期末仕入債務
> ＝当期仕入高−（期末仕入債務−期首仕入債務）
> ＝当期仕入高−仕入債務の増加額
> 　当期仕入高＝売上原価＋期末棚卸資産−期首棚卸資産
> 　　　　　　＝売上原価＋棚卸資産の増加額
> 　∴仕入債務の支払額＝売上原価＋棚卸資産の増加額
> 　　　　　　　　　　　−仕入債務の増加額

この算式から，間接法において仕入債務の支払額を示すためには，「売上原価＋棚卸資産の増加額−仕入債務の増加額」の金額が反映されればよいことになる。

損益計算書では，売上原価が計上されており，この金額は，すでにキャッシュ・フロー計算書の税引前当期純利益の額に反映さ

れている。したがって，仕入債務の支払額を算出するためには，棚卸資産の増加額を加算し，仕入債務の増加額をマイナスするという，調整を加えることになる。

ただし，ここで1つ注意が必要なのは，キャッシュ・フロー計算書では，資金の流出項目がマイナス（△）表示となることである。仕入債務の支払額をマイナス表示するために，先の算式を展開すると，次のとおりとなる。

> **△仕入債務の支払額**
> **＝△（売上原価＋棚卸資産の増加額－仕入債務の増加額）**
> **＝△売上原価△棚卸資産の増加額＋仕入債務の増加額**

したがって，キャッシュ・フロー計算書上は，棚卸資産の増加額をマイナスし（解答ⓓ），仕入債務の増加額をプラスする（解答ⓔ）という表示になることに注意する。

⑤　法人税等の支払額

キャッシュ・フロー計算書（間接法）は，税引前当期純利益からスタートしており，これは税引前の金額なので，このままでは税金の支払額が考慮されていない状態である。したがって，問題文に与えられた法人税等の支払額をそのままマイナスする（解答ⓖ）という処理を行う。

▶ 3. 間接法の考え方

間接法については，税引前当期純利益に資産や負債の増減額を加減算しながら，営業活動によるキャッシュ・フローを算出していくという過程が理解しにくいようである。しかし，下記のように，税引前当期純利益の算出過程を売上高，売上原価から順に表示すると，資産・負債の増減額の調整が何のために行われているかが，見えてくるはずである。

```
┌─────────────────────────────────────────────┐
│ ┌─────────────────────────────────────┐      │
│ │ 売上高                    ×××        │ ①   │
│ │ 売上原価                  △×××       │ ②   │
│ │ 販売費及び一般管理費      △×××       │      │
│ │              ⋮                       │      │
│ └─────────────────────────────────────┘      │
│   税引前当期純利益          ×××              │
│                ⋮                             │
│   売上債権の増加額          △×××      ③     │
│   棚卸資産の増加額          △×××      ④     │
│   仕入債務の増加額          ×××       ⑤     │
│                ⋮                             │
│                         ───────────          │
│                  小計       ×××              │
└─────────────────────────────────────────────┘
```

　これまで見てきたように，間接法で売上債権の増加額③を調整するのは，売上高①から売上債権の増加額③を減算することで，売上債権の回収額を算出するためである。また，棚卸資産の増加額④と仕入債務の増加額⑤を加減算するのは，売上原価②の金額を仕入債務の支払額に調整するためである。さらに，ここには記載していないが，たとえば，未払になっている人件費があれば，損益計算書上の人件費に未払人件費の増減額を加減算して，実際に支払った額に調整しているわけである。

　このように見ていくと，間接法における資産・負債の増減額の調整は，損益計算書の各科目の金額をキャッシュ・フローベースの金額に置き換えていくという役割を果たしていることが，理解できると思われる。

▶ 4. 間接法における資産・負債の増減

　間接法における資産・負債の増減とキャッシュの増減の関係を覚えておくと，キャッシュ・フロー計算書上，キャッシュに加算するのか，減算するのかを迷わなくて済むので，考え方を示しておく。

> 資産の増加，負債の減少…キャッシュの減少
> 資産の減少，負債の増加…キャッシュの増加

　キャッシュ・フロー計算書では，営業活動に関連する資産の増加と負債の減少は，キャッシュの減少項目として税引前当期純利益から減算することになり，資産の減少と負債の増加は，キャッシュの増加項目として税引前当期純利益に加算することになる。

　これは，資産・負債について，具体的な科目と関連づけると理解しやすいと思われる。たとえば，棚卸資産という資産の増加は，棚卸資産を購入することによりキャッシュが減少するし，買掛金という負債の減少は，買掛金を支払うことによりキャッシュが減少する。一方で，売掛金という資産の減少は，売掛金の回収によりキャッシュが増加するし，借入金という負債の増加は，借入を増やしたことによりキャッシュが増加する。

　このようにして，具体的な科目を想定して，税引前当期純利益に加算するのか減算するのかを理解しておくとよい。

> ●営業活動によるキャッシュ・フロー
> ○直接法
> 　　①　営業収入（資金の流入額）の算出
> 　　②　仕入支出（資金の流出額）の算出
> 　　③　人件費（資金の流出額）の算出
> ○間接法
> 　　①　減価償却費を加算
> 　　②　支払利息を発生主義から現金主義へ変更
> 　　③　資産・負債の増減の調整
> > 資産の増加，負債の減少…キャッシュの減少
> > 資産の減少，負債の増加…キャッシュの増加

　　補足

営業活動によるキャッシュ・フローは，直接法のほうが，取引の総額を把握しやすいといわれているが，実務上，基礎データの把握に多くの手数を要するため，大半の会社は，間接法で作成している。

下記の資料からキャッシュ・フロー計算書（間接法）の「営業活動によるキャッシュ・フロー」の額を算出すると、いくらになるか。

税引前当期純利益	1,600	減価償却費	100
売上債権の増加額	360	支払利息	60
棚卸資産の減少額	150	利息の支払額	50
仕入債務の増加額	180	法人税等の支払額	480

解答 1,200

営業活動によるキャッシュ・フロー（間接法）は、次のとおり算出される。

税引前当期純利益	1,600	
減価償却費	100	ⓐ
支払利息	60	ⓑ
売上債権の増加額	△360	ⓒ
棚卸資産の減少額	150	ⓓ
仕入債務の増加額	180	ⓔ
小計	1,730	
利息の支払額	△50	ⓕ
法人税等の支払額	△480	ⓖ
合計	1,200	

❶ 減価償却費の調整

減価償却費は、損益計算書では、税引前当期純利益を算定するにあたり、費用または原価としてマイナスされているが、キャッシュ・フロー計算書では、マイナスしていた減価償却費を加算するという処理を行う（上記ⓐ）。

❷ 支払利息の調整

支払利息については、まずは、損益計算書上の支払利息の金額を加算して、取り消した状態にする（上記ⓑ）。次に小計欄の下で、現金主義による支払額を全額減算して（上記ⓕ）、キャッシュ・フローベースの支払額に置き換える。

❸売上債権、❹棚卸資産、❺仕入債務の調整

資産の増加と負債の減少は、キャッシュの減少として税引前当期純利益からマイナスし、資産の減少と負債の増加は、キャッシュの増加として税引前当期純利益にプラスする。

❻ 法人税等の支払額

与えられた法人税等の支払額をそのままマイナスする。

21 | 運転資金の所要額

1 運転資金とは

運転資金とは，企業が通常の営業活動を行うにあたって，必要とする資金のことをいう。

一般に，企業の営業活動では，売上よりも，商品や原材料等の仕入が先行して行われる。これを資金の流れで見れば，売上代金の回収よりも，仕入代金の支払のほうが先となる。つまり，収入に先行して支出が行われるわけである。

これは，企業に手許資金が潤沢になければ，売上代金が入金されるまでの間は資金が不足し，仕入代金の支払に支障が生じる可能性があるということになる。また，その間においても営業活動は継続しているため，当然，次の仕入や製造活動が必要となってくるが，売上代金が入金されるまでの間は，その資金を次の仕入や製造に充当できない状態が続いていることになる。特に，事業規模が拡大して売上が順調に伸びているときなどは，次の販売に必要な商品や製品をそろえるため，より多くの資金が必要になってくる。

このように，企業の営業活動を資金的に見ると，収入と支出のタイミングにはズレがあり，収入に先行して支出が行われることから，企業は一時的な資金の不足に陥ることがある。手許資金が潤沢にない企業では，資金の不足を借入でまかなうことが必要となり，ここに運転資金の需要が発生する。

関連過去問題
- 2023年3月 問46
- 2022年6月 問42
- 2022年3月 問43
- 2021年6月 問42

📖 **重要用語**
運転資金

第2編

2 運転資金の所要額

運転資金の所要額の算式は，次のとおりである。

運転資金の所要額＝売上債権＋棚卸資産－仕入債務

運転資金の所要額

この金額は，期日が来れば入金される売上債権の金額と，棚卸資産が帳簿価額で販売されたと仮定した場合に入金される金額とを合計し，期日が来れば支払われることになる仕入債務の金額を差し引いたものである。

これは，ある時期が来れば，企業に残ることが想定される資金であり，再び企業が営業活動に投入することになる資金である。そして，この金額が，収入と支出のタイミングのズレから一時的に不足している金額，すなわち，運転資金の所要額として算出されることになる。

また，平均月商や売上債権回転期間などの条件がわかれば，運転資金の所要額は，次のように算出することもできる。

$$\text{運転資金の所要額} = \text{平均月商} \times \left(\text{売上債権回転期間} + \text{棚卸資産回転期間} - \text{仕入債務回転期間} \right)$$

なお，この算式を展開すると，先の算式と同じになる。

$$\begin{aligned}\text{運転資金の}\atop\text{所要額} &= \text{平均月商}\times\left(\frac{\text{売上債権}}{\text{平均月商}}+\frac{\text{棚卸資産}}{\text{平均月商}}-\frac{\text{仕入債務}}{\text{平均月商}}\right)\\ &= \text{売上債権}+\text{棚卸資産}-\text{仕入債務}\end{aligned}$$

3 運転資金の所要額を増加させる要因

2で示した算式から，運転資金の所要額を増加させる要因として考えられるのは，次のとおりである。

---

① 平均月商の増加

② 売上債権回転期間の増加（長期化）

③ 棚卸資産回転期間の増加（長期化）

④ 仕入債務回転期間の減少（短期化）

---

①の平均月商の増加については，売上規模が大きくなると，その分，仕入や製造に投入する資金も増えることになるから，運転資金の所要額は増加することになる。

また，②の売上債権回転期間や③の棚卸資産回転期間が長期化するというのは，売上債権や棚卸資産が資金化されるまでに時間がかかるようになることであり，それまで必要とする資金は増えることになる。

そして，④の仕入債務回転期間が短期化するというのは，仕入債務の支払までの期間が短くなることであり，支払のための資金が早く必要になるから，運転資金の所要額は増加することになる。

運転資金の所要額
＝売上債権＋棚卸資産－仕入債務

$$=平均月商 \times \left(\frac{売上債権}{回転期間} + \frac{棚卸資産}{回転期間} - \frac{仕入債務}{回転期間} \right)$$

理解度チェック

下記の資料から運転資金の所要額を算出すると，いくらになるか。

年間売上高	6,000
仕入債務回転期間	2.3 ヵ月
棚卸資産回転期間	1.5 ヵ月
売上債権回転期間	3.8 ヵ月
有形固定資産回転期間	4.0 ヵ月

解答 1,500

売上債権＋棚卸資産－仕入債務

$$=平均月商 \times \left(\frac{売上債権}{平均月商} + \frac{棚卸資産}{平均月商} - \frac{仕入債務}{平均月商} \right)$$

$$=平均月商 \times (売上債権回転期間＋棚卸資産回転期間－仕入債務回転期間)$$

$$=(6,000 \div 12) \times (3.8＋1.5－2.3)＝1,500$$

理解度チェック

下記の資料から運転資金の所要額を算出すると，いくらになるか。

売掛金	500	受取手形	300
棚卸資産	320	貸付金	180
買掛金	480	支払手形	160
平均月商	200		

解答 480

売上債権(500＋300)＋棚卸資産320－仕入債務(480＋160)＝480

22 | 決済条件と運転資金所要額

　運転資金の所要額について，これまで貸借対照表の残高や回転期間を使って算出する方法を見てきた。他の方法として，売上代金の回収条件や仕入代金の支払条件から，売掛金や買掛金などの運転資金の各項目の平均残高を算出して，運転資金の所要額をより細かく算出する方法もある。

　ここでは，その算出方法について，例をあげて説明していく。

1 | 平均残高の算出方法

─決済条件による運転資金所要額の算出─

　下記の資料から運転資金の所要額を算出すると，いくらになるか。なお，ここでは，1ヵ月を30日と仮定する。

```
平均月商                        3,000
売上原価率                        80%
売上代金回収条件          月末締，翌月末回収
回収内訳
  現金                          60%
  期間2ヵ月の手形                40%
商品在庫保有期間                2.0ヵ月
仕入代金支払条件          20日締，月末支払
支払内訳
  現金                          50%
  期間3ヵ月の手形                50%
```

運転資金の所要額＝売上債権＋棚卸資産－仕入債務

　以下では，売上債権（受取手形と売掛金），棚卸資産，仕入債務
（支払手形と買掛金）の平均残高を，決済条件から算出していく。

① 受取手形

　図表2-22-1を見てほしい。ここでは当月を６月としている。
６月末の受取手形の平均残高がどれくらいあるかを考えてみよ
う。

　前々月である４月の売上代金3,000（平均月商）は，４月末に
は売掛金3,000として残る。そして，この売掛金3,000は，５月
末には60％の1,800が現金で回収され，40％の1,200が手形で
回収される。この受取手形1,200はサイト２ヵ月のため，６月末

●図表2-22-1　受取手形の平均残高

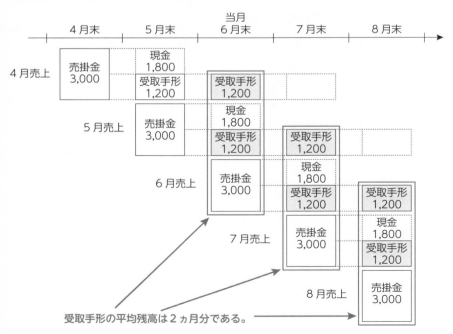

の時点では，そのまま残高1,200として残り，7月末に回収され
て残高がゼロとなる。

　同様に5月の売上代金3,000は，5月末には売掛金3,000，6
月末には60％の1,800が現金で回収され，40％の1,200が受取
手形として残る。また，6月の売上代金は，すべて売掛金として
残っている状況である。

　よって，6月末に残っている受取手形は，4月の売上のうち
1,200と5月の売上のうち1,200の2ヵ月分であることがわか
る。7月末，8月末も同様に，受取手形の残高は2ヵ月分となっ
ている。この2ヵ月分というのは，手形サイトが2ヵ月であるこ
とによるものである。

　以上より，月々の受取手形として残るのは，平均月商3,000の
うち手形で回収した40％分の1,200であり，手形サイトが2ヵ
月のため，平均残高は1,200が2ヵ月分あるということになる。
したがって，受取手形の平均残高は，次のように求めることがで
きる。

受取手形＝平均月商×手形回収割合×手形サイト

受取手形：3,000×40％×2ヵ月＝2,400

② 　支払手形

　支払手形についても，考え方は受取手形と同様である。図表
2-22-2を見てほしい。ここでも，当月末である6月末の支払手
形の平均残高について考えてみる。

　まず，月々の平均仕入代金は，平均月商3,000に売上原価率80
％を掛けた2,400である。3月の仕入代金2,400は，3月末には
すべて買掛金として残っているが，4月末には50％の1,200を
現金で支払い，残りの1,200は手形を振り出している。支払手形
のサイトは3ヵ月のため，この手形は，5月末，6月末も支払手

● 図表2-22-2　支払手形の平均残高

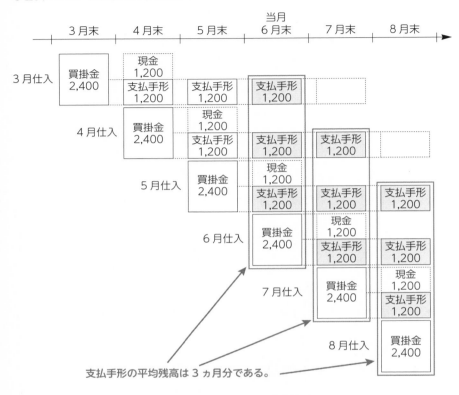

支払手形の平均残高は3ヵ月分である。

形1,200として残り，7月末に残高がゼロとなる。

　次に，4月の仕入代金2,400は，4月末には買掛金2,400であるが，5月末には50％の1,200が現金で支払われ，50％の1,200が支払手形として残り，その手形は6月末にもまだ残っている。同様に，5月の仕入代金2,400は，5月末には買掛金2,400として残り，6月末には50％の1,200が現金で支払われ，50％の1,200が支払手形として残っている。

　以上より，月々の支払手形として残るのは，平均月商3,000に原価率80％を乗じた仕入代金2,400のうち，手形で支払われた50％分の1,200である。そして，6月末に残っているのは，3

月仕入の1,200，4月仕入の1,200，5月仕入の1,200の3ヵ月分であり，これは，手形サイトが3ヵ月であることによる。したがって，支払手形の平均残高は，次のように求めることができる。

支払手形＝平均月商×原価率×手形支払割合×手形サイト

支払手形：3,000×80％×50％×3ヵ月＝3,600

③ 棚卸資産

棚卸資産の平均残高については，月々の平均仕入高に棚卸資産の保有期間を乗じて算出することができる。

月々の平均仕入高は，支払手形のところで見たように，平均月商3,000に売上原価率80％を掛けた2,400である。これを2.0ヵ月分保有していることから，棚卸資産の平均残高は2,400に2.0を掛けた4,800である。

ここでは，平均月商の金額をそのまま使用するのではなく，平均月商に売上原価率を乗じていることに留意が必要である。売上原価率を乗じることで粗利が含まれない金額になるため，棚卸資産の残高がより正確なものとして算出されることになる。棚卸資産の平均残高は，次のように求めることができる。

棚卸資産＝平均月商×原価率×保有期間

棚卸資産：3,000×80％×2.0ヵ月＝4,800

④ 売掛金

売掛金の平均残高の算出方法は，次のとおりである。

$$売掛金＝平均月商×\frac{平均滞留日数}{30日}$$

売掛金の平均滞留日数＝（最長滞留日数＋最短滞留日数）÷2

売掛金の平均残高は，売上代金の回収条件を使って売掛金の平

● 図表2-22-3　売掛金の平均滞留期間

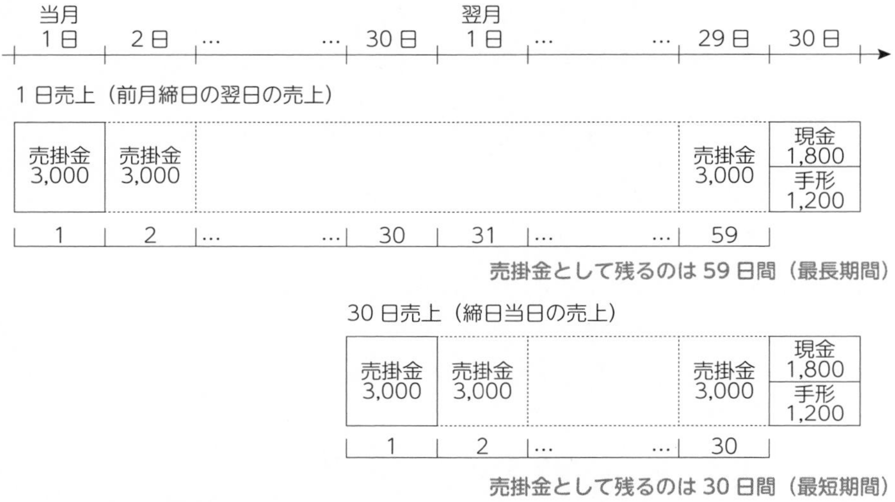

★ 売掛金の平均滞留期間 ＝（59 日 ＋ 30 日）÷ 2 ＝ 44.5 日

均滞留期間（月数）を算出し，それに平均月商を乗じて算出する。

　ここでポイントとなるのは，平均滞留日数の算出方法である。売掛金の滞留日数とは，売り上げてから，売掛金として残っている日数のことである。図表2-22-3を見てほしい。

　売上代金の回収条件は，月末締の翌月末回収である（ここでは，1ヵ月を30日と仮定しているから，月末は30日になる）。月末締の翌月末回収ということは，当月1日から30日までに売り上げたものについては，その代金を翌月末に回収するということである。

　この場合，当月1日から当月30日までの売上代金については，翌月末に回収されるまで，すなわち回収日の前日（翌月29日）までは，売掛金として計上されていることになる。

　この当月1日から当月30日までの売上のうち，売掛金として計上されている日数が最も長いのは，当月1日に計上された売掛金

である。逆に最も短いのは，当月30日に計上された売掛金である。

この場合の売掛金の滞留日数について考えてみよう。

当月１日に売り上げたものは，当月１日に売掛金として計上され，その翌月末の30日に回収されるから，翌月29日まで売掛金に計上されている。よって，売掛金として残っている日数は，当月１日から30日までの30日間と，翌月１日から29日までの29日間であり，合計59日間である。一方，当月30日に売り上げたものは，当月30日に売掛金として計上され，回収日の前日である翌月29日まで売掛金に計上されている。よって，売掛金として残っている日数は，当月は30日の１日だけ，翌月は1日から29日までの29日間であり，合計30日間である。

この最長の滞留日数と最短の滞留日数を足して単純に２で割ったものが，売掛金の平均滞留日数である。したがって，売掛金の最長滞留日数は，当月1日の売上による59日間，最短滞留日数は，当月30日の売上による30日間であり，平均滞留日数は，44.5日（＝（59日＋30日）÷2）となる。

以上より，売掛金の平均残高は次のとおり計算される。

$$売掛金：3{,}000 \times \frac{44.5日}{30日} = 4{,}450$$

⑤　買掛金

買掛金の平均残高の算出方法は，次のとおりである。

$$買掛金＝平均月商 \times 原価率 \times \frac{平均滞留日数}{30日}$$

$$買掛金の平均滞留日数＝（最長滞留日数＋最短滞留日数）÷2$$

買掛金についても，考え方は売掛金と同じである。ただし，相違点として，買掛金の場合は，平均月商に原価率を掛けて粗利の

● 図表2-22-4　買掛金の平均滞留期間

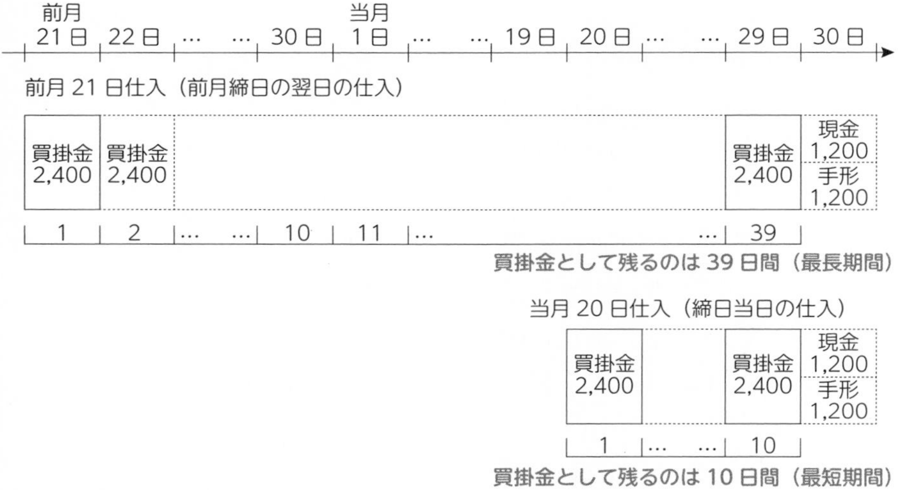

★ 買掛金の平均滞留日数 ＝（39 日 ＋ 10 日）÷ 2 ＝ 24.5 日

影響を取り除いてから，平均滞留期間（月数）を掛けることに留意が必要である。

　図表2-22-4を見てほしい。この例では，仕入代金の支払条件は，20日締の月末支払となっている。20日締の月末支払ということは，前月21日から当月20日までに仕入れたものについては，その代金を当月末に支払うということである。

　この場合，前月21日から当月20日までの仕入代金については，支払が行われる当月末の前日（当月29日）までは，買掛金として計上されていることになる。

　この前月21日から当月20日までの仕入のうち，買掛金として計上されている日数が最も長いのは，前月21日に計上された買掛金である。逆に最も短いのは，当月20日に計上された買掛金である。

　前月21日に仕入れたものは，前月21日に買掛金として計上さ

れ，その翌月である当月末の30日に支払われるから，当月29日までは買掛金として計上されている。よって，買掛金として残っている日数は，前月は21日から30日までの10日間，当月は1日から29日までの29日間であり，合計39日間である。一方，当月20日に仕入れたものは，当月20日に買掛金として計上され，当月末の30日には支払われるから，買掛金として残っている日数は，当月20日から29日までの10日間である。

したがって，買掛金の最長滞留日数は，前月21日の仕入による39日間，最短滞留日数は，当月20日の仕入による10日間であり，平均滞留期間は，24.5日（＝（39日＋10日）÷2）となる。

以上より，買掛金の平均残高は次のとおり計算される。

買掛金：$3{,}000 \times 80\% \times \dfrac{24.5日}{30日} = 1{,}960$

以上①〜⑤より，運転資金の所要額は，次のとおりである。

運転資金の所要額：（受取手形2,400＋売掛金4,450）＋棚卸資産4,800−（支払手形3,600＋買掛金1,960）
　　　　　　　　＝6,090

2 平均滞留期間を算定する意義

図表2-22-5は，締日と回収・支払日によって，平均滞留期間がどのように変わるかを一覧表にしたものである。

平均滞留期間については，締日から決済日までの期間が長くなるほど滞留期間も長くなり，締日から決済日までの期間が短くなるほど滞留期間も短くなるという関係にある。

この表からもわかるように，締日が後ろへ5日ずれる，すなわち，締日から決済日までの期間が5日間短くなると，最長滞留期間と最短滞留期間がそれぞれ5日短くなり，平均滞留期間も5日

● 図表2-22-5　締日と回収・支払日と滞留期間

締日	回収・支払日	滞留期間		日数
月末 (30日)	翌月末 (30日)	最長	当月 1日〜翌月29日	59日
		最短	当月30日〜翌月29日	30日
		平均		44.5日
5日	当月末 (30日)	最長	先月 6日〜当月29日	54日
		最短	当月 5日〜当月29日	25日
		平均		39.5日
10日	当月末 (30日)	最長	先月11日〜当月29日	49日
		最短	当月10日〜当月29日	20日
		平均		34.5日
15日	当月末 (30日)	最長	先月16日〜当月29日	44日
		最短	当月15日〜当月29日	15日
		平均		29.5日
20日	当月末 (30日)	最長	先月21日〜当月29日	39日
		最短	当月20日〜当月29日	10日
		平均		24.5日
25日	当月末 (30日)	最長	先月26日〜当月29日	34日
		最短	当月25日〜当月29日	5日
		平均		19.5日

短くなっている。

　たとえば，締日が月末30日のときは，最長滞留期間は59日，最短滞留期間は30日，平均滞留期間は44.5日である。締日を5日後ろへずらして5日締とすると，最長滞留期間は54日，最短滞留期間は25日，平均滞留期間も39.5日となる。つまり，最長滞留期間，最短滞留期間，平均滞留期間は，それぞれ5日間短くなっている。これについては，5日締と10日締の関係，10日締と15日締の関係など，他の箇所を見ても同じことがいえる。

　この表から平均滞留期間について見てみると，月末締の翌月末決済が44.5日と最も長く，25日締の当月末決済が19.5日と最も短くなっていることがわかる。その差は25日と1ヵ月近くもあ

り，大きなものとなっている。

　これは，回収条件や支払条件によっては，売掛金や買掛金の滞留期間が大きく変わるということであり，運転資金の所要額もそれに応じて大きく変わってくるということを意味している。

●運転資金諸項目の平均残高
① 受取手形＝平均月商×手形回収割合×手形サイト
② 支払手形＝平均月商×原価率×手形支払割合×手形サイト
③ 棚卸資産＝平均月商×原価率×保有期間
④ 売掛金＝平均月商×（平均滞留日数÷30日）
⑤ 買掛金＝平均月商×原価率×（平均滞留日数÷30日）

23 | キャッシュ・コンバージョン・サイクル

1 キャッシュ・コンバージョン・サイクルとは

関連過去問題
- 2023年6月 問50
- 2023年3月 問49
- 2021年6月 問48

📖 **重要用語**
キャッシュ・コンバージョン・サイクル

キャッシュ・コンバージョン・サイクル（Cash Conversion Cycle，以下「ＣＣＣ」という）とは，仕入代金を支払ってから売上代金を回収するまでの日数のことをいう。ＣＣＣは，運転資金が現金化されるまでの日数のことであり，現金循環化日数とも呼ばれる。ＣＣＣの算式は，次のとおりである。

> **ＣＣＣ＝売上債権回転日数＋棚卸資産回転日数－仕入債務回転日数**

たとえば，売上債権回転日数が60日，棚卸資産回転日数が25日，仕入債務回転日数が30日の企業では，ＣＣＣは55日（＝60日＋25日－30日）となる。この関係を図示すると，図表2-23-1のとおりである。

●図表2-23-1　キャッシュ・コンバージョン・サイクル

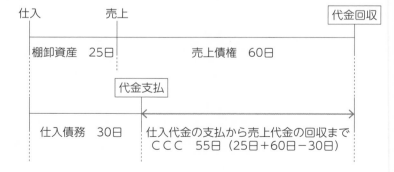

この例では，棚卸資産を仕入れてから売り上げるまでに要する日数は，棚卸資産回転日数の25日であり，売上から売上代金を回収するまでの日数は，売上債権回転日数の60日である。一方，仕入から仕入代金の支払までの日数は，仕入債務回転日数の30日である。よって，仕入代金を支払ってから売上代金を回収するまでの日数（ＣＣＣ）は，55日であることがわかる。

2 ＣＣＣを短縮するためには

ＣＣＣは，運転資金が現金化されるまでの日数のことであるため，資金繰りの観点から見れば，ＣＣＣは短いほどよい。この日数が長ければ，資金状況によっては，運転資金を調達することも必要である。

ＣＣＣの算式を見ればわかるように，ＣＣＣを短くするためには，以下の３つの方法がある。

---

① 売上債権回転日数を短くする

② 棚卸資産回転日数を短くする

③ 仕入債務回転日数を長くする

つまり，ＣＣＣの期間を短くして運転資金の現金化を早めるためには，できるだけ得意先から売上代金の回収を早くし，棚卸資産の保有期間を短くする一方で，仕入債務の支払を遅らせることが必要となる。

第2編

●キャッシュ・コンバージョン・サイクル

ＣＣＣ＝売上債権回転日数＋棚卸資産回転日数
－仕入債務回転日数

下記の資料からCCCについて考察した記述として，正しいものはどれか。

	前期	当期
売上債権回転日数	90日	80日
棚卸資産回転日数	60日	60日
仕入債務回転日数	70日	65日
平均月商	1,200	1,215

❶　棚卸資産回転日数は変わらないが，売上債権回転日数も仕入債務回転日数も短くなったため，CCCは悪化した。

❷　仕入債務回転日数は短くなったが，それ以上に売上債権回転日数が短くなったため，CCCは悪化した。

❸　平均月商がほとんど変わらず，棚卸資産回転日数も変化がないため，CCCは変わらない。

❹　棚卸資産回転日数は変わらないが，売上債権回転日数も仕入債務回転日数も短くなったため，CCCは改善した。

❺　仕入債務回転日数は短くなったが，それ以上に売上債権回転日数が短くなったため，CCCは改善した。

解答　❺　分析の結果は，次のとおりである。

	前期	当期	増減	結果
① 売上債権回転日数	90日	80日	10日減少	改善
② 棚卸資産回転日数	60日	60日	変化なし	－
③ 仕入債務回転日数	70日	65日	5日減少	悪化
CCC（①＋②－③）	80日	75日	5日減少	改善

　仕入債務回転日数は5日短くなっているが，売上債権回転日数が10日短くなったことにより，CCCは5日減少し，改善したといえる。

24 | 手形割引限度枠

手形割引限度枠とは，金融機関が取引先ごとに設定した手形割引の上限額のことである。手形割引限度枠の算出方法は，次のとおりである。

> **手形割引限度枠＝受取手形の平均残高－他行の手形割引限度枠**
> **受取手形の平均残高＝平均月商×手形回収割合×手形サイト**

運転資金の所要額の算出方法で見てきたように，受取手形の平均残高については，平均月商や手形の回収条件を使って算出することに留意が必要である。これは，貸借対照表上の受取手形の残高をそのまま使うと，金融上の目的で発行された手形（融通手形）が含まれている可能性があることから，その影響を排除するために行われるものである。

関連過去問題
✎ 2022年3月
問36

📖 **重要用語**
手形割引限度枠

第2編

理解度チェック

下記の資料から当行の手形割引限度枠を算出すると，いくらになるか。

平均月商：500	売上代金の回収条件：現金80％，手形20％
手形サイト：3ヵ月	他行の手形割引限度枠：120

解答 180
受取手形の平均残高－他行の手形割引限度枠
＝平均月商500×手形回収割合20％×手形サイト3ヵ月－他行の手形割引限度枠
120
＝180

25 | 長期借入金の返済原資

長期借入金は，文字通り，返済が長期にわたるため，融資先において，長期間，返済額を上回る財源が確保できるかどうかを検討することが必要である。長期借入金の返済原資の額は，一般に次のように算出される。

関連過去問題
- 2023年6月 問45
- 2023年3月 問42
- 2022年6月 問41
- 2022年3月 問40

> **長期借入金の返済原資＝留保利益＋減価償却費＋増資払込金－既存長期借入金返済額**
>
> **留保利益＝当期純利益－株主配当金**

長期借入金の返済原資となるのは，基本的には，留保利益と減価償却費である。

参照
留保利益については，第2編16を参照。

留保利益は，企業の最終的な利益である税引後の当期純利益から，社外流出額である株主配当金を控除したものである。

また，減価償却費は，当期純利益の計算上，費用または原価として控除されているが，これは資金の支出を伴うものではない。そこで，ここでは留保利益に減価償却費を加えたものを，企業の内部に流入した資金の額ととらえ，基本的には，これが毎期，長期借入金の返済原資のベースとなっていると考えている。

さらに，増資による払込がある場合には増資払込金を加え，既存の長期借入金がある場合にはその返済予定額を差し引くという調整をすることによって，長期借入金の返済原資が算出される。

第2編

 理解度チェック

下記の資料から長期借入金の返済原資の額を算出すると，いくらになるか。

当期純利益	500	減価償却費	250	株主配当金	150
増資払込金	100	既存長期借入金返済額	50		

解答　650
　　　留保利益（当期純利益500－株主配当金150）＋減価償却費250＋増資払込金100
　　－既存長期借入金返済額50＝650

26 | インタレスト・カバレッジ・レシオ

インタレスト・カバレッジ・レシオ (interest coverage ratio) とは，企業の金利の負担能力をみるための指標であり，算式は次のとおりである。

関連過去問題
✐ 2023年6月
問46
✐ 2023年3月
問44
✐ 2022年6月
問45
✐ 2022年3月
問44

📖 **重要用語**
インタレスト・カバレッジ・レシオ

> **インタレスト・カバレッジ・レシオ（倍）**
>
> $$= \frac{営業利益＋受取利息＋受取配当金}{支払利息}$$

これは，企業の本業である営業活動から得られた営業利益と，財務活動から得られた金融収益である受取利息と受取配当金の合計額を利息の支払原資とみなし，それらが，支払利息の何倍あるかを示した指標である。この指標は，企業が営業活動と財務活動から，金利を十分に負担できるだけの原資があるかどうか，すなわち，企業の金利の負担能力をみるものである。

理解度チェック

下記の資料からインタレスト・カバレッジ・レシオを算出すると，いくらになるか。

| 営業利益 | 500 | 受取利息 | 5 | 支払利息 | 50 |
| 経常利益 | 450 | 受取配当金 | 10 | 支払配当金 | 100 |

解答 10.3倍

$$\frac{営業利益500＋受取利息5＋受取配当金10}{支払利息50} = 10.3$$

27 | ROE・ROA

1 ROE（自己資本当期純利益率）

　ROE（自己資本当期純利益率）とは，企業が自己資本を使って，どれだけ利益をあげることができたかを示す指標である。この指標は，英語のReturn On Equity の頭文字をとって，ROEと呼ばれている。

　ROEの算式は，次のとおりである。

$$ROE（\%）= \frac{当期純利益}{自己資本} \times 100$$

自己資本＝純資産－株式引受権－新株予約権

　一般に，自己資本のうちで最も大きな割合を占めているのは，株主資本である。株主にとって，企業が株主から調達した資本を利用してどれだけ利益をあげることができるのかは，重要な関心事であり，ROEは株主にとって重要な指標の１つとされている。

　ROEの算式の分子は当期純利益となっており，これは，株主に帰属する最終利益である。一方，分母の自己資本は，純資産をそのまま使うのではなく，純資産から株式引受権と新株予約権を控除したものとなっている。株式引受権と新株予約権は，普通株主に帰属するものではないため，ROEの算定上は，自己資本の金額に含めないことが適当と考えられている。

関連過去問題

- 2023年6月
問33
- 2023年3月
問33
- 2022年6月
問47
- 2022年3月
問41
- 2021年6月
問41

 重要用語

ROE

第2編

2 ROA（総資産当期純利益率）

重要用語
ROA

　ROA（総資産当期純利益率）とは，企業が総資産を使って，どれだけ利益をあげることができたかを示す指標である。この指標は，英語のReturn On Assets の頭文字をとって，ROAと呼ばれている。

　ROAの算式は，次のとおりである。

$$ROA(\%) = \frac{当期純利益}{総資産} \times 100$$

　ROEもROAも，ともに分子は当期純利益を使用するが，分母は，ROEでは自己資本，ROAでは総資産を使用する点が異なっている。

　すなわち，ROEは基本的には株主が拠出した資本を利用して企業がどれだけ利益をあげているかを見る指標であり，ROAは，企業が所有するすべての資産からどれだけ利益をあげているかを見る指標である。

3 財務レバレッジ

　ROEの算式の分子と分母に売上高と総資産を掛けて展開すると，次のようになる。

$$ROE = \frac{当期純利益}{自己資本}$$

$$= \frac{当期純利益}{売上高} \times \frac{売上高}{総資産} \times \frac{総資産}{自己資本}$$

$$= 売上高当期純利益率 \times 総資産回転率 \times 財務レバレッジ$$

この展開式から，ＲＯＥは，売上高当期純利益率と総資産回転率（総資本回転率）と財務レバレッジとを掛け合わせたものであることがわかる。財務レバレッジとは，総資産が自己資本の何倍あるかを示した指標のことである。

レバレッジ（Leverage）とは，「てこの原理」を意味する言葉である。てこを使えば，小さな力で大きなものを動かすことができるように，自己資本が小さくても借入金や社債などの他人資本を利用すれば，大きな資本を投入することができることから，この言葉が使われている。

前述の展開式から，ＲＯＥを高めるためには，売上高当期純利益率，総資産回転率，財務レバレッジを高くすればよいことがわかる。ただし，財務レバレッジを高くするということは，負債を大きくするということであるから，事業が順調にいかないときは，それだけリスクも高くなることに留意が必要である。

また，売上高当期純利益と総資産回転率を掛けたものはＲＯＡとなるため，ＲＯＥは，ＲＯＡと財務レバレッジを掛けたものということもできる。この関係を算式で示すと，次のとおりである。

$$ROA = \frac{当期純利益}{総資産}$$

$$= \frac{当期純利益}{売上高} \times \frac{売上高}{総資産}$$

$$= 売上高当期純利益率 \times 総資産回転率$$

$$ROE = 売上高当期純利益率 \times 総資産回転率 \times 財務レバレッジ$$

$$= ROA \times 財務レバレッジ$$

下記の貸借対照表と損益計算書（抜粋）から❶ROE（自己資本当期純利益率）と❷ROA（総資産当期純利益率）を算出すると，いくらになるか。

貸借対照表

資産		負債・純資産	
流動資産	3,970	流動負債	2,500
固定資産	3,500	固定負債	3,100
		株主資本	1,500
		評価・換算差額等	375
		株式引受権	20
繰延資産	30	新株予約権	5
合計	7,500	合計	7,500

損益計算書（抜粋）

税引前当期純利益	250
当期純利益	150

解答 ❶ROE 8%　❷ROA 2%

$$ROE：\frac{当期純利益}{純資産－株式引受権－新株予約権} \times 100$$

$$= \frac{150}{(1,500+375+20+5)-20-5} \times 100$$

$$= 8\%$$

なお，分母の「純資産－株式引受権－新株予約権」は，「株式引受権と新株予約権以外の純資産」という意味であるから，1,500＋375＝1,875と算出してもよい。

$$ROA：\frac{当期純利益150}{総資産7,500} \times 100 = 2\%$$

28 | 配当性向・総還元性向

1 配当性向とは

　配当性向とは，株主に帰属する最終利益である当期純利益のうち，どれだけ株主への配当にあてているのかを割合として示した指標である。

　配当性向の算式は，次のとおりである。

$$配当性向（\%）＝\frac{株主配当金}{当期純利益}×100$$

関連過去問題
- 2023年6月
  問36
- 2023年3月
  問36
- 2022年6月
  問50
- 2022年3月
  問42
- 2021年6月
  問47

重要用語
配当性向

　株主にとって，配当がどれだけあるかは重要な関心事の1つであり，配当性向もROEと同様に，株主にとって重要な指標の1つである。

　株主の立場からすれば，配当が多ければインカムゲインが増えることになり，配当性向は高いほうがよいことになる。しかし，企業の立場からすると，配当性向を高くすることは，社内留保を減らし，社外流出を増やすことになる。特に配当性向が100％を超えている場合には，当期純利益の額よりも多く配当をしているわけだから，留保利益を取り崩して配当を行っていることになる。留保利益が十分に蓄積されていない企業で配当性向が高いときは，財務の健全性についても留意する必要がある。

総還元性向とは，当期純利益のうち，どれだけ株主へ還元したのかを割合として示した指標である。

総還元性向の算式は，次のとおりである。

$$総還元性向（\%）$$
$$= \frac{株主配当金＋自己株式の当期取得額}{当期純利益} \times 100$$

総還元性向の算定では，配当性向と同様，分母には，株主に帰属する最終利益である当期純利益が使われる。一方，分子のほうは，配当性向では株主配当金だけを使ったが，総還元性向では配当に加えて自己株式の当期取得額も含めている点が異なっている。

自己株式の取得とは，企業が発行した株式を自ら買い戻すことである。自己株式は，貸借対照表上，純資産のマイナス項目であることからもわかるように，企業が自己株式を取得すると純資産は減少する。純資産が減少すると，ＲＯＥの算式（＝当期純利益÷自己資本×100）の分母が小さくなってＲＯＥが高くなることから，結果として，自己株式の取得はＲＯＥを高める効果がある。また，企業が自己株式を取得すると，市場に流通する株式数が減ることになるため，株主にとっては１株当たりの企業価値が高まることにもつながってくる。

こうした理由から，当期純利益から自己株式を取得することは，株主に対する利益の還元と考えられている。総還元性向は，配当性向よりも株主への利益還元を幅広くとらえた指標であり，株主への利益還元を重視している投資家にとっては，関心の高い指標となっている。

●図表2-28-1　ROEと配当性向と総還元性向

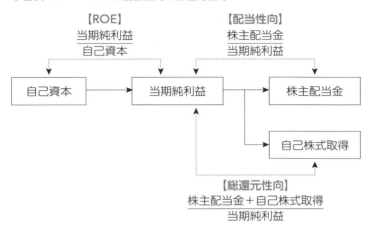

理解度チェック

下記の資料から❶配当性向と❷総還元性向を算出すると，いくらになるか。

株主資本	10,000	経常利益	2,000
繰越利益剰余金	4,000	当期純利益	1,000
株主配当金	300	自己株式の当期取得額	100

解答　❶配当性向　30%　❷総還元性向　40%

配当性向：$\dfrac{\text{株主配当金}300}{\text{当期純利益}1{,}000} \times 100 = 30\%$

総還元性向：$\dfrac{\text{株主配当金}300 + \text{自己株式の当期取得額}100}{\text{当期純利益}1{,}000} \times 100 = 40\%$

📖 重要用語索引

さ

た

〈執筆協力〉

内山昌美（公認会計士）
<small>うちやままさみ</small>

☆　本書の内容等に関する追加情報および訂正等について　☆

本書の内容等につき発行後に追加情報のお知らせおよび誤記の訂正等の必要
が生じた場合には, 当社ホームページに掲載いたします。

（ホームページ　書籍・DVD・定期刊行誌　メニュー下部の　追補・正誤表）

銀行業務検定試験　公式テキスト　**財務3級**　2024年度受験用

2024年 3 月31日　第 1 刷発行

編　　者　　経済法令研究会
発 行 者　　志　茂　満　仁
発 行 所　　㈱経済法令研究会
〒162—8421　東京都新宿区市谷本村町 3 —21
電話 代表03—3267—4811 制作03—3267—4897
https://www.khk.co.jp/

営業所／東京03(3267)4812　大阪06(6261)2911　名古屋052(332)3511　福岡092(411)0805

制作／経法ビジネス出版㈱・根岸孝栄　印刷・製本／㈱加藤文明社